元朝诗文别集版本目录

周清澍　曹金成　编

上海古籍出版社

图书在版编目(CIP)数据

元朝诗文别集版本目录 / 周清澍,曹金成编. —上海：上海古籍出版社，2024.5
ISBN 978－7－5732－1084－5

Ⅰ.①元… Ⅱ.①周… ②曹… Ⅲ.①古典诗歌－版本－专题目录－中国－元代②古典散文－版本－专题目录－中国－元代 Ⅳ.①Z88：I

中国国家版本馆 CIP 数据核字(2024)第 076822 号

元朝诗文别集版本目录

周清澍 曹金成 编
上海古籍出版社出版发行
（上海市闵行区号景路 159 弄 1－5 号 A 座 5F 邮政编码 201101）
(1) 网址：www.guji.com.cn
(2) E-mail：guji1@guji.com.cn
(3) 易文网网址：www.ewen.co
浙江临安曙光印务有限公司印刷
开本 890×1240 1/32 印张 19.75 插页 2 字数 477,000
2024 年 5 月第 1 版 2024 年 5 月第 1 次印刷
ISBN 978－7－5732－1084－5
I・3819 定价：98.00 元
如有质量问题，请与承印公司联系

凡 例

一、本书是在《元人文集版本目录》("南京大学学报丛刊",1983年)基础上增补而成。"元朝诗文别集"指传统分类法的集部别集类,包括诗文集、文集、诗集。词、曲等类作品不在收录之列,然与作者诗文集合刻一书者则一并标出,并附录其他版本。

二、本书较《元人文集版本目录》所收作品几乎翻倍。原因之一是增加了国内外新发现的版本。其二是扩大了所收作者的范围。古人对朝代更迭时的人物,是以他是否出仕或忠于某朝为划分标准,因此有必要根据实际情况更改。新定所收作者的上限,扩大至金亡前后蒙古统治下和自宋入元撰有诗文的金人和宋人;下限延伸到生于元朝(约1340年前),入明后虽仍健在甚至出仕,但曾留下在元朝时所作诗文的明人。

三、本书还收录了近人新辑的元人诗文集,以利学者利用。

四、同一作者的著作归为一大项,按先文后诗及不同内容、分卷、书名排列,下附按时间先后排列的各种版本。影印本则附于所据版本之后。

五、作者按时代先后排列。因许多人生卒年无考,故暂用《四库全书》排列次序;再为存目书,按存目次序排列;最后列四库未收书。

六、所列版本以见存各图书馆者为主,见于各藏书家书目者不收。为了提供搜访线索,也列入了少量《四库简明目录标注》等书中所见的版本。同一版本影印书,按出版年代排序。

七、编者只亲自过目了几个大图书馆的原书和卡片,罕见书录下了书号。其余皆根据各图书馆所出书目。其中难免有遗漏和错误,希读者留意。

八、为了节省篇幅,书中采用了一些简称,开列如下:

北图[国图](今改名国家图书馆)——北京图书馆善本书

北图西谛——北京图书馆专藏郑振铎《西谛书目》

北图CBM——北京图书馆藏胶卷

北图文——北京图书馆藏文集

北大□——北京大学图书馆善本书

北大NC——北京大学图书馆善本书

北大李□——北京大学图书馆专藏李盛铎旧藏书,有□号者为善本书

科图——科学院图书馆

首图——首都图书馆

台"中图"——台北"中央图书馆"

史语所——台北历史语言研究所

各省市、大学图书馆只保留省市、校名或简称

天禄录外——故宫天禄琳琅录外书目

故宫——故宫博物院

台故图——台北"故宫博物院"图书馆

标注——增订四库简明目录标注

补邵——藏园订补邵亭知见传本书目

存目——四库全书总目中存目书

经眼录——藏园群书经眼录

皕——皕宋楼藏书志

仪跋——仪顾堂题跋

仪续——仪顾堂续跋

明刻综录——明代版刻综录

书陵部——日本宫内厅书陵部

静嘉堂　四　一五　一一　十　日本静嘉堂藏书号

四（册）　一五（函）　一一（书架）　十（或皕、守，原陆心源藏书处）。皕——皕宋楼、守——守山阁　十——十万卷楼

尊——日本尊经阁

国会——日本国会图书馆

内阁文库——日本内阁文库

东洋文库——日本东洋文库

大东急——日本大东急图书馆

目 录

丘处机	1	乐雷发	32
尹志平	2	许衡	35
王若虚	3	卫宗武	39
李俊民	5	文珦	40
杨奂	7	柴望、随亨、元亨、元彪	41
杨弘道	9	家铉翁	44
麻革	10	欧阳起鸣	45
张宇	11	王义山	46
元好问	12	罗椅	47
耶律楚材	19	陈著	48
陈赓	21	刘秉忠	48
姬志真	23	许月卿	50
陈庚	24	陈允平	51
李庭	25	何希之	52
曹之谦	26	洞明子	52
段克己 段成己	27	李道纯	53
房皞	29	舒岳祥	54
赵孟坚	30	耶律铸	55
杜仁杰	31	陈杰	56
蒲寿宬	31	方逢辰、方逢振	57

马廷鸾	59	董嗣杲	104
龚开	60	张弘范	105
郝经	60	赵文	107
王应麟	62	姚燧	108
梅应发	64	陈岩	110
侯克中	65	连文凤	111
谢枋得	66	徐钧	113
荣肇	69	刘埙	113
胡祗遹	70	萧㪺	115
王恽	71	郑思肖	117
方回	74	黄公绍	120
牟巘	76	汪元量	121
杨公远	78	方凤	124
何梦桂	79	汤炳龙	126
胡次焱	80	滕安上	126
黄仲元	81	林景熙	127
魏初	82	张伯淳	130
周密	83	张之翰	131
金履祥	84	梁栋	132
俞德邻	86	刘敏中	133
刘辰翁	87	戴表元	135
吴龙翰	90	陈普	140
汪梦斗	92	丘葵	142
俞琰	93	释英	143
阎复	93	赵必瓈	144
文天祥	94	龙辅	146

鲜于枢	146	赵天麟	184
邓牧	147	翁森	185
熊朋来	148	于石	185
张观光	149	艾性夫	187
熊禾	150	方夔	188
陈仁子	152	王镃	189
卢挚	152	何景福	191
王奕	153	罗公升	192
真山民	154	王旭	193
邵桂子	157	王炎午	194
仇远	157	张仲寿	196
释德净	160	韩信同	197
元淮	160	陈栎	198
胡一桂	162	任士林	199
高克恭	162	同恕	201
伯笃鲁丁	163	马臻	202
白珽	163	赵孟頫	203
刘因	164	陈宜甫	207
谢翱	168	徐瑞	208
程钜夫	174	徐贤	209
吴澄	175	曹伯启	210
张玉娘	179	吕浦	211
胡炳文	180	释圆至	211
徐明善	181	缪鉴	213
黎廷瑞	182	陆文圭	214
尹廷高	183	冯子振	215

郭豫亨	216	元明善	251
吴存	217	贡奎	251
叶懋	218	唐元	253
刘将孙	219	黄公望	254
邓文原	220	邵伯诚	255
陈孚	223	张养浩	255
陈深	224	许谦	258
蒲道源	226	柳贯	260
宋无	228	潘音	263
朱晞颜	231	杨载	264
刘岳申	232	程端礼	266
汪炎昶	233	薛汉	267
袁易	234	黄庚	268
洪焱祖	235	吾丘衍	270
王实	236	丁复	272
释明本	237	范梈	274
方澜	239	虞集	276
何中	240	释清珙	284
王士熙	241	释益	285
袁桷	242	萨都剌	286
释道惠	244	董寿民	290
龚璛	244	朱思本	290
韩性	246	卢亘	292
谭景星	246	揭傒斯	292
刘诜	247	胡棣	297
安熙	249	王结	297

周权	298	洪希文	328
揭祐民	300	吴师道	329
杜本	300	张雨	331
陈德永	301	欧阳玄	334
黄溍	302	释大䜣	337
偰玉立	306	李孝光	338
瞻思	307	黄玠	341
谢宗可	307	贯云石	342
卞思义	308	岑安卿	343
释善住	309	许有壬	345
程端学	310	赵偕	348
项炯	311	杨翮	349
胡助	312	郑洪	350
陈樵	313	陈方	351
陈泰	314	郯韶	351
马祖常	316	袁士元	352
孛术鲁翀	319	周巽	353
曹文炳	320	钱橐馨	354
曹一介	321	黄枢	354
杨敬惪	321	金涓	355
张仲深	322	甘复	356
陈镒	322	李齐贤	357
郭畀	323	张翥	358
释惟则	324	王冕	361
吴镇	325	陈旅	363
李存	326	黄镇成	366

胡天游	368	史伯璿	413
赵雍	369	李祁	413
成廷珪	370	朱升	415
张昱	371	钱宰	416
柯九思	373	蒋易	417
黄清老	374	韩璧	417
刘鹗	375	唐兀崇禧	418
吴景奎	376	叶颙	418
郑元祐	377	金哈剌	420
陆景龙	379	郭居敬	420
王沂	380	姚琏	420
周霆震	381	倪瓒	421
陈植	383	张以宁	424
宋褧	384	傅若金	426
苏天爵	385	王毅	429
朱德润	387	余阙	430
曹文晦	388	郭奎	433
杨维桢	389	危素	434
释梵琦	399	梁寅	438
谢应芳	400	吴皋	440
吴莱	402	泰不华	441
郑玉	405	释大圭	442
吴当	407	汪克宽	443
贡师泰	408	舒頔	444
周伯琦	410	郭翼	446
萧国宝	412	高明	447

姚文奂	448	龙从云	479
鲁贞	448	张庸	480
方行	449	宋濂	480
吕诚	450	刘基	487
胡行简	452	刘仁本	492
陈谟	453	吴志淳	493
魏观	454	宋讷	494
沈贞	454	宋禧	495
刘永之	455	李士瞻	496
孙淑	456	汪广洋	497
卢琦	457	龚敩	498
周闻孙	458	李继本	499
华幼武	459	刘驷	500
胡翰	461	刘三吾	501
沈梦麟	462	韦珪	502
释妙声	464	陈基	503
唐桂芳	465	朱右	505
释宗衍	465	贝琼	506
释至仁	466	朱善	508
朱希晦	467	王礼	508
邵亨贞	468	袁凯	510
顾瑛	470	陈高	512
郑守仁	474	乌斯道	514
释子贤	474	陶安	516
廼贤	475	李晔	517
钱惟善	477	蓝仁	519

潘伯修	520	罗子理	548
郭钰	520	许恕	549
杨允孚	522	王祎	550
袁华	523	郑真	553
张宪	524	张羽	553
陶振	526	凌云翰	555
谢常	526	童冀	556
易恒	526	程弥寿	557
戴良	527	杨基	557
王沂	529	郑允端	559
王佑	530	邓雅	560
张著	530	李惟馨	561
曹志	531	吴会	562
贡性之	531	陶宗仪	562
释宗泐	533	苏伯衡	564
赵汸	535	李镐	565
王逢	537	郑潜	565
释来复	540	史谨	566
周静	540	张适	566
徐一夔	540	卢熊	567
马玉麟	542	夏天祐	567
释克新	543	王行	568
蓝智	544	殷奎	569
唐肃	545	刘炳	569
林弼	545	谢肃	571
刘崧	547	钱子正	572

钱仲益	573	郑本忠	606
王钝	573	叶兰	606
韩奕	574	吕文荧	607
胡奎	575	释果满	607
虞堪	576	释月硐	608
吴海	578	释真	608
王翰	580	吕彦贞	608
金守正	581	黄坚	609
王翰	582	鲁渊	609
徐达左	583	袁君贤	610
黄哲	583	吴倧	610
林大同	584	平显	610
吴伯宗	584	傅仲渊	611
孙蕡	585	吴斌	612
丁鹤年	587	史迁	612
徐贲	591	王偕	612
高启	593	刘夏	613
王彝	598	王寔	613
张丁	599	浦源	614
林鸿	600	涂几	614
朱同	601	江左	615
管时敏	602	冯兰	615
孙作	603	董养性	615
张宣	604	程从龙	616
吕不用	605		

丘处机(1148～1227)

栖霞长春子丘神仙磻溪集三卷**附录**一卷

    金刻本　**国图**傅增湘跋

    古逸丛书三编影印　中华书局,1983年起

    中华再造善本金元编集部3册　北京图书馆出版社影印,2005年

    续修四库全书集部1322册　上海古籍出版社,2002年

    元代史料丛刊初编元人文集上卷13　黄山书社,2012年

    清抄本　**国图**傅增湘校并跋

磻溪集三卷

    北京图书馆古籍珍本丛刊91册(影印金刻本)　北京图书馆出版社,2000年

磻溪集六卷(据金刻本各卷一分为二)

    明正统道藏太平部

        明正统刻本

        民国十二至十五年商务印书馆影印明正统本

    道藏25册　文物出版社、上海书店、天津古籍出版社影印明正统刻本,1988年

        中华道藏　华夏出版社,2004年

    道藏举要(第十类)　民国二十九年商务印书馆据明刻本编辑

影印

    清抄本　**国图**傅增湘校并跋

    香山郑观应刻本　**北大**

丘处机集　赵卫东辑校

  全真道文化丛书　齐鲁书社，2005年

磻溪集一卷

  道藏辑要胃集

    清嘉庆蒋元庭辑刻本

    清光绪三十二年（1906）成都二仙庵重刻本

    巴蜀书社缩印本10册，1999年

磻溪集

  元诗选二集壬集

    清康熙四十一年壬午（1702）顾嗣立秀野草堂刻本

    清嘉庆、光绪增修本

    中华书局标点本（下）1335—1343页，1987年

尹志平（1169～1251）

葆光集三卷

  明正统道藏太平部

    正统本

民国影印正统本

道藏25册　文物出版社、上海书店、天津古籍出版社影印，1988年

中华道藏　华夏出版社，2004年

葆光集一卷

道藏辑要胃集

清嘉庆蒋元庭辑刻本

清光绪三十二年(1906)成都二仙庵重刻本

巴蜀书社缩印本10册，1999年

尹錬师志平

元诗选癸集之壬上

清嘉庆三年(1798)南沙席世臣刻本

清光绪十四年(1888)南沙席威补版重印本

中华书局标点本(下)1374—1375页，2001年

王若虚(1174～1243)

滹南遗老集四十五卷**续**一卷

明弘治刻本(乌程蒋氏密韵楼藏)

四部丛刊初编　1922年商务印书馆据明弘治刻本影印、1929年二次印、1936年缩印、1975年台湾商务印书馆缩印、1986年上海书店等缩印、2015年中央编译出版社缩印

滹南遗老王先生文集 四十五卷 续一卷
  明祁氏澹生堂抄本　科图
  四库提要著录丛书 集部 251 册　北京出版社,2010 年
  清刻本　国图
  石莲盦汇刻九金人集
    光绪十二年(1886)吴重憙刻本
    台湾成文出版社影印本,1967 年

滹南集 四十五卷
  四库全书
    文渊阁四库全书 1190 册　台湾商务印书馆影印,1983—1987 年
    文渊阁四库全书 1190 册　上海古籍出版社,2011 年
    文渊阁四库全书　北京出版社,2008 年
    文津阁四库全书 397 册　商务印书馆影印,2005 年
    文津阁四库全书　广陵书社,线装,2012 年
    文津阁四库全书(典藏版)166—167 册　商务印书馆,2016 年
    文澜阁四库全书 1226 册　杭州出版社,2015 年
  摘藻堂四库全书荟要
    台湾世界书局影印本　1985 年
    吉林出版集团影印本　2005 年　[397　集五〇]

滹南遗老集 四十五卷 诗集一卷 续编诗集一卷
  畿辅丛书　光绪五年(1879)定州王氏谦德堂刻本
  丛书集成初编 文学类[畿辅]2049—2052 册
  国学基本丛书　商务印书馆,1937 年

滹南遗老集补遗一卷　民国孙德谦辑
　金源七家文集补遗　稿本　**上海**

滹南集四卷**诗话**三卷
　清初抄本　**南京**清宋宾王校并跋，清丁丙跋
　清初抄本　**上海**罗振常跋
　清乾隆间抄本　**首都**清周春校、徐汤殿跋
　清抄本　**国图**清鲍廷博校、清刘喜海跋

滹南遗老集校注　胡传志、李定乾校注　辽海出版社，2006年

王若虚集　马振君点校
　中国历史文集丛刊　中华书局，2017年

李俊民（1176~1260）

庄靖先生遗集十卷
　明正德三年戊辰（1508）李瀚刻本　**国图**
　清乾隆三十八年（1773）刻本　**清华**
　石莲盦汇刻九金人集
　　清光绪十六年（1890）吴重憙开封刻本
　　台湾成文出版社影印本，1967年
　山右丛书初编
　　民国山西省文献委员会编印本

上海古籍出版社，2014 年

三晋古籍丛书 山西人民出版社，1984 年

清研古楼抄本 **南京**

清顾氏艺海楼抄本 **杭大**

清抄本 **国图 南京**丁丙跋

庄靖集十卷

四库全书

　　文渊阁四库全书 1190 册　台湾商务印书馆影印，1983—1987 年

　　文渊阁四库全书 1190 册　上海古籍出版社，2011 年

　　文渊阁四库全书　北京出版社，2008 年

　　文津阁四库全书 397 册　商务印书馆影印，2005 年

　　文津阁四库全书　广陵书社，线装，2012 年

　　文澜阁四库全书 1226 册　杭州出版社，2015 年

清孔氏岳云楼抄本

清刻本 **国图 北大**

庄靖集补遗一卷 民国孙德谦辑

　　金源七家文集补遗　稿本 **上海**

李俊民集　魏崇武、花兴、褚玉晶、胡鑫校点（合杨奂、杨弘道集为一册）

　　元代别集丛刊　吉林文史出版社，2010 年

庄靖先生集
 元诗选初集甲集
  清康熙三十三年(1694)顾嗣立秀野草堂刻本
  清嘉庆、光绪增修本
  中华书局标点本(上)99—128页,1987年

杨奂(1186～1255)

还山遗稿二卷**杨文宪考岁略**宋廷佐撰**附录**一卷
 明嘉靖元年壬午(1522)宋廷佐辑刻本　国图
 北京图书馆古籍珍本丛刊 93 册　北京图书馆出版社,2000 年
 闽刻珍本丛刊 53 册　人民出版社、鹭江出版社,2009 年
 四库提要著录丛书集部 29 册　北京出版社,2010 年
 原国立北平图书馆甲库善本丛书 682 册　国家图书馆出版社,2014 年

还山遗稿二卷**杨文宪考岁略**宋廷佐撰**附录**一卷
 清抄本　国图
 元史研究资料汇编 13 册　中华书局,2014 年

还山遗稿二卷**附录**二卷
 四库全书
  文渊阁四库全书 1198 册　台湾商务印书馆影印,1983—1987 年
  文渊阁四库全书 1198 册　上海古籍出版社,2011 年

文渊阁四库全书　北京出版社,2008年

文津阁四库全书 400册　商务印书馆影印,2005年

文津阁四库全书　广陵书社,线装,2012年

文澜阁四库全书 1233册　杭州出版社,2015年

还山遗稿 二卷 补遗 一卷 附录 一卷

适园丛书 第九集　民国四年(1915)吴兴张钧衡刻本

还山遗稿 二卷

陕西文献征辑处刻本　民国十二年(1923)　**首都**　**清华**

杨奂集（合李俊民、杨弘道集为一册）　魏崇武、花兴、褚玉晶、胡鑫校点

元代别集丛刊　吉林文史出版社,2010年

还山遗稿（合勤斋集、桼庵集为一册）　孙学功点校整理

关学文库　西北大学出版社,2015年

还山遗稿

元诗选二集乙集

清康熙四十一年壬午(1702)顾嗣立秀野草堂刻本

清嘉庆、光绪增修本

中华书局标点本(上)144—167页,1987年

杨弘道(1187～1272→)

小亨集六卷
  四库全书(辑自《永乐大典》)
    文渊阁四库全书1198册 台湾商务印书馆影印,1983—1987年
    文渊阁四库全书1198册 上海古籍出版社,2011年
    文渊阁四库全书 北京出版社,2008年
    文津阁四库全书400册 商务印书馆影印,2005年
    文津阁四库全书 广陵书社,线装,2012年
    文津阁四库全书(典藏版)171册 商务印书馆,2016年
    文澜阁四库全书1233册 杭州出版社,2015年
  四库全书珍本初集 商务印书馆,1933—1935年

小亨集五卷
  宋元人诗集 清法式善存素堂抄本 国图

杨弘道集(合李俊民、杨奂集为一册) 魏崇武、花兴、褚玉晶、胡鑫校点
  元代别集丛刊 吉林文史出版社,2010年

杨处士弘道二首
  元诗选癸集之甲
    清嘉庆三年(1798)南沙席世臣刻本

清光绪十四年(1888)南沙席威补版重印本

中华书局标点本(上)8—10页,2001年

麻革(1186后~1261前?)

贻溪麻先生革信之集

  河汾诸老诗集卷一

    诗词杂俎

      汲古阁本

      木松堂本

      景汲古阁本

  四库全书集部总集类

    文渊阁四库全书 1365 册　台湾商务印书馆影印,1983—1987年

    文渊阁四库全书 1365 册　上海古籍出版社,2011 年

    文渊阁四库全书　北京出版社,2008 年

    文津阁四库全书 456 册　商务印书馆影印,2005 年

    文津阁四库全书　广陵书社,线装,2012 年

    文澜阁四库全书 1409 册　杭州出版社,2015 年

  粤雅堂丛书初编第二集

  元人选元诗五种

  丛书集成初编文学类 1790 册

  四部丛刊初编　1922 年商务印书馆据影元抄本影印、1929 年二次印、1936 年缩印、1975 年台湾商务印书馆缩印、1986 年上海书

店等缩印、2015年中央编译出版社缩印(八卷附校语一卷)

四库提要著录丛书集部301册　北京出版社,2010年

明弘治十一年刻本

大仓文库粹编四库进呈本17册　北京大学出版社,2020年

贻溪集

元诗选三集甲集

清康熙五十九年(1720)顾嗣立秀野草堂刻本

清嘉庆、光绪增修本

中华书局标点本1—10页,1987年

张　宇

石泉张先生宇彦升**集**

河汾诸老诗集卷二

诗词杂俎

汲古阁本

木松堂本

景汲古阁本

四库全书集部总集类(参见前麻革条)

粤雅堂丛书初编第二集

元人选元诗五种

丛书集成初编文学类1790册

四部丛刊初编

  1922 年商务印书馆据明弘治刻本影印、1929 年二次印、1936 年缩印、1975 年台湾商务印书馆缩印、1986 年上海书店等缩印、2015 年中央编译出版社缩印（八卷附校语一卷）

  四库提要著录丛书集部 301 册　北京出版社，2010 年

  明弘治十一年刻本

  大仓文库粹编四库进呈本 17 册　北京大学出版社，2020 年

石泉集

  元诗选三集甲集

   清康熙四十一年壬午（1702）顾嗣立秀野草堂刻本

   清嘉庆、光绪增修本

   中华书局标点本 11—14 页，1987 年

元好问（1190～1257）

遗山先生文集四十卷**附录**一卷明储巏辑

  明弘治十一年（1498）李瀚刻本　**国图**　**北大**　**福建**明徐焆跋　**北京市文物局**沈曾植跋

  四库提要著录丛书集部 105 册　北京出版社，2010 年

  明抄本　**南京**清丁丙跋

  四部丛刊初编　1922 年商务印书馆据明弘治刻本影印、1929 年二次印、1936 年缩印、1975 年台湾商务印书馆缩印、1986 年上海书店等缩印、2015 年中央编译出版社缩印

元代史料丛刊初编元人文集上卷 8—11　黄山书社,2012 年
清康熙四十六年(1707)无锡华希闵剑光阁刻本　**北大**清翁方纲、叶志诜批注并跋　**北师大**清钱大昕批　**南京**清王鸣盛、陈鳣校　**武大**清周星诒校并跋　**祁县**清张穆校并跋[存 36 卷:六一四十]
道光间苏州坊刻翻印华本

遗山集四十卷**附录**一卷
四库全书
　　文渊阁四库全书 1191 册　台湾商务印书馆影印,1983—1987 年
　　文渊阁四库全书 1191 册　上海古籍出版社,2011 年
　　文渊阁四库全书　北京出版社,2008 年
　　文津阁四库全书 398 册　商务印书馆影印,2005 年
　　文津阁四库全书　广陵书社,线装,2012 年
　　文津阁四库全书(典藏版)167 册　商务印书馆,2016 年
　　文澜阁四库全书 1226 册　杭州出版社,2015 年
摘藻堂四库全书荟要
　　台湾世界书局影印本　1985 年
　　吉林出版集团影印本　2005 年　[398　集五一]

元遗山先生集四十卷**首**一卷**新乐府**四卷**续夷坚志**四卷**附录**一卷明储巏辑**补载**一卷清施国祁辑**年谱**四卷清翁方纲、施国祁、凌廷堪编
　　清道光二十七年丁未(1847)定襄李氏京师刻本
　　清道光间平定张穆阳泉山庄刻本
　　清道光三十年(1850)灵石杨氏刻京都同立堂书肆印本

灵石杨氏刻光绪八年(1882)京都翰文斋书坊印本

元遗山先生全集四十卷**附录**一卷**续夷坚志**四卷**补载**一卷**年谱**四卷**考证**三卷清赵培英撰

清光绪七年(1881)忻州知州方戊昌读书山房刻本

  国图 天津 南京 湖北

元遗山先生集四十卷**附录**一卷**续夷坚志**四卷**补载**一卷**年谱**四卷（杨氏版归海丰吴氏）**新乐府**五卷**补遗**一卷（光绪三十一年江宁增刻）

 石莲盦汇刻九金人集

  光绪三十一年(1905)吴重熹辑刻本

  台湾成文出版社影印,1967年

元好问文 郭绍虞选注

 北新书局,1936年

元遗山诗文集四十一卷

 国学基本丛书 商务印书馆,1939年

元好问全集 姚奠中主编

 三晋古籍丛书 山西人民出版社,1984年

 山西文华著述篇 三晋出版社,2015年

元好问全集

 山西人民出版社,1990年

元好问全集　姚奠中主编，李正民增订
山西古籍出版社，2004年

元遗山文集校补　周烈孙、王斌校注
巴蜀书社，2013年

元好问文编年校注(上中下册)　狄宝心校注
中国古典文学基本丛书　中华书局，2012年

元遗山先生文选七卷
金元明八大家文选　清道光二十五年(1845)刻本

元遗山文选七卷补一卷诗选一卷
和刻本四部丛刊 94 册
明治十四年(1881)东京奎文堂刊本
人民出版社、西南师范大学出版社，2014年

元好问集　明沈延嘉辑
列朝五十名家集

元裕之文抄一卷
八代文抄　明李宾辑　明末刻本

遗山集补遗一卷

金源七家文集补遗

遗山先生诗集二十卷

明弘治十一年(1498)李瀚刻本　**国图　上海　南京　吉林**

元人集十种　明毛晋编

明崇祯十一年(1638)汲古阁刻本　**北大**录清顾嗣立、顾奎光、王庆麟、翁方纲等评　**上海**清沈钦韩校　**开封**清王金简评点

影印汲古阁本　商务印书馆,1926年

四库全书存目丛书集部21别集类　齐鲁书社,1997年

清初抄本　清钱仪吉跋　**社科院历史所**

元遗山诗集十卷

宋元诗四十三家集二百八卷　明潘是仁编　明万历四十三年(1615)刻本　**国图　上海　山东　山东博物馆　浙江**

宋元诗六十一家集二百七三卷〔或名《宋元诗集》(台"中图");《宋元名家诗集》(《澹生堂》);《宋元名家诗选》(《千顷堂》、《明史》);《宋元名公诗集》(《东洋文库目·京都人文、汇定宋元名公诗集》)〕　明万历四十三年(1615)潘是仁编刻天启二年(1622)重修本　**国图　甘肃　青海**

元遗山诗集八卷

清乾隆四十三年(1778)南昌万廷兰刻本　**国图**清沈钦韩校注并跋　**科图**清张穆、何绍基批校　**北京市文物局**清吴应和批校　**浙江博物馆**沈曾植批

元遗山诗集点勘一卷
  桐城吴先生群书点勘　清吴汝纶撰　民国莲池书社铅印

元遗山诗选二卷**补遗**一卷**中州集诗选**一卷**补遗**一卷清叶廷琯辑
  稿本　上海

遗山诗髓十四卷**元诗备考**二卷**备考补遗**一卷清温忠翰撰
  稿本　牡丹江图书馆

元遗山诗笺注十四卷**附录**一卷**末补载**一卷清施国祁注
  道光二年壬午(1822)南浔蒋氏瑞松堂刻本
  四部备要(排印本、缩印本)
  续修四库全书集部1322册　上海古籍出版社,2002年

元遗山诗集笺注　施国祁注,麦朝枢校
  人民文学出版社,1958年

元好问诗编年校注(全四册)　狄宝心校注
  中国古典文学基本丛书　中华书局,2011年

遗山诗选一卷　清沈德潜编
  宋金三家诗选
    清乾隆三十四年(1769)刻本
    齐鲁书社影印本,1983年

元裕之七律钞一卷　清顾有孝等辑
　　五朝名家七律英华　康熙刻本

元好问诗　夏敬观选注
　　商务印书馆,1940年

元好问诗选　陈沚斋选注
　　中国历代诗人选集
　　　　三联书店香港分店,1984年
　　　　广东人民出版社,1985年
　　　　台湾远流出版事业股份有限公司,1993年

元好问诗选　郝树侯选注
　　人民文学出版社,1959年

元好问诗文选注　钟星选注
　　中国古典文学作品选读　上海古籍出版社,1990年

元好问诗选译　郑力民选译
　　古代名著选译丛书　巴蜀书社,1991年
　　古代文史名著选译丛书　凤凰出版社,2011年

元好问诗词选　狄宝心选注
　　中华书局,2005年

遗山集
 元诗选初集甲集
  清康熙三十三年(1694)顾嗣立秀野草堂刻本
  清嘉庆、光绪增修本
  中华书局标点本(上)5—98页,1987年

遗山题跋一卷 清管庭芬编
 一瓻笔存 稿本 天津

元遗山题跋一卷 清永瑢编
 钦训堂秘笈 清抄本 山东

耶律楚材(1190～1244)

湛然居士文集十四卷
 元癸巳(1233)序宗仲亨刻本
 明抄本 **国图**11411。朱之赤校并跋,缪荃荪跋
 影元抄本 有休宁汪季青家藏书籍、摘藻堂藏书印、平阳季子收藏图籍诸印 **南京**丁书善甲七八
 四库提要著录丛书集部106册 北京出版社,2010年
 宋宾王手校抄本 **静嘉堂**二 一五 一〇 十
 清初抄本 **上海**两部
 清乌丝栏抄本 **国图**
 原国立北平图书馆甲库善本丛书680册,国家图书馆出版社,

2014年

  清抄本　国图

原国立北平图书馆甲库善本丛书 680册，国家图书馆出版社，2014年

  三间草堂集录　清陆香圃抄本　重庆

  无锡孙氏小渌天影元抄本

  四部丛刊初编　1922年商务印书馆影印、1929年二次印、1936年缩印、1975年台湾商务印书馆缩印、1986年上海书店等缩印、2015年中央编译出版社缩印

  元代史料丛刊初编元人文集上卷12—13，黄山书社，2012年

  元史研究资料汇编1册　中华书局，2014年

  清光绪元年(1875)渐西村舍丛刻本　**国图**419 傅增湘校并跋　**国图**王国维校注并跋

  丛书集成文学类　[渐西]2053

  国学基本丛书　商务印书馆，1939年

湛然居士集 十四卷

  四库全书

    文渊阁四库全书 1191册　台湾商务印书馆影印，1983—1987年

    文渊阁四库全书1191册　上海古籍出版社，2011年

    文渊阁四库全书　北京出版社，2008年

    文津阁四库全书398册　商务印书馆影印，2005年

    文津阁四库全书　广陵书社，线装，2012年

    文津阁四库全书(典藏版)167册　商务印书馆，2016年

文澜阁四库全书 1227 册　杭州出版社,2015 年
摘藻堂四库全书荟要
台湾世界书局影印本　1985 年
吉林出版集团影印本　2005 年　[399　集五二]

湛然居士文集　谢方点校
中华书局,1986 年
中国历史文集丛刊　中华书局,2021 年

湛然居士
元诗选初集乙集
清康熙三十三年(1694)顾嗣立秀野草堂刻本
清嘉庆、光绪增修本
中华书局标点本(上)339—372 页,1987 年

陈赓(1190～1274)

陈先生赓子飏集
河汾诸老诗集卷三
诗词杂俎
汲古阁本
木松堂本
景汲古阁本
四库全书集部总集类

文渊阁四库全书 1365 册　台湾商务印书馆影印，1983—1987 年

　　文渊阁四库全书 1365 册　上海古籍出版社，2011 年

　　文渊阁四库全书　北京出版社，2008 年

　　文津阁四库全书 456 册　商务印书馆影印，2005 年

　　文津阁四库全书　广陵书社，线装，2012 年

　　文澜阁四库全书 1409 册　杭州出版社，2015 年

粤雅堂丛书初编第二集

元人选元诗五种　罗振玉辑，连平范氏双鱼室刊，1908 年

丛书集成初编文学类 1790 册

金元总集　中华书局上海编辑所，1958 年

四部丛刊初编　1922 年商务印书馆据影元抄本影印、1929 年二次印、1936 年缩印、1975 年台湾商务印书馆缩印、1986 年上海书店等缩印、2015 年中央编译出版社缩印（八卷附校语一卷）

　　四库提要著录丛书集部 301 册　北京出版社，2010 年

　　明弘治十一年刻本

　　大仓文库粹编四库进呈本 17 册　北京大学出版社，2020 年

子飏集

　　元诗选三集甲集

　　清康熙五十九年（1720）顾嗣立秀野草堂刻本

　　清嘉庆、光绪增修本

　　中华书局标点本 15—19 页，1987 年

姬志真（1192～1267）

知常先生云山集五卷

元延祐六年（1319）李怀素刻本　**国图** 8731。章钰跋。存三—五卷

北京图书馆古籍珍本丛刊 91 册　北京图书馆出版社，2000 年

中华再造善本金元编集部 3 册　北京图书馆出版社，2005 年

明乌丝栏抄本　**国图**存卷四　**国图**存卷三

原国立北平图书馆甲库善本丛书 691 册　国家图书馆出版社，2014 年

元史研究资料汇编补编 39 册　广西师范大学出版社，2020 年

云山集八卷

道藏太平部

正统本

景正统本

道藏 25 册　文物出版社、上海书店、天津古籍出版社，1988 年（影印明正统刻本）

中华道藏　华夏出版社，2004 年

云山集二卷

重刊道藏辑要昴集

姬錬师志真

元诗选癸集之壬上
清嘉庆三年(1798)南沙席世臣刻本
清光绪十四年(1888)南沙席威补版重印本
中华书局标点本(下),2001年

陈赓(1194—1261)

陈先生赓子京集
河汾诸老诗集卷四
诗词杂俎
汲古阁本

木松堂本

景汲古阁本

四库全书集部总集类(参见前陈赓条)
粤雅堂丛书初编第二集
元人选元诗五种　罗振玉辑,连平范氏双鱼室刊,1908年
丛书集成初编文学类1790册
金元总集　中华书局上海编辑所,1958年
四部丛刊初编　1922年商务印书馆据明弘治刻本影印、1929年二次印、1936年缩印、1975年台湾商务印书馆缩印、1986年上海书店等缩印、2015年中央编译出版社缩印(八卷附校语一卷)
四库提要著录丛书集部301册　北京出版社,2010年
明弘治十一年刻本

大仓文库粹编四库进呈本 17 册　北京大学出版社,2020 年

子飏集附陈庚

元诗选三集甲集

　　清康熙五十九年(1720)顾嗣立秀野草堂刻本
　　清嘉庆、光绪增修本
　　中华书局标点本 19—23 页,1987 年

李庭(1194～1277)

寓庵集七卷

　　清抄本　国图 835。缪荃荪校

寓庵集八卷

　　藕香零拾　清宣统二年(1910)缪荃荪刻本
　　元人文集珍本丛刊 1 册　台湾新文丰出版公司,1985 年
　　续修四库全书集部 1322 册,上海古籍出版社,2002 年
　　元代史料丛刊初编元人文集上卷 25,黄山书社,2012 年

李咨议庭

元诗选癸集之乙

　　清嘉庆三年(1798)南沙席世臣刻本
　　清光绪十四年(1888)南沙席威补版重印本
　　中华书局标点本(上)230 页,2001 年

曹之谦（1194 后～1264）

兑斋曹先生之谦益甫集一卷

    河汾诸老诗集卷八

        诗词杂俎

        汲古阁本

        木松堂本

        景汲古阁本

    四库全书集部总集类

        文渊阁四库全书 1365 册　台湾商务印书馆影印，1983—1987 年

        文渊阁四库全书 1365 册　上海古籍出版社，2011 年

        文渊阁四库全书　北京出版社，2008 年

        文津阁四库全书 456 册　商务印书馆影印，2005 年

        文津阁四库全书　广陵书社，线装，2012 年

        文澜阁四库全书 1409 册　杭州出版社，2015 年

    粤雅堂丛书初编第二集

    元人选元诗五种　罗振玉辑，连平范氏双鱼室刊，1908 年

    丛书集成初编文学类 1790 册

    金元总集　中华书局上海编辑所，1958 年

    四部丛刊初编　1922 年商务印书馆据影元抄本影印、1929 年二次印、1936 年缩印、1975 年台湾商务印书馆缩印、1986 年上海书店等缩印、2015 年中央编译出版社缩印（八卷附校语一卷）

四库提要著录丛书集部 301 册　北京出版社，2010 年
明弘治十一年刻本
大仓文库粹编四库进呈本 17 册　北京大学出版社，2020 年

兑斋集
元诗选三集甲集
　　清康熙五十九年（1720）顾嗣立秀野草堂刻本
　　清嘉庆、光绪增修本
　　中华书局标点本 31—40 页，1987 年

段克己（1196～1254）
段成己（1199～1279）

二妙集八卷**补**一卷**摭遗**一卷
元泰定四年段氏家刻明递修公文纸印本
原国立北平图书馆甲库善本丛书 920 册，国家图书馆出版社，2014 年
　　阳泉山庄丛刊　清张穆编　清道光三十年（1850）自刻本
　　石莲盦汇刻九金人集
　　　　光绪三十一年（1905）吴重憙辑刻本
　　　　台湾成文出版社影印本，1967 年

遁庵段先生克己复之诗集一卷 菊轩段先生成己诚之诗集一卷

河汾诸老诗集卷六卷七

    诗词杂俎

        汲古阁本

        木松堂本

        景汲古阁本

    四库全书集部总集类（参见前曹之谦条）

    粤雅堂丛书初编第二集

    元人选元诗五种 罗振玉辑，连平范氏双鱼室刊，1908年

    丛书集成初编文学类 1790 册

    金元总集 中华书局上海编辑所，1958年

    四部丛刊初编 1922年商务印书馆据影元抄本影印、1929年二次印、1936年缩印、1975年台湾商务印书馆缩印、1986年上海书店等缩印、2015年中央编译出版社缩印（八卷附校语一卷）

    四库提要著录丛书集部 301 册 北京出版社，2010年

    明弘治十一年刻本

    大仓文库粹编四库进呈本 17 册 北京大学出版社，2020年

二妙集

    元诗选二集甲集

        清康熙五十九年（1720）顾嗣立秀野草堂刻本

        清嘉庆、光绪增修本

        中华书局标点本（上）1—26页，1987年

房皞（1199～1281）

白云子房先生皞希白 一卷
 河汾诸老诗集 卷五
  诗词杂俎
   汲古阁本
   木松堂本
   景汲古阁本
  四库全书集部总集类（参见前曹之谦条）
  粤雅堂丛书初编第二集
  元人选元诗五种 罗振玉辑，连平范氏双鱼室刊，1908年
  丛书集成初编文学类1790册

金元总集
 四部丛刊初编 1922年商务印书馆据影元抄本影印、1929年二次印、1936年缩印、1975年台湾商务印书馆缩印、1986年上海书店等缩印、2015年中央编译出版社缩印（八卷附校语一卷）
 四库提要著录丛书集部301册 北京出版社，2010年
  明弘治十一年刻本
 大仓文库粹编四库进呈本17册 北京大学出版社，2020年

白云子集
 元诗选三集甲集

清康熙五十九年(1720)顾嗣立秀野草堂刻本
清嘉庆、光绪增修本
中华书局标点本 24—30 页，1987 年

赵孟坚(1199～1295)

彝斋文编四卷
　四库全书(辑自《永乐大典》)
　　文渊阁四库全书 1181 册　台湾商务印书馆影印，1983—1987 年
　　文渊阁四库全书 1181 册　上海古籍出版社，2011 年
　　文渊阁四库全书　北京出版社，2008 年
　　文津阁四库全书 394 册　商务印书馆影印，2005 年
　　文津阁四库全书　广陵书社，线装，2012 年
　　文津阁四库全书(典藏版)164 册　商务印书馆，2016 年
　　文澜阁四库全书 1216 册　杭州出版社，2015 年
　清抄本　**南京**清沈叔埏跋，清张云锦题诗
　历代画家诗文集第四辑　台湾学生书局影印，1975 年

彝斋文编四卷**补遗**一卷清鲍廷博辑
　清鲍廷博知不足斋抄本　**国图**清鲍廷博校　**南京**清丁丙跋
　清抄本　**北大**　**科图**王献唐题记
　清劳氏抄本　**上海**清劳权校并抄补
　嘉业堂丛书　民国三年(1914)吴兴刘氏刻本

彝斋文编二卷
  宋元人诗集　清法式善存素堂抄本　**国图**

彝斋集一卷
  两宋名贤小集　宋陈思编，元陈世隆补　清抄本

杜仁杰（约 1201～1283 后）

重辑杜善夫集　孔繁信整理
  济南名士丛书　济南出版社，1994 年

善夫先生集
  元诗选三集甲集
    清康熙五十九年(1720)顾嗣立秀野草堂刻本
    清嘉庆、光绪增修本
    中华书局标点本 45—50 页，1987 年

蒲寿宬

心泉学诗稿六卷
  清乾隆翰林院抄本（四库底本）　**南京**清丁丙跋
  四库全书(辑自《永乐大典》)
    文渊阁四库全书 1189 册　台湾商务印书馆影印，1983—

1987 年

  文渊阁四库全书 1189 册 上海古籍出版社，2011 年

  文渊阁四库全书 北京出版社，2008 年

  文津阁四库全书 397 册 商务印书馆影印，2005 年

  文津阁四库全书 广陵书社，线装，2012 年

  文津阁四库全书(典藏版)166 册 商务印书馆，2016 年

  文澜阁四库全书 1225 册 杭州出版社，2015 年

四库全书珍本初集 商务印书馆，1933—1935 年

泉州文库(合钓矶诗集为一册) 何丙仲点校，商务印书馆，2019 年

  清抄本 **南京**

  清末刘氏远碧楼抄本 **天津**

  抄本 **科图**

  清抄本

回族典藏全书 148 册 甘肃文化出版社、宁夏人民出版社，2008 年

心泉诗余 不分卷，全一册

  明木刻本

乐雷发(1208~1283)

雪矶丛稿 五卷

  明正统十一年丙寅(1446)周洪谟序刻本

  明成化十七年(1481)重订活字印本 **上海** 傅增湘跋

  瞿氏铁琴铜剑楼藏旧抄本

清初抄本　国图

四库提要著录丛书集部 104 册　北京出版社,2010 年

四库全书

　　文渊阁四库全书 1182 册　台湾商务印书馆影印,1983—1987 年

　　文渊阁四库全书 1182 册　上海古籍出版社,2011 年

　　文渊阁四库全书　北京出版社,2008 年

　　文津阁四库全书 395 册　商务印书馆影印,2005 年

　　文津阁四库全书　广陵书社,线装,2012 年

　　文澜阁四库全书 1217 册　杭州出版社,2015 年

南宋群贤小集　清嘉庆六年(1801)读画斋刻本

两宋群贤小集三百六十六卷　**重庆**

沅湘耆旧集

　　道光二十四年(1844)新化邓氏南村草堂刻本

　　湖湘文库　欧阳楠校点(六册),岳麓书社,2007 年

江湖小集　宋陈起编,抄本　台"中图"

宋名家小集　宋陈起编,抄本　台"中图"

宋十家小集　清初抄本　复旦

宋人小集六十八种　清金氏文瑞楼抄本　国图清宋宾王、钱天树校并跋

宋人小集五十五种　宋陈起编,清冰蘦阁抄本　国图　台"中图"

宋人小集三十七种　宋陈起编,旧抄本　台"中图"

宋人小集三十二种　清抄本　上海

宋人小集十种　清初抄本　西北大

清冰遐阁抄本　云南

南宋小集九家　清金氏文瑞楼抄本　上海

群贤小集　宋陈思编，清抄本　国图

清抄本　国图　天津　上海_{清戈襄校并跋}

思易草庐秘本丛抄　清光绪抄本　山东

宋集珍本丛刊 86 册　线装书局，2004 年

雪矶丛稿_{六卷}

清道光七年(1827)乐氏刻本　科图　南京　浙江　山东

雪矶丛稿_{五卷}附录_{一卷}

清抄本　北大_{清徐松跋}

雪矶丛稿_{四卷}

两宋名贤小集(一百八卷本)辛集　宋陈思编，元陈世隆补，清抄本　国图　南京　南大

雪矶丛稿_{一卷}

宋百家诗存卷十八　清乾隆五至六年嘉善曹氏二六书堂刻本

雪矶先生文集_{二卷}　清赵烺辑

清抄本　上海

雪矶丛稿

台湾商务印书馆，1969 年

雪矶丛稿 萧艾校注

岳麓书社,1986 年

许衡(1209~1281)

鲁斋遗书 六卷

元刻本(**天禄后目**,分奏议、杂著、书简、诗章、乐府、编年、歌括,前有大德九年杨学文序,附录谥告、像赞、神道碑。云现行明郝亚卿、宰廷俊所辑,有何瑭序,嘉靖乙酉萧鸣凤刻,其卷帙与此本全不相同。是元时已有成书,而明人搜辑时未见元刻也)

明成化十年甲午(1474)倪颙刻本　**国图** 3596

鲁斋全书 七卷

明正德十三年戊寅(1518)高杰刻本　**国图**清季锡畴校　**南京**丁丙跋　**内阁文库** 342a

内阁文库藏江户初写本

元代史料丛刊续编元代文集 23　黄山书社,2018 年

鲁斋全书 七卷 **鲁斋遗书** 十卷

明嘉靖四年乙酉(1525)萧鸣凤刻本　**上海**　**南京**　**国图**存遗书十卷

原国立北平图书馆甲库善本丛书 682 册　国家图书馆出版社,2014 年

元史研究资料汇编补编 40 册　广西师范大学出版社,2020 年

鲁斋遗书五卷**卷首**一卷**附录**一卷（或作鲁斋先生集六卷）
  明嘉靖九年庚寅(1530)许泰和刻本 国图 5058 北大李□5973
  明嘉靖九年许泰和刻三十九年重修本 北大 上海

鲁斋遗书十四卷 明怡愉辑
  明万历二十四年丙申(1596)江学诗刻本 国图 3254 南京 7419
  北京图书馆古籍珍本丛刊 91 册 北京图书馆出版社,2000 年
  四库提要著录丛书集部 029 册 北京出版社,2010 年
  明万历江学诗刻清雍正重修本 南京 1490。丁丙跋

鲁斋遗书十四卷
  清初抄本 中山
  元史研究资料汇编 10 册 中华书局,2014 年
  中国古籍珍本丛刊广东省立中山图书馆卷 43 册 国家图书馆出版社,2015 年

鲁斋先生集六卷
  明万历三十九年(1611)刻本

许鲁斋先生集六卷 清张伯行辑
  清康熙四十七年(1708)正谊堂刻本 北大 天津
  正谊堂全书 清同治五年(1866)福州正谊书院刻本

鲁斋全书 日本菰口治解题
  日本承应二年(1653)刻本

和刻本近世汉籍丛刊　台湾大化书局影印本

鲁斋遗书四卷**附录**三卷

　　日本宽文九年(1669)京都村上勘兵卫刻本　　北大李3948

　　和刻本四部丛刊 95 册　人民出版社、西南师范大学出版社，2014 年

许文正公遗书五卷**附录**一卷　刘昌辑

　　中州名贤文表内集

　　　　清康熙四十五年(1706)钱塘汪立名刻本

　　　　清光绪三十年(1904)海虞邵氏石印本

　　四库全书

　　　　文渊阁四库全书 1373 册　台湾商务印书馆影印，1983—1987 年

　　　　文渊阁四库全书 1373 册　上海古籍出版社，2011 年

　　　　文渊阁四库全书　北京出版社，2008 年

　　　　文津阁四库全书 459 册　商务印书馆影印，2005 年

　　　　文津阁四库全书　广陵书社，线装，2012 年

　　　　文澜阁四库全书 1416 册　杭州出版社，2015 年

　　北京图书馆古籍珍本丛刊 116 册　北京图书馆出版社，2000 年

　　中华文史丛书第 2 辑 7 册　台湾华文书局，1968 年

鲁斋遗书八卷**附录**二卷

　　四库全书

　　　　文渊阁四库全书 1198 册　台湾商务印书馆影印，1983—1987 年

文渊阁四库全书 1198 册　上海古籍出版社，2011 年
文渊阁四库全书　北京出版社，2008 年
文津阁四库全书 400 册　商务印书馆影印，2005 年
文津阁四库全书　广陵书社，线装，2012 年
文澜阁四库全书 1233 册　杭州出版社，2015 年

许文正公遗书十二卷（含书状、杂著、诗各一卷）首一卷末一卷
　清雍正补修明万历刻本
　清乾隆五十五年（1790）怀庆堂刻本
　清光绪六年庚辰（1880）六安涂氏求我斋刻本
　洪氏唐石经馆丛书（即涂氏求我斋本）　清洪汝奎辑
　西京清麓丛书　光绪十三年（1887）传经堂刻本

许文正公遗书十五种　许红霞点校
　历代全集丛刊　河南人民出版社，2018 年

许鲁斋集
　丛书集成初编文学类［正谊］2415 册

许衡集　王成儒点校
　东方出版社，2007 年

许衡集　淮建利、陈朝云点校
　中州名家集　中州古籍出版社，2009 年

许衡集　毛瑞方、谢辉、周少川合校
　元代别集丛刊　吉林文史出版社，2010 年

许衡集　许红霞点校
　理学丛书　中华书局，2019 年

鲁斋遗书约钞二卷　民国周学熙辑
　周氏师古堂所编书　民国刻本

鲁斋集
　元诗选初集乙集
　　清康熙三十三年(1694)顾嗣立秀野草堂刻本
　　清嘉庆、光绪增修本
　　中华书局标点本(上)434—443 页，1987 年

卫宗武(？～1289 年)

秋声集六卷
　四库全书(辑自《永乐大典》)
　　文渊阁四库全书 1187 册　台湾商务印书馆影印，1983—1987 年
　　　文渊阁四库全书 1187 册　上海古籍出版社，2011 年
　　　文渊阁四库全书　北京出版社，2008 年
　　　文津阁四库全书 396 册　商务印书馆影印，2005 年

  文津阁四库全书　广陵书社,线装,2012 年

  文津阁四库全书(典藏版)166 册　商务印书馆,2016 年

  文澜阁四库全书 1223 册　杭州出版社,2015 年

四库全书珍本初集　商务印书馆,1933—1935 年

清抄本　南京

秋声集四卷

宋元人诗集　清法式善存素堂抄本　国图

文珦(1210～1291)

潜山集十二卷

四库全书(辑自《永乐大典》)

  文渊阁四库全书 1186 册　台湾商务印书馆影印,1983—1987 年

  文渊阁四库全书 1186 册　上海古籍出版社,2011 年

  文渊阁四库全书　北京出版社,2008 年

  文津阁四库全书 396 册　商务印书馆影印,2005 年

  文津阁四库全书　广陵书社,线装,2012 年

  文津阁四库全书(典藏版)165 册　商务印书馆,2016 年

  文澜阁四库全书 1218 册　杭州出版社,2015 年

禅门逸书初编 5 册　台北明文书局,1981 年

清末刘氏远碧楼抄本　天津

柴望（1212～1280）、随亨、元亨、元彪

柴四隐诗集一卷**文集**二卷
　清初抄本　**复旦**

柴四隐诗集一卷**诗余**一卷**文类**一卷
　清抄本　**天津**

柴氏四隐集二卷　明柴复贞辑
　清钱塘吴允嘉传抄万历刻本　**南京**清吴允嘉、吴焯、丁丙跋
　清抄本　**南京**清吴焯校跋并录清龚翔麟跋、丁丙跋
　清渟川书屋抄本　**上海**清佚名校
　清抄本　**上海**
　宋集珍本丛刊 86 册　线装书局，2004 年

柴氏四隐集二卷**附录**一卷
　清鲍氏知不足斋抄本（二卷仅柴望）　**上海**鲍廷博校，刘履芬跋
　清咸丰十一年抄本　**北大**
　抄本　**科图**

四隐集四卷
　清道光刻本

衢州文献集成 170 册　　国家图书馆出版社,2015 年

柴氏四隐集 二卷 秋堂集补遗
清嘉庆十七年(1812)知不足斋抄本　　　国图 戴光曾校跋

柴氏四隐集 三卷
四库全书
　　文渊阁四库全书 1364 册　　台湾商务印书馆影印,1983—1987 年
　　文渊阁四库全书 1364 册　　上海古籍出版社,2011 年
　　文渊阁四库全书　　北京出版社,2008 年
　　文津阁四库全书 456 册　　商务印书馆影印,2005 年
　　文津阁四库全书　　广陵书社,线装,2012 年
　　文澜阁四库全书 1408 册　　杭州出版社,2015 年
三间草堂集录　　清陆香圃抄本　　重庆

秋堂集 三卷
民国李氏宜秋馆刻本
衢州文献集成 170 册　　国家图书馆出版社,2015 年

秋堂集 三卷
四库全书
　　文渊阁四库全书 1187 册　　台湾商务印书馆影印,1983—1987 年
　　文渊阁四库全书 1187 册　　上海古籍出版社,2011 年
　　文渊阁四库全书　　北京出版社,2008 年

文津阁四库全书 396 册　商务印书馆影印，2005 年
文津阁四库全书　广陵书社，线装，2012 年
文澜阁四库全书 1222 册　杭州出版社，2015 年

柴氏四隐集三卷**目录**二卷
　　清初抄本　国图
　　四库提要著录丛书集部 301 册　北京出版社，2010 年

柴四隐诗集二卷
　　原国立北平图书馆甲库善本丛书 920 册，国家图书馆出版社，2014 年

柴四隐诗集二卷
　　清抄本　北师大

柴氏四隐集五卷
　　艺芳阁艺海奇钞　清杨复吉编，稿本　北师大

秋堂集三卷**补遗**一卷**附录**一卷
　　清丁氏八千卷楼藏精抄本　南京清丁丙跋
　　宋人集甲编　民国三年（1914）南城宜秋馆李之鼎辑刻本　国图傅增湘校跋并录清戴光曾题识
　　宋集珍本丛刊 86 册　线装书局，2004 年

秋堂集二卷**补遗**一卷**附录**一卷
　　柴氏四隐集五卷　清嘉庆三年（1798）鲍氏知不足斋抄本

清鲍廷博校　　国图
　　衢州文献集成集部 170 册　　国家图书馆出版社，2015 年

秋堂遗稿一卷
　　宋百家诗存卷十　　清乾隆五至六年嘉善曹氏二六书堂刻本
　　两宋名贤小集　　宋陈思编，元陈世隆补，清抄本　　国图　　南京
　　江湖小集　　宋陈起编，清初抄本　　北大

道州台衣集一卷
　　两宋名贤小集（一百八卷本）辛集　　宋陈思编，元陈世隆补　　清抄本　　南大

家铉翁（约 1213～1297）

则堂集六卷（文四卷诗二卷，拘元河间作）
　　清乾隆翰林院红格抄本（四库底本）　　国图
　　四库提要著录丛书集部 028 册　　北京出版社，2010 年
　　四库全书
　　　　文渊阁四库全书 1189 册　　台湾商务印书馆影印，1983—1987 年
　　　　文渊阁四库全书 1189 册　　上海古籍出版社，2011 年
　　　　文渊阁四库全书　　北京出版社，2008 年
　　　　文津阁四库全书 397 册　　商务印书馆影印，2005 年
　　　　文津阁四库全书　　广陵书社，线装，2012 年
　　　　文澜阁四库全书 1224 册　　杭州出版社，2015 年

四库全书珍本初集　商务印书馆，1933—1935 年

清道光二十八年东武刘氏喜荫簃抄本　**国图**清刘喜海跋

宋集珍本丛刊 86 册　线装书局，2004 年

清抄本　**南京**

蓝格抄本　**国图**清傅增湘校并跋

欧阳起鸣(嘉熙二年 1238 进士)

欧阳论范二卷

　　明成化七年(1471)贾奭刻本　**南京** 1539。丁丙跋

　　四库全书存目丛书集部 23(论范二卷　存目　两淮马裕家藏本)　齐鲁书社，1997 年

　　朝鲜刻本　**内阁文库**毛　二　三一四　二四

　　江户写本　**内阁文库**

　　日本嘉永六年癸丑(1853)如不及斋刻本　**南大** 15072　**内阁文库**昌二　三一四　二七

　　和刻本四部丛刊 95 册　人民出版社、西南师范大学出版社，2014 年

　　日本嘉永七年(1854)大坂月内屋刻本　**北大**李□3639　**静嘉堂** 698　二　五〇　五八　敬

新刊校正批点大字欧阳精论六卷

　　明嘉靖十三年(1534)刘氏安正堂刻本　**湖南师大**

王义山（1214～1287）

稼村先生类稿 三十卷 附录一卷
明正德十一年（1516）王冠刻本

皕 95　明刻本。元古丰王义山元高著。门人曾震龙编。杨廉序。正德丙午罗钦顺后序。陈槐跋　**静嘉堂** 689　四　一五　一一　十　**国图** 13166　**北大** 李 666。书经蠹蚀全部破碎　**上海**

四库提要著录丛书 集部 106 册　北京出版社，2010 年

稼村先生类稿 十卷 附录
明万历十一年癸未（1583）十世孙汝立刻本　**尊经阁** 458　**国图** 存三卷：卷八—十

影钞明刻本　**南京** 1477。丁丙跋

稼村类稿 三十卷
四库全书

文渊阁四库全书 1193 册　台湾商务印书馆影印，1983—1987 年

文渊阁四库全书 1193 册　上海古籍出版社，2011 年

文渊阁四库全书　北京出版社，2008 年

文津阁四库全书 398 册　商务印书馆影印，2005 年

文津阁四库全书　广陵书社，线装，2012 年

文津阁四库全书（典藏版）168—169 册　商务印书馆，2016 年

文澜阁四库全书 1228 册　杭州出版社，2015 年

四库全书珍本初集　商务印书馆，1933—1935年

稼村类稿一卷
　元诗选二集甲集
　　清康熙四十一年壬午(1702)顾嗣立秀野草堂刻本
　　清嘉庆、光绪增修本
　　中华书局标点本(上)，1987年

罗椅(1214—1292)

涧谷遗集四卷**卷首**一卷**卷末**一卷
　民国六年庐陵罗嘉瑞刻本　**上海　国图**
　续修四库全书集部1320册　上海古籍出版社，2002年
　宋集珍本丛刊85册　线装书局，2004年

涧谷遗集三卷
　豫章丛书吉州二义集　民国九年(1920)胡思敬辑刻本

涧谷翁罗椅
　元诗选癸集癸之甲
　　清嘉庆三年(1798)南沙席世臣扫叶山房刻本
　　清光绪十四年(1888)南沙席威扫叶山房补版重印本
　　中华书局标点本(上)18—19页，2001年

陈著（1214～1297）

本堂陈先生文集九十四卷**附录**一卷清樊景瑞撰
    清康熙四十六年（1707）樊景瑞抄本　　**南京**清丁丙跋

本堂集九十四卷
    四库全书
        文渊阁四库全书 1185 册　　台湾商务印书馆影印，1983—1987 年
        文渊阁四库全书 1185 册　　上海古籍出版社，2011 年
        文渊阁四库全书　　北京出版社，2008 年
        文津阁四库全书 396 册　　商务印书馆影印，2005 年
        文津阁四库全书　　广陵书社，线装，2012 年
        文澜阁四库全书 1220 册　　杭州出版社，2015 年
    清漱石山房抄本　　**浙江**

本堂集九十四卷**首**一卷**佚文**一卷**诗**一卷**附录**二卷**校录**二卷
    光绪十九年（1893）四明陈氏刻本　　**国图**　**北大**　**天津**　**上海**

刘秉忠（1216～1274）

藏春诗集六卷
    元至元丁亥（1287）刻本（阎复序。原集十卷，今佚杂文十卷，仅

存诗）

明天顺五年(1461)处州知府马伟刻本　**北大**李 7837。九行二十三字，黑口，左右双栏，存卷一——三

明弘治元年(1488)顺德府孔鉴序刻本　**国图** 2229。九行十九字，白口，四周单边

北京图书馆古籍珍本丛刊 91 册　北京图书馆出版社，2000 年

四库提要著录丛书集部 252 册　北京出版社，2010 年

清初曹氏倦圃抄本　**国图** 3593。清胡重校并跋、黄丕烈跋

清初抄本　**上海**清佚名校

清彭氏知圣道斋抄本　**国图** 6259

刘太傅藏春集 六卷

清宋宾王校抄本　**国图** 5700

佚名抄临清王闻远校抄本

元人文集珍本丛刊 1 册　台湾新文丰出版公司，1985 年

元史研究资料汇编 4 册　中华书局，2014 年

藏春集 五卷 附录 一卷

四库全书

文渊阁四库全书 1191 册　台湾商务印书馆影印，1983—1987 年

文渊阁四库全书 1191 册　上海古籍出版社，2011 年

文渊阁四库全书　北京出版社，2008 年

文津阁四库全书 398 册　商务印书馆影印，2005 年

文津阁四库全书　广陵书社，线装，2012 年

文澜阁四库全书 1227 册　杭州出版社，2015 年

藏春集四卷（卷一至二相当于天顺本卷一至三；卷三至四相当于天顺本卷四至五；缺卷六附录）

  清抄本　　**国图** 420。傅增湘校并跋

  清抄本　　**南京** 1741

  清红格抄本　　**南京** 3481

藏春集点注　李昕太、张家华、张涛点注

  花山文艺出版社，1993年

藏春集

  元诗选初集乙集

    清康熙三十三年（1694）顾嗣立秀野草堂刻本

    清嘉庆、光绪增修本

    中华书局标点本（上）373—383页，1987年

许月卿（1217～1286）

先天集十卷附录二卷

  明嘉靖十三年（1534）湛若水序刻本　　**南京**清丁丙跋　　**安徽**

  四部丛刊续编　民国二十三年（1934）上海商务印书馆影印 1975年台湾商务印书馆缩印、1986年上海书店等缩印、2015年中央编译出版社缩印

  续修四库全书集部1320册（影印明刻本，多山屋许先生事录一卷）　上海古籍出版社，2002年

清抄本　**黑龙江**清罗棨校

先天集十卷**补遗**一卷**附录**二卷
　新安许氏先集　民国十二年（1923）无锡许氏简素堂辑印本

先天集钞一卷
　宋诗钞初集　清吕留良、吴之振、吴尔尧辑
　　清康熙十年（1671）吴氏鉴古堂刻本
　　民国三年（1914）上海商务印书馆影印康熙本

陈允平（约 1215—1220～约 1294—1297）

西麓诗稿一卷
　南宋六十家小集　汲古阁景抄本　台"中图"
　南宋群贤六十家小集　1922 年上海古书流通处影印汲古阁抄本
　宋百家诗存卷十九　清乾隆五年（1740）嘉善曹廷栋辑刻本
　南宋群贤小集　清嘉庆六年（1801）石门顾修读画斋刻本
　南宋群贤诗六十家　清抄本　**上海**
　六十家名贤小集　宋陈起编，清抄本　**国图**
　两宋名贤小集（二百十五卷本）　宋陈思编，元陈世隆补，清抄本　**福建**
　江湖小集　宋陈起编，清初抄本　**北大**
　江湖群贤小集　清抄本　**国图**

宋人小集六十八种　金氏文瑞楼抄本　国图

宋人小集四十二种　清海宁陈氏抄

宋四十三家集　清抄本

四明丛书第七集

何希之(1218～1306)

何希之先生鸡肋集二卷

知非堂稿 1 册　清康熙五十八年(1719)家刻本　国图　上海 353697—353699

四库全书存目丛书集部 20 册　齐鲁书社，1997 年

宋集珍本丛刊 86 册　线装书局，2004 年

续修四库全书集部 1320 册　上海古籍出版社，2002 年

洞明子(祁志诚,1219～1293)

西云集三卷

明正统道藏太平部

　明正统刻本

　民国十二至十五年商务印书馆影印明正统本

道藏　上海书店影印明正统刻本，1988 年

中华道藏　华夏出版社，2004 年

西云集一卷

 道藏辑要昴集 嘉庆蒋元庭辑刻本

 重刊道藏辑要昴集 清光绪三十二年(1906)成都二仙庵刻本

 道藏辑要昴集 巴蜀书社缩印本 10 册，1999 年

李道纯(1219～1296)

清庵先生中和集三卷**后集**三卷 元蔡志颐编

 元大德十年(1306)翠峰山房刻本 **中大善** 007 **静嘉堂**一 一三 三三 十

 明覆刻元大德刻本

元人文集珍本丛刊 8 册 台湾新文丰出版公司，1985 年

 明宣德十年朱本道刻本

子部珍本丛刊 170 册 方勇主编，线装书局，2012 年

 明正统道藏洞真部

  正统本

  民国影印正统本

 道藏 4 册 文物出版社、上海书店、天津古籍出版社，1988 年（影印明正统刻本）

 中华道藏 华夏出版社，2004 年

 中国古籍珍本丛刊广东省立中山图书馆卷 36 册 国家图书馆出版社，2015 年

清庵先生中和集前集三卷**后集**三卷**附道德会元**一卷
 明弘治十年(1497)许孟仁刻本 **上海文管会** **北大**李
 四库全书存目丛书子部239册 齐鲁书社,1997年
 明嘉靖伊府刻本 **北大**李

李道纯集 张灿辉校点
 湖湘文库29 岳麓书社,2010年

舒岳祥(1219～1298)

阆风集十二卷
 清乾隆翰林院红格抄本(四库底本) **国图**
 四库提要著录丛书集部027册 北京出版社,2010年
 四库全书
  文渊阁四库全书1187册 台湾商务印书馆影印,1983—1987年
  文渊阁四库全书1187册 上海古籍出版社,2011年
  文渊阁四库全书 北京出版社,2008年
  文津阁四库全书396册 商务印书馆影印,2005年
  文津阁四库全书 广陵书社,线装,2012年
  文津阁四库全书(典藏版)166册 商务印书馆,2016年
  文澜阁四库全书1222册 杭州出版社,2015年
 清抄本 **南京**清丁丙跋
 宁海丛书30、31 上海古籍出版社,2016年

阆风集十二卷**补遗等**二卷
　　清光绪间刻本　　北大

阆风集十二卷**附录**一卷
　　嘉业堂丛书　　民国四年(1915)吴兴刘氏刻本

阆风集九卷
　　宋元人诗集　清法式善存素堂抄本　　国图

阆风集　　谢时强校编
　　宁海文献丛书　　崇文斋文化出版有限公司，2006年

耶律铸(1221～1285)

双溪醉隐集六卷
　　元王万庆重刻本
　　清乾隆翰林院红格抄本　　国图 5903
　　清乾隆四十九年(1784)吴长元家抄本　　国图 8509。吴长元校并跋
　　清抄本　　南京 1500。丁丙跋
　　清八千卷楼黑格抄本　　南京 3493
　　清光绪李文田家抄本　　国图 李文田校注并跋

双溪醉隐集六卷
　　四库全书(自《永乐大典》录出)

文渊阁四库全书 1199 册　台湾商务印书馆影印，1983—1987 年
文渊阁四库全书 1199 册　上海古籍出版社，2011 年
文渊阁四库全书　北京出版社，2008 年
文津阁四库全书 400 册　商务印书馆影印，2005 年
文津阁四库全书　广陵书社，线装，2012 年
文津阁四库全书（典藏版）172 册　商务印书馆，2016 年
文澜阁四库全书 1234 册　杭州出版社，2015 年

双溪醉隐集 六卷　清李文田笺
　知服斋丛书 第三集
　清光绪十八年（1892）顺德龙氏刻朱印本　**国图** 清李文田校订补笺　**国图** 429 傅增湘校并跋
　辽海丛书 第六集
　元史研究资料汇编 15 册　中华书局，2014 年

双溪醉隐集
　元诗选补遗乙集
　清金山钱熙彦编道光间刻本　**首都**
　中华书局标点本 90—144 页，2002 年

陈杰（1220？～1290？）

自堂存稿 十三卷
　叶启勋旧藏清抄本　清叶启勋题跋　**湖南**

自堂存稿四卷
 清乾隆翰林院抄本(四库底本)　丁丙跋　南京
 四库全书(辑自《永乐大典》)
  文渊阁四库全书 1189 册　台湾商务印书馆影印,1983—1987 年
  文渊阁四库全书 1189 册　上海古籍出版社,2011 年
  文渊阁四库全书　北京出版社,2008 年
  文津阁四库全书 397 册　商务印书馆影印,2005 年
  文津阁四库全书　广陵书社,线装,2012 年
  文渊阁四库全书 1225 册　杭州出版社,2015 年
 豫章丛书九宋人集　民国四年(1915)胡思敬辑刻本

方逢辰(1221～1291,号蛟峰)、方逢振(称山房先生)

蛟峰集七卷**蛟峰外集**四卷**山房先生遗文**一卷
 明天顺七年(1463)方中刻本　　国图清黄虞稷、刘喜海跋
 明弘治十六年(1503)淳安知县陈渭修补天顺本　　国图　台"中图"
 宋集珍本丛刊 86 册　线装书局,2004 年
 明嘉靖十三年(1534)序徐庆衍再修补本　　南京　杭大

蛟峰先生文集十四卷
 明万历三年(1575)方世德刻本　　保定

蛟峰先生文集十卷**外集**三卷**山房先生遗文**一卷

 明活字印本 国图

 四库提要著录丛书集部 028 册 北京出版社，2010 年

 北京图书馆古籍珍本丛刊 88 册 北京图书馆出版社，2000 年

蛟峰文集六卷**外集**三卷

 明刻本（存文集卷三—六、外集三卷） 国图

方蛟峰先生文集六卷**外集**一卷**宋方山房先生文集**一卷

 清顺治十五年（1658）方张一魁刻本 上海

方蛟峰先生文集六卷**外编**一卷**山房先生遗文**一卷

 清康熙二十一年（1682）方瑞序刻本 国图 傅增湘校并跋

蛟峰先生集八卷

 清顺治间刻本 南京

 清抄本 国图

方蛟峰先生文集八卷

 清顺治十五年（1654）方显策等刻本 国图 傅增湘校并跋

 宋集珍本丛刊 86、87 册 线装书局，2004 年

蛟峰文集八卷**外集**四卷

 四库全书

  文渊阁四库全书 1187 册 台湾商务印书馆影印，1983—1987 年

文渊阁四库全书 1187 册　上海古籍出版社，2011 年

文渊阁四库全书　北京出版社，2008 年

文津阁四库全书 396 册　商务印书馆影印，2005 年

文津阁四库全书　广陵书社，线装，2012 年

文澜阁四库全书 1223 册　杭州出版社，2015 年

蛟峰集钞一卷

宋诗钞补　民国四年(1915)上海商务印书馆排印本

马廷鸾(1222～1289)

碧梧玩芳集二十四卷

四库全书(辑自《永乐大典》)

文渊阁四库全书 1187 册　台湾商务印书馆影印，1983—1987 年

文渊阁四库全书 1187 册　上海古籍出版社，2011 年

文渊阁四库全书　北京出版社，2008 年

文津阁四库全书 396 册　商务印书馆影印，2005 年

文津阁四库全书　广陵书社，线装，2012 年

文澜阁四库全书 1222 册　杭州出版社，2015 年

清乾隆翰林院红格抄本　**国图**

宋集珍本丛刊 87 册　线装书局，2004 年

清抄本　**国图**　**南京**清丁丙跋

碧梧玩芳集二十四卷**附校勘记**一卷胡思敬辑校
  豫章丛书　民国四年(1915)胡思敬刻本

龚开(1222～1304)

龟城叟集辑一卷**附录**一卷
  楚州丛书第一辑　民国刻本

龟城叟龚开
  元诗选癸集癸之甲
    清嘉庆三年(1798)南沙席世臣扫叶山房刻本
    清光绪十四年(1888)南沙席威扫叶山房补版重印本
    中华书局标点本(上)25—28页,2001年

郝经(1223～1275)

郝文忠公陵川文集三十九卷**首**一卷**附录**一卷
  元延祐五年(1318)江西行省刻本
  明正德二年丁卯(1507)沁水李瀚刻本　**皕**95：明刊本。前有行状苟宗道撰、墓志铭阎复撰、神道碑卢挚撰、封赠公牍、延祐丁巳(1317)李之绍序、正德丁卯刘龙序

郝文忠公陵川集三十九卷

　　清抄本（存三十八卷：卷一至十五，十七至三十九）

　　元史研究资料汇编 2、3 册（据清抄本影印，题"郝文忠公陵川文集"，三十九卷全，有"藏真精舍偶得""北京图书馆藏"等印，与三十八卷之清抄本殆非同一版本）　中华书局，2014 年

郝文忠公陵川集三十九卷**首**一卷**附录**一卷**年谱**一卷　王镠编

　　清乾隆三年戊午（1738）凤台王镠校刻本

　　清乾隆三年王镠刻乾隆五十九年（1794）朱镕印本

　　清乾隆三年王镠刻嘉庆三年（1798）补修本

郝文忠公陵川集三十九卷**首**一卷**年谱**王汝楫、秦万寿撰、张翯补一卷

　　清乾隆三年王镠刻道光八年（1828）增补重修本

陵川集三十九卷**首**一卷
四库全书
　　文渊阁四库全书 1192 册　台湾商务印书馆影印，1983—1987 年

　　文渊阁四库全书 1192 册　上海古籍出版社，2011 年

　　文渊阁四库全书　北京出版社，2008 年

　　文津阁四库全书 398 册　商务印书馆影印，2005 年

　　文津阁四库全书　广陵书社，线装，2012 年

　　文津阁四库全书（典藏版）168 册　商务印书馆，2016 年

　　文澜阁四库全书 1227 册　杭州出版社，2015 年

摘藻堂四库全书荟要

　　台湾世界书局影印本　1985 年

吉林出版集团影印本，2005 年［399　集五二］

郝文忠公集二十五卷
    乾坤正气集　清道光二十八年(1848)潘氏袁江刻同治光绪间印

郝文忠公陵川文集　秦雪清点校
    陵川文史资料丛书　山西人民出版社，2005 年

郝经集编年校笺　张进德、田同旭编年校笺　人民文学出版社，2018 年

郝经集校勘笺注　田同旭校注
    山西文华著述编　三晋出版社，2018 年

陵川集
    元诗选初集乙集
        清康熙三十三年(1694)顾嗣立秀野草堂刻本
        清嘉庆、光绪增修本
        中华书局标点本(上)384—433 页，1987 年

王应麟(1223～1296)

四明文献集五卷　明郑真、陈朝辅辑
    清初抄本　**国图**

四库提要著录丛书集部 059 册　北京出版社,2010 年

宋集珍本丛刊 87 册　线装书局,2004 年

四库全书

　　文渊阁四库全书 1187 册　台湾商务印书馆影印,1983—1987 年

　　文渊阁四库全书 1187 册　上海古籍出版社,2011 年

　　文渊阁四库全书　北京出版社,2008 年

　　文津阁四库全书 396 册　商务印书馆影印,2005 年

　　文津阁四库全书　广陵书社,线装,2012 年

　　文澜阁四库全书 1222 册　杭州出版社,2015 年

摘藻堂四库全书荟要

　　台湾世界书局影印本　1985 年

　　吉林出版集团影印本　2005 年[397　集五〇]

四明文献集五卷明郑真、陈朝辅辑**补遗**二卷清吴城辑

　　清抄本　南京

四明文献集　张骁飞点校

　　王应麟著作集成　中华书局,2010 年

深宁居士集八卷**王尚书遗稿**一卷

　　清抄本　南京清丁丙跋

深宁先生文钞八卷附**深宁先生年谱**一卷清钱大昕编

　　清道光九年(1829)叶氏紫藤花馆刻本　国图

深宁先生文钞八卷**附深宁先生年谱**一卷清张大昌编
民国间铅印本　北大

四明文献集五卷**补遗**一卷**附深宁先生文钞撷余编**三卷清叶熊辑**附深宁先生年谱**一卷清钱大昕编**深宁先生年谱**一卷清陈仅编**深宁先生年谱**一卷清张大昌编
民国五年(1916)仁和王氏铅印本　北大
四明丛书第一集

王厚斋文钞二卷　清庄炘辑
清抄本　上海

王尚书遗稿一卷
清抄本　国图　南京
两宋名贤小集　宋陈思编,元陈世隆补,清抄本　国图　南京

四明七观
抄本　山东

梅应发(1224～1301 或 1234～1311)

艮岩余稿不分卷
元刻本(半叶十一行二十字)　台"中图"　国图

啸庵四六二十卷（存十五卷：卷一至五、十一至二十）
  明抄本 **国图**
  原国立北平图书馆甲库善本丛书 679 册 国家图书馆出版社，2014 年

侯克中（约 1220—1225～1315）

艮斋诗集十四卷
  元刻本 标注：路小洲有。
  四库全书
    文渊阁四库全书 1205 册 台湾商务印书馆影印，1983—1987 年
    文渊阁四库全书 1205 册 上海古籍出版社，2011 年
    文渊阁四库全书 北京出版社，2008 年
    文津阁四库全书 402 册 商务印书馆影印，2005 年
    文津阁四库全书 广陵书社，线装，2012 年
    文津阁四库全书（典藏版）173 册 商务印书馆，2016 年
    文澜阁四库全书 1240 册 杭州出版社，2015 年
  四库全书珍本初集 商务印书馆，1933—1935 年
  宋元人诗集 清法式善存素堂抄本 **国图**
  旧抄本 **皕** 99 **静嘉堂** 693
  清八千卷楼抄本 **南京** 1515。丁丙跋

艮斋集
  元诗选补遗丙集

清金山钱熙彦编道光间刻本　首都
中华书局标点本 234—273 页,2002 年

谢枋得(1226～1289)

叠山集十六卷

　　明景泰四年(1453)黄溥、杨摅刻本　国图　北大　上海

　　明成化二十一年(1485)王臬刻本　天一阁

　　明嘉靖四年(1525)通州刻本　台"中图"

　　明嘉靖十六年(1537)黄齐贤刻本　国图

四部丛刊续编(据国图藏嘉靖本影印)　民国二十三年(1934)上海商务印书馆影印本、1975 年台湾商务印书馆缩印、1986 年上海书店等缩印、2015 年中央编译出版社缩印

元史研究资料汇编 14 册　中华书局,2014 年

四库提要著录丛书集部 104 册　北京出版社,2010 年

　　明刻本(卷一——四抄配)　北大

谢叠山先生文集六卷

　　明万历三十二年(1604)方万山刻本　国图　北大　上海

　　明万历间刻本　北大

　　清康熙五十年(1711)宁淡斋刻本　福建泉州图

宋谢文节公集六卷

　　半亩园丛书　同治五年(1866)新建吴氏皖城刻本

谢叠山先生文集五卷

    明万历间刻本　**北大　南京**

    明末刻本　**天津**

谢叠山公文集五卷**附录**一卷

    清康熙六十年（1721）谢氏蕴德堂刻本　**国图　上海　浙江**

叠山集四卷**附录**一卷

    四库全书（据康熙蕴德堂本）

        文渊阁四库全书 1184 册　台湾商务印书馆影印,1983—1987 年

        文渊阁四库全书 1184 册　上海古籍出版社,2011 年

        文渊阁四库全书　北京出版社,2008 年

        文津阁四库全书 395 册　商务印书馆影印,2005 年

        文津阁四库全书　广陵书社,线装,2012 年

        文渊阁四库全书 1220 册　杭州出版社,2015 年

谢叠山公文集五卷**谢叠山公外集**三卷（或作八卷）**首**一卷**末**一卷

    清嘉庆六年（1801）谢恩黻藕德堂刻本　**铅山县文化馆　北大　上海**

    清嘉庆谢恩黻藕德堂刻道光十年黄凌云印本　**北大**

谢叠山文集五卷**外集**四卷

    清道光二十九年（1849）重刻咸丰十年（1860）重修本

谢叠山先生集九卷**集诗传注疏**三卷清陈乔枞辑
 清道光二十九年(1849)刻本 国图 南京 湖北

谢叠山先生文集九卷**集诗传注疏**三卷清陈乔枞辑
 清咸丰十年(1860)署弋阳县事章永孚补刻本 南大 江西
 清同治十年(1871)刻本 北碚

谢叠山先生文集四卷
 明万历间刻本 国图
 乾坤正气集 清道光二十八年(1848)袁江刻同治光绪间印本

谢叠山文钞四卷
 日本万延元年(1851)刻本 上海 江西

叠山谢先生文集二卷
 重订成仁遗稿 明正德十五年(1520)书林余氏刻本 国图

新刊重订叠山谢先生文集二卷
 明嘉靖三十四年(1555)林光祖刻本 国图 天津 上海 南京
 宋集珍本丛刊 87 册 线装书局,2004 年

谢叠山先生文集二卷
 正谊堂全书 清同治五年(1866)福州正谊书院刻本

谢叠山集
 丛书集成初编文学类[正谊]2405 册

叠山集一卷

　两宋名贤小集（一百八卷本）辛集　宋陈思编，元陈世隆补，清抄本　**南大**

叠山集钞不分卷

　宋人小集六种　清抄本　**湖南**

叠山集钞一卷

　宋诗钞补　民国四年（1915）上海商务印书馆排印本

谢叠山先生诗选五卷

　宋人小集　清范希仁编，清古盐范氏也趣轩抄本　**台"中图"**

谢叠山全集校注七卷　熊飞等校注

　江西文献丛书　华东师大出版社，1994年

荣肇（1226～1307）

荣祭酒遗文一卷

　清陈鳣家抄本　陈鳣校并序　**国图**
　清蒋氏别下斋抄本　**国图**
　涉闻梓旧
　　清咸丰元年（1851）海昌蒋氏宜年堂刻六年重编本
　　民国十三年（1924）上海商务印书馆据蒋氏刻本影印本

民国武林竹简斋据蒋氏刻本影印本

八年丛编乙亥丛编　王欣夫等辑，1934年至1941年排印本

丛书集成初编文学类[涉闻]2418册

张帆《〈荣祭酒遗文〉辨伪》(《国学研究》第24卷，北京大学出版社，2009年)：此书系清嘉庆年间伪造之作，作者荣肇是浙江海宁的一个传说人物，其原型很可能为元末畏兀儿人"歪头祭酒"，书中内容、语句往往与元代历史背景不符，但为了蒙蔽读者，伪造者还同时伪造了《荣祭酒传》和《荣氏二奇女传》这两份文献。

胡祗遹（1227～1295）

紫山大全集二十六卷

四库全书集部别集类（辑自《永乐大典》）

　　文渊阁四库全书 1196册　台湾商务印书馆影印，1983—1987年

　　文渊阁四库全书 1196册　上海古籍出版社，2011年

　　文渊阁四库全书　北京出版社，2008年

　　文津阁四库全书 399册　商务印书馆影印，2005年

　　文津阁四库全书　广陵书社，线装，2012年

　　文津阁四库全书（典藏版）170册　商务印书馆，2016年

　　文澜阁四库全书 1231册　杭州出版社，2015年

清乾隆翰林院红格抄本　**国图** 5900

元史研究资料汇编 16、17、18册　中华书局，2014年

三怡堂丛书　民国十二年（1923）河南官书局印

胡祗遹集 魏崇武、周思成校点
　　元代别集丛刊 吉林文史出版社，2008年

胡按察祗遹二首
　　元诗选癸集癸之乙
　　　　清嘉庆三年(1798)南沙席世臣扫叶山房刻本
　　　　清光绪十四年(1888)南沙席威扫叶山房补版重印本
　　　　中华书局标点本(上)179页，2001年

王恽(1227～1304)

秋涧先生大全文集一百卷
　　元至治元年——二年嘉兴路儒学刻元印本
皕97　前有制词、挽诗、神道碑，子公孺撰。至大已酉(1309)……国史王构谨序。"士熙……延祐七年(1320)百拜谨识""至治改元……公仪书""……至治壬戌(1322)春孟嘉禾郡文学掾晚学罗应龙谨书集后"。右计其工役始于至治辛酉三月，毕于至治壬戌正月。
　　案：此元刊元印本，每叶二十四行，每行二十字，版心有字数及刻工姓名，卷中有"张"字朱文圆印，"孟弼"朱文方印，"谏"字朱文方印，"季振宜印"朱文方印，"沧苇"朱文方印，"御史之章"白文大方印，"季振宜印"朱文大方印，"沧苇"朱文大方印。至治改元公仪跋，《张氏藏书志》所未有也。
　　元至治元年—二年嘉兴路儒学刻明修本　**国图** 3600　35册(存97卷：卷一—九、卷一三——一〇〇，序目、卷一——九、五七配清抄本)

秋涧先生大全文集一百卷附录一卷

明弘治十一年(1498)河南马龙、金舜臣翻刻本

皕 97　仪续：《弘治本秋涧全集跋》：每叶二十四行，每行二十字，明弘治刊本行款与元至治壬戌(1322)嘉兴路刊本同，当即以元刊翻雕者。惟元刊前有王构序，王士熙、王公仪、罗应龙跋，明刊皆缺。元刊制辞、哀挽、墓志皆列总目之后，目录之前，版心刊"附录"二字，未免眉目不清，明刊则改列于后，版心刊"附录"二字较为允当耳。又：前有小像及秋涧图。此明复元刊本，大黑口，版心无字数及刻工姓名，惟行款与元版同。

　　南京 1494 丁丙跋　**山东文登县图**

元人文集珍本丛刊一、二册（据弘治本影印）

　　台湾新文丰出版公司　1985 年

四部丛刊初编　1922 年商务印书馆影印、1929 年二次印、1936 年缩印、1975 年台湾商务印书馆缩印、1986 年上海书店等缩印、2015 年中央编译出版社缩印（据南京本影印）

四库提要著录丛书集部 107、108 册　北京出版社，2010 年

元代史料丛刊初编元人文集上卷 17—24　黄山书社，2012 年

元史研究资料汇编 19—23 册　中华书局，2014 年

清初抄本　**上海**

清乌丝栏抄本

原国立北平图书馆甲库善本丛书 682—684 册　国家图书馆出版社，2014 年

　　清抄本　**国图**金檀跋

　　清抄本 20 册　**南京**宋宾王校补并跋、丁丙跋

秋涧集一百卷

　　四库全书（据曹溶藏刊本）

　　　　文渊阁四库全书 1200、1201 册　　台湾商务印书馆影印，1983—1987 年

　　　　文渊阁四库全书 1200、1201 册　　上海古籍出版社，2011 年

　　　　文渊阁四库全书　　北京出版社，2008 年

　　　　文津阁四库全书 401 册　　商务印书馆影印，2005 年

　　　　文津阁四库全书　　广陵书社，线装，2012 年

　　　　文澜阁四库全书 1235—1236 册　　杭州出版社，2015 年

　　摘藻堂四库全书荟要

　　　　台湾世界书局影印本，1985 年

　　　　吉林出版集团影印本，2005 年［400～401　集五三～集五四］

王恽全集汇校十册　　杨亮、钟彦飞点校

　　中国古典文学基本丛书　　中华书局，2013 年

王文定公秋涧集六卷

　　中州名贤文表内集

　　　　清康熙四十五年（1706）钱塘汪立名刻本

　　　　清光绪三十年（1904）海虞邵氏刻本

　　四库全书

　　　　文渊阁四库全书 1373 册　　台湾商务印书馆影印，1983—1987 年

　　　　文渊阁四库全书 1373 册　　上海古籍出版社，2011 年

　　　　文渊阁四库全书　　北京出版社，2008 年

　　　　文津阁四库全书 459 册　　商务印书馆影印，2005 年

文津阁四库全书　广陵书社,线装,2012年

文澜阁四库全书 1416册　杭州出版社,2015年

北京图书馆古籍珍本丛刊 116册　北京图书馆出版社,2000年

中华文史丛书第2辑7册　台湾华文书局,1968年

玉堂嘉话一卷**王秋涧先生题跋**一卷**王秋涧诗文**一卷　清永瑢编
钦训堂秘笈　清抄本　山东

玉堂嘉话　杨晓春点校
元明笔记史料丛刊　中华书局,2006年

秋涧集

元诗选初集乙集

清康熙三十三年(1694)顾嗣立秀野草堂刻本

清嘉庆、光绪增修本

中华书局标点本(上)444—500页,1987年

方回(1227～1305)

桐江集八卷（入元以前撰）

宛委别藏　故宫藏阮元辑抄本　台"故宫"444

选印宛委别藏

商务印书馆,1935年

台湾商务印书馆影印,1981年(161种)

江苏古籍出版社影印,1988年

续修四库全书集部1322册　上海古籍出版社,2002年

桐江集四卷**补遗**一卷

　　旧抄本　　台"中图"974

　　元代珍本文集汇刊　　台"中图"编印,1970年

方虚谷桐江集四卷

　　清抄本　　国图

桐江集不分卷

　　清抄本　　国图佚名录,清鲍廷博校

桐江集四卷**桐江续集**四十八卷

　　清末周氏鸽峰草堂抄本　　南大清周大辅校

虚谷桐江续集四十八卷

　　元刻本　　标注：路小洲有。

　　清仁和赵昱小山堂抄本　　北大李□1210。钱塘吴焯绣谷亭抄补序目　有朱序,吴敦复、周星诒跋(存三十六卷,一一二,四一十三,十五一二十一,二十五,二十七一三十二,三十五,三十七一三十八,四十二一四十八)

　　四库提要著录丛书集部252册　北京出版社,2010年

　　清抄本　　国图9076。存36卷,同上。

　　清鲍氏知不足斋抄本(配清抄本)　　南京1474。存36卷,同上。鲍廷博校并跋,丁丙跋

抄本（存卷一至十二）　山东

清抄本（存十卷）

大仓文库粹编名家钞校本 48 册　北京大学出版社，2020 年

桐江续集三十六卷

四库全书（辑自《永乐大典》）

文渊阁四库全书 1193 册　台湾商务印书馆影印，1983—1987 年

文渊阁四库全书 1193 册　上海古籍出版社，2011 年

文渊阁四库全书　北京出版社，2008 年

文津阁四库全书 398 册　商务印书馆影印，2005 年

文津阁四库全书　广陵书社，线装，2012 年

文澜阁四库全书 1228 册　杭州出版社，2015 年

四库全书珍本初集　商务印书馆，1933—1935 年

桐江集

元诗选初集甲集

清康熙三十三年（1694）顾嗣立秀野草堂刻本

清嘉庆、光绪增修本

中华书局标点本（上）188—217 页，1987 年

牟巘（1227～1311）

陵阳先生集二十四卷

清初抄本（卷二十二—二十四配清抄本）　**上海**

四库提要著录丛书集部 347 册　北京出版社,2010 年
清抄本　　国图三部　　南京清丁丙跋
宋集珍本丛刊 87 册　线装书局,2004 年
清文瑞楼抄本　　北大
清乾隆十二年(1773)历城周永年刻本　　科图

牟氏陵阳集 二十四卷
四库全书(据鲍士恭家藏本)
　　文渊阁四库全书 1188 册　台湾商务印书馆影印,1983—1987 年
　　文渊阁四库全书 1188 册　上海古籍出版社,2011 年
　　文渊阁四库全书　　北京出版社,2008 年
　　文津阁四库全书 397 册　商务印书馆影印,2005 年
　　文津阁四库全书　　广陵书社,线装,2012 年
　　文澜阁四库全书 1123 册　杭州出版社,2015 年

牟氏陵阳集 二十四卷
摘藻堂四库全书荟要
　　台湾世界书局影印本,1985 年
　　吉林出版集团影印本[钦定四库全书荟要],2005 年

陵阳先生集 二十四卷
吴兴丛书　民国十年(1921)刘氏嘉业堂刻本

陵阳集 一卷
清康熙间刻本　　台"故宫"

陵阳集

   元诗选初集甲集

      清康熙三十三年(1694)顾嗣立秀野草堂刻本

      清嘉庆、光绪增修本

      中华书局标点本(上)218—225页,1987年

杨公远(1228~?)

野趣有声画二卷(原本一卷,续编一卷)

   清康熙三十二年癸酉(1693)裔孙杨表臣知白亭刻本(后卷续编,题"明杨大观重辑") **科图　国图　南京**

   四库提要著录丛书集部347册　北京出版社,2010年

   四库全书

      文渊阁四库全书1193册　台湾商务印书馆影印,1983—1987年

      文渊阁四库全书1193册　上海古籍出版社,2011年

      文渊阁四库全书　北京出版社,2008年

      文津阁四库全书398册　商务印书馆影印,2005年

      文津阁四库全书　广陵书社,线装,2012年

      文澜阁四库全书1229册　杭州出版社,2015年

   清抄本　**国图**7715。鲍廷博校,劳权校并跋

   清抄本　**国图**7097

   清抄本　**北大**李□455

   清八千卷楼抄本　**南京**3486

野趣有声画一卷

　　清抄本　　南京

宋百家诗存卷十九　　乾隆五一六年嘉善曹氏二六书堂刻

何梦桂(1229～1303)

潜斋先生文集十一卷

　　明成化二十一年(1485)何淳刻本　　南京　　浙图　　内阁文库

　　明万历何之纶刻岳元声校本　　南京　　山东

　　明刻本　　浙江　　南京清丁丙跋　　尊经阁

　　明刻补写本　　静嘉堂　　二　一五　七　十

　　清抄本

　　宋集珍本丛刊 87 册　　线装书局，2004 年

潜斋先生文集十一卷**目录**二卷

　　明刻清顺治十六年(1659)何令范重修本　　国图　　故宫

　　清康熙五十三年(1714)重刻本　　国图

潜斋集十一卷**附录**一卷

　　四库全书

　　　　文渊阁四库全书 1188 册　　台湾商务印书馆影印，1983—1987 年

　　　　文渊阁四库全书 1188 册　　上海古籍出版社，2011 年

　　　　文渊阁四库全书　　北京出版社，2008 年

　　　　文津阁四库全书 397 册　　商务印书馆影印，2005 年

文津阁四库全书 广陵书社,线装,2012 年
文澜阁四库全书 1223 册 杭州出版社,2015 年

潜斋先生文集十卷
　清光绪十九年(1659)何启培刻本　国图

潜斋先生文集四卷
　清抄本　国图四部　社科院文学所
　宋人小诗　宋陈起编,旧抄本　台"中图"

何梦桂集　赵敏、崔霞点校
　浙江文丛　浙江古籍出版社,2011 年

潜斋诗钞一卷
　宋诗钞初集　清吕留良、吴之振、吴尔尧辑
　　清康熙十年(1671)吴氏鉴古堂刻本
　　民国三年(1914)上海商务印书馆影印康熙本

潜斋集补钞一卷
　宋诗钞补　民国四年(1915)上海商务印书馆排印本

胡次焱(1229～1306)

梅岩胡先生文集十卷
　明嘉靖十八年(1539)胡琏刻本(卷一——四配清抄本)　南京

大仓文库粹编四库进呈本 16 册　北京大学出版社,2020 年
明嘉靖二十二年(1543)胡陞等刻本　**南京**清丁丙跋
明刻本　**台"中图"**
清抄本　**南京**清丁丙跋

梅岩文集十卷　宋胡珵、潘滋辑编
四库全书
　　文渊阁四库全书 1188 册　台湾商务印书馆影印,1983—1987 年
　　文渊阁四库全书 1188 册　上海古籍出版社,2011 年
　　文渊阁四库全书　北京出版社,2008 年
　　文津阁四库全书 397 册　商务印书馆影印,2005 年
　　文津阁四库全书　广陵书社,线装,2012 年
　　文津阁四库全书(典藏版)166 册　商务印书馆,2016 年
　　文澜阁四库全书 1224 册　杭州出版社,2015 年
四库全书珍本初集　商务印书馆,1933—1935 年

黄仲元(1231—1312)

有宋福建莆阳黄仲元四如先生文藁五卷
　　明嘉靖二十一年(1542)黄文炳刻本　**国图　北大　湖南师大**
　　四库提要著录丛书集部 105 册　北京出版社,2010 年
　　明嘉靖二十五年(1546)罗顺钦序刻本　**甘肃　重庆**
　　明嘉靖间刻蓝印本　**北大**
　　四部丛刊三编(据嘉靖本)　民国二十四—二十五年(1935—

1936)商务印书馆影印本;1975年台湾商务印书馆缩印;1986年上海书店等缩印;2015年中央编译出版社缩印

四如黄先生文稿 六卷(存一至四卷)

  明刻本　南京

四如集 五卷

  四库全书

   文渊阁四库全书 1188 册　台湾商务印书馆影印,1983—1987 年

   文渊阁四库全书 1188 册　上海古籍出版社,2011 年

   文渊阁四库全书　北京出版社,2008 年

   文津阁四库全书 397 册　商务印书馆影印,2005 年

   文津阁四库全书　广陵书社,线装,2012 年

   文澜阁四库全书 1224 册　杭州出版社,2015 年

魏初(1232～1292)

青崖集 五卷

  四库全书(辑自《永乐大典》)

   文渊阁四库全书 1198 册　台湾商务印书馆影印,1983—1987 年

   文渊阁四库全书 1198 册　上海古籍出版社,2011 年

   文渊阁四库全书　北京出版社,2008 年

   文津阁四库全书 400 册　商务印书馆影印,2005 年

文津阁四库全书　广陵书社,线装,2012 年
文澜阁四库全书 1233 册　杭州出版社,2015 年
四库全书珍本初集　商务印书馆,1933—1935 年
清乾隆翰林院红格抄本　**国图** 5901
清抄本　**南京** 3501

魏中丞初

元诗选癸集癸之乙
清嘉庆三年(1798)南沙席世臣扫叶山房刻本
清光绪十四年(1888)南沙席威扫叶山房补版重印本
中华书局标点本(上),2001 年

青崖集

元诗选补遗甲集
清金山钱熙彦编道光间刻本　**首都**
中华书局标点本 68—89 页,2002 年

周密(1232～1298)

草窗韵语 六卷
罗振玉影印宋刻本
密韵楼景宋本七种　民国十一年(1922)蒋汝藻景宋刻本
历代画家诗文集第三辑　台湾学生书局影印,1973 年
清刻本　**山东**

云烟过眼录二卷

清光绪十三年(1887)陆心源十万卷楼刻本

历代画家诗文集第三辑　台湾学生书局影印，1973年

周密集　杨瑞点校

浙江文丛　浙江古籍出版社，2015年

金履祥(1232～1303)

仁山文集三卷　明董遵辑

明万历二十七年己亥(1599)金氏刻本　北大　天津

金仁山先生文集五卷**附濂洛风雅**六卷**金仁山年谱**明徐袍撰一卷

明抄本

宋集珍本丛刊88册　线装书局，2004年

率祖堂丛书［金华丛刻］　清雍正九年(1731)藕塘贤祠义学刻本　清刻本　国图

仁山金先生文集四卷清金弘勋校辑**附录**一卷

清雍正三年乙巳(1725)春晖堂刻本　国图　上海　天津　南京

四库提要著录丛书集部251册　北京出版社，2010年

仁山集 六卷

四库全书

文渊阁四库全书 1189 册　台湾商务印书馆影印，1983—1987 年

文渊阁四库全书 1189 册　上海古籍出版社，2011 年

文渊阁四库全书　北京出版社，2008 年

文津阁四库全书 397 册　商务印书馆影印，2005 年

文津阁四库全书　广陵书社，线装，2012 年

文澜阁四库全书 1225 册　杭州出版社，2015 年

仁山先生金文安公文集 五卷

金华正学编　清乾隆十年(1745)藕塘奎光阁刻本　**北师大**

清嘉庆十五年(1810)刻本　**东京大学**

金华丛书集部　清同治十三年(1874)金华胡氏武昌退补斋刻本

仁山集 五卷

丛书集成初编文学类[金华]2001—2002 册

国学基本丛书　商务印书馆，1937 年

宋金仁山先生选辑濂洛风雅 六卷　金履祥辑

金华正学编　清乾隆十年(1745)藕塘奎光阁刻本

四库全书存目丛书集部 289 总集类　齐鲁书社，1997 年

濂洛风雅 六卷　金履祥辑

金华丛书

清光绪三年(1877)金华胡氏武昌退补斋刻本

民国补刻本

仁山集

元诗选补遗甲集

清金山钱熙彦编道光间刻本　**首都**

中华书局标点本 1—11 页，2002 年

俞德邻（1232～1293）

佩韦斋文集二十卷

天禄琳琅丛书第一集（据元皇庆本影印）　民国二十一年（1932）故宫博物院影印本

四库提要著录丛书集部 251 册　北京出版社，2010 年

清抄本　**国图**

宋集珍本丛刊 90 册　线装书局，2004 年

佩韦斋文集十六卷**辑闻**四卷

清初抄本　**上海**

清抄本　**复旦**

中国古籍珍本丛刊复旦大学图书馆卷 42 册　国家图书馆出版社，2018 年

清抄本　**南京**清黄丕烈、丁丙跋，又清王宗炎校、丁丙跋

清抄本　傅增湘校并跋　**国图**

佩韦斋集二十卷
  四库全书
    文渊阁四库全书 1189 册　台湾商务印书馆影印,1983—1987 年
    文渊阁四库全书 1189 册　上海古籍出版社,2011 年
    文渊阁四库全书　北京出版社,2008 年
    文津阁四库全书 397 册　商务印书馆影印,2005 年
    文津阁四库全书　广陵书社,线装,2012 年
    文澜阁四库全书 1224 册　杭州出版社,2015 年
  清抄本　天津

佩韦斋诗集七卷
  宋人小诗　宋陈起编,旧抄本　台"中图"

佩韦斋集一卷
  宋百家诗存卷十九　清乾隆五至六年嘉善曹氏二六书堂刻本

刘辰翁(1233～1297)

刘须溪先生记钞八卷
  明嘉靖五年(1526)王朝用刻本　　国图　　南京清丁丙跋
  北京图书馆古籍珍本丛刊 87 册　北京图书馆出版社,2000 年
  合刻宋刘须溪点校书本(天启刻)
  明刻本　国图

清康熙二十五年(1686)刻本　南京　内蒙古

叙刻须溪记钞八卷
明天启三年(1623)张寰序刻本　国图　北大　天津　上海　南京
　　四库全书存目丛书集部20别集类　齐鲁书社,1997年

须溪集十卷
　　四库全书(辑自《永乐大典》,补《天下同文集》及《记略》)
　　　　文渊阁四库全书1186册　台湾商务印书馆影印,1983—1987年
　　　　文渊阁四库全书1186册　上海古籍出版社,2011年
　　　　文渊阁四库全书　北京出版社,2008年
　　　　文津阁四库全书396册　商务印书馆影印,2005年
　　　　文津阁四库全书　广陵书社,线装,2012年
　　　　文澜阁四库全书1221册　杭州出版社,2015年

须溪集七卷**附校勘记**一卷**校勘续记**一卷　胡思敬辑校
　　豫章丛书　民国六年(1917)胡思敬刻本
　　　　丛书集成续编132册　台北新文丰出版公司,1988年

须溪先生四景诗集四卷
　　明蓝格抄本
　　四库提要著录丛书集部59册　北京出版社,2010年
　　清抄本
　　德化李盛铎木犀轩抄本

刘辰翁

清光绪二十九年德化李盛铎抄本

刘须溪先生集略四卷

 清康熙二十五年(1686)赏心亭刻本 科图 湖北

须溪四景诗集四卷附一卷

 四库全书

  文渊阁四库全书 1186 册 台湾商务印书馆影印,1983—1987 年

  文渊阁四库全书 1186 册 上海古籍出版社,2011 年

  文渊阁四库全书 北京出版社,2008 年

  文津阁四库全书 396 册 商务印书馆影印,2005 年

  文津阁四库全书 广陵书社,线装,2012 年

  文澜阁四库全书 1222 册 杭州出版社,2015 年

须溪先生四景诗集四卷补一卷

 宋人集丁编 民国十一年(1922)南城宜秋馆李之鼎辑刻本

 宋集珍本丛刊 87 册 线装书局,2004 年

刘辰翁集 段大林校点

 江西人民出版社,1987 年

须溪集

 元诗选三集甲集

  清康熙五十九年(1720)顾嗣立秀野草堂刻本

清嘉庆、光绪增修本

中华书局标点本 56—62 页,1987 年

吴龙翰(1233～1293?)

古梅吟稿 六卷

 清初抄本　　国图

 清道光四年(1824)刘氏味经书屋抄本　　科图　　南京

 清咸丰七年(1857)劳权抄本　　国图 清劳权校并跋

 宋集珍本丛刊 88 册　　线装书局,2004 年

 清抄本　　清温琴舫题款　　国图

吴古梅吟稿 三卷

 宋人小集　　清范希仁编,清古盐范氏也趣轩抄本　　台"中图"

古梅吟稿 六卷

 四库全书

  文渊阁四库全书 1188 册　　台湾商务印书馆影印,1983—1987 年

  文渊阁四库全书 1188 册　　上海古籍出版社,2011 年

  文渊阁四库全书　　北京出版社,2008 年

  文津阁四库全书 397 册　　商务印书馆影印,2005 年

  文津阁四库全书　　广陵书社,线装,2012 年

  文澜阁四库全书 1224 册　　杭州出版社,2015 年

古梅吟稿六卷**附方秋崖先生和百韵**一卷宋方岳撰
清抄本　南京清盛起校、丁丙跋

古梅吟稿六卷
清鲍氏知不足斋抄本
大仓文库粹编名家钞校本48册　北京大学出版社，2020年

古梅吟稿六卷（附校记）
丛书集成续编167册　台北新文丰出版公司，1988年

古梅吟稿五卷**遗稿**一卷
宋人集甲编　民国三年（1914）南城宜秋馆李之鼎辑刻本

古梅吟稿五卷
两宋名贤小集　宋陈思编，元陈世隆补，清抄本　国图　南京

古梅吟稿一卷
两宋名贤小集（一百八卷本）己集　宋陈思编，元陈世隆补，清抄本　南大
微波榭钞诗三种　清孔继涵抄本　山东孔继涵校并跋
宋百家诗存卷二十　清乾隆五至六年嘉善曹氏二六书堂刻本

汪梦斗(至元十六年召赴燕,年近五十)

杏山摭稿一卷 续录一卷

环谷杏山二先生诗稿
  明嘉靖二十年(1541)汪茂槐等刻本　**南博**
  明隆庆三年(1569)汪廷佐刻本　**国图**

北游集一卷(附《摭稿》)

四库全书
  文渊阁四库全书 1187 册　台湾商务印书馆影印,1983—1987 年
  文渊阁四库全书 1187 册　上海古籍出版社,2011 年
  文渊阁四库全书　北京出版社,2008 年
  文津阁四库全书 396 册　商务印书馆影印,2005 年
  文津阁四库全书　广陵书社,线装,2012 年
  文澜阁四库全书 1222 册　杭州出版社,2015 年

北游诗集一卷

环谷杏山二先生诗稿
  明嘉靖二十年(1541)汪茂槐等刻本　**南博**
  明隆庆三年(1569)汪廷佐刻本　**国图**
  四库提要著录丛书集部 059 册　北京出版社,2010 年

宋人集乙编　民国九年(1920)南城宜秋馆李之鼎辑刻本

宋集珍本丛刊 86 册　线装书局，2004 年

俞琰（1234～1314?）

林屋山人漫稿 一卷

清初抄本　　上海

清抄本　　丁丙跋　　清华　　国图　　北大

四库全书存目丛书 集部 21 别集类　齐鲁书社，1997 年

续修四库全书 集部 1321 册　上海古籍出版社，2002 年

宋集珍本丛刊 89 册　线装书局，2004 年

杨濂《元诗文献辨伪》（《文学遗产》2009 年第 3 期）：此书乃结集于清初的一部伪书，是持《侨吴集》一集在手，为徐贲画而作。其中不但反复出现了俞琰死后的纪年，而且附录一完全出自《式古堂书画汇考》卷五十四。

阎复（1236～1312）

静轩集 五卷 附录 一卷

藕香零拾　光绪二十一年(1895)缪荃孙辑刻本

元人文集珍本丛刊（二）台湾新文丰出版公司，1985 年

元代史料丛刊续编 元代文集 15　黄山书社，2018 年

阎承旨复

 元诗选癸集癸之乙
  清嘉庆三年(1798)南沙席世臣扫叶山房刻本
  清光绪十四年(1888)南沙席威扫叶山房补版重印本
  中华书局标点本(上)156—158页,2001年

文天祥(1236～1283)

新刊指南录四卷**附录**一卷
 宋刻元印本　静嘉堂

宋少保右丞相信国公文山指南录一卷**吟啸集**一卷**附录**一卷**指南后录**三卷**传**元许有壬、刘岳申撰一卷
 元刻本　静嘉堂

宋少保右丞相信国公文山集四卷[**指南录**一卷**吟啸集**一卷**文山传**元许有壬、刘岳申撰一卷**附录**一卷]
 明永乐十八年(1420)刻本　成都杜甫草堂 清李希圣跋
 明刻本　国图

文山先生文集十七卷**别集**六卷**附录**三卷
 元刻本　台"中图"
 明景泰六年(1455)韩雍、陈价刻本　国图　北大　民大
 明景泰六年(1455)韩雍、陈价刻递修本　国图

宋集珍本丛刊 88 册　线装书局，2004 年

文山先生文集十七卷**指南文集**三卷**别集**一卷**文山先生遗墨**一卷

明正德九年(1514)张祥刻本(四库底本)　武大

文山先生文集十七卷**别集**二卷**指南录**三卷

明刻本　北师大　国图　吉大　浙江

文山先生全集二十八卷

明嘉靖壬子(三十一年，1552)鄢懋卿刻本　国图　北大　社科院历史所　北京文物局　上海　南开

宋集珍本丛刊 88—89 册　线装书局，2004 年

宋文文山先生全集二十一卷　锺越辑并评

明崇祯二年(1629)锺越刻本　国图　北大　科图　上海

明崇祯三年(1630)刻本　东洋文库

文山集二十一卷

四库全书(据马裕家藏正德张祥刻本)

文渊阁四库全书 1184 册　台湾商务印书馆影印，1983—1987 年

文渊阁四库全书 1184 册　上海古籍出版社，2011 年

文渊阁四库全书　北京出版社，2008 年

文津阁四库全书　商务印书馆影印，2005 年

文津阁四库全书　广陵书社，线装，2012 年

文澜阁四库全书 杭州出版社,2015 年

文山先生全集二十卷
明嘉靖三十九年(1560)张元谕刻本　北大　复旦　浙江
宋集珍本丛刊 88 册　线装书局,2004 年
明万历三年(1575)邵武胡应皋翻刻本　重庆
四部丛刊初编　1922 年商务印书馆据明弘治刻本影印、1929 年二次印、1936 年缩印、1975 年台湾商务印书馆缩印、1986 年上海书店等缩印、2015 年中央编译出版社缩印
国学基本丛书　上海商务印书馆铅印,1936 年

文信国公集二十卷首一卷
清同治七年(1868)楚醴景莱书室校刻本
四忠遗集　光绪二十三年(1897)湖南书局刻本

文天祥全集二十卷
民国二十五年(1936)世界书局铅印本
1985 年中国书店影印世界书局本

文天祥全集　熊飞等校
江西人民出版社,1987 年

新刻宋文丞相信国公文山先生全集二十卷
明崇祯四年(1631)毓秀斋张宾宇刻本　国图　上海　山东
宋集珍本丛刊 89 册　线装书局,2004 年

新刻宋丞相信国公文山先生全集二十卷**序**一卷　明文时策等编订

　　明崇祯四年(1631)刻本　**书陵部**

宋丞相文山先生全集二十卷

　　清康熙十二年(1673)吉水曾弘刻本　**国图　浙江**
　　清康熙间焉文堂刻本　**国图　南京　山东**

宋丞相文山先生全集十六卷

　　明嘉靖间刻本　**国图　北大**
　　明万历二十八年(1600)萧大亨北京刻本　**国图　湖北**
　　清道光二十八年(1848)延庆堂刻本　**江西　川大**

庐陵宋丞相信国公文忠烈公文山先生全集十六卷**文忠烈公从祀原案录**一卷　清文有焕等编辑

　　清雍正三年(1725)文氏五桂堂刻本　**国图　北大　复旦**
　　清雍正五桂堂刻乾隆二年(1737)增刻本　**天津**
　　清雍正五桂堂刻道光二十三年(1843)补刻本　**北大　天津**
　　清乾隆四十九年(1784)文有焕刻本　**南京**
　　清乾隆五十二年(1787)文氏五桂堂刻本　**南京**
　　清道光十年(1830)荣秩堂刻本　**天津　湖北**
　　清道光二十八年(1848)黄溪邱恒德秩堂刻本　**南京**
　　清道光二十八年(1848)日新堂刻本　**上海**
　　清光绪十三年(1887)仕江周氏谷诒堂刻本　**科图　上海**

文山先生文集十七卷
　明刻本　国图　又一部《名文山先生全集》

庐陵文丞相全集十七卷
　清道光二十五年(1845)萍乡文晟刻本　北大　南京　湖北

文信国公全集十七卷**首**一卷
　清道光二十五年(1845)江苏布政司署刻本　北大　辽宁　湖北

文信国公全集十五卷**校勘记**一卷
　清道光二十五年(1845)刻本　国图

文信国公全集十八卷
　宋庐陵四忠集

文山先生全集十卷
　乾坤正气集　清道光潘氏袁江节署刻同治五年(1866)皖江印本

文山先生集五卷
　重订成仁遗稿　明正德十五年(1520)书林余氏刻本　国图

文文山先生文集选一卷
　葛端调编次诸家文集—古文正集—永怀堂评选诸家文集　明崇祯九年(1636)永怀堂自刻本　武大　湖北博

文山先生文集二卷　清张伯行订
　　正谊堂全书　清同治五年(1866)福州正谊书院刻本

文文山文集二卷
　　丛书集成初编文学类[正谊]2042册

重刊文山先生别集六卷
　　明正德文承荫刻本　　**南京**

宋丞相文山先生别集六卷　明郑鄤评点
　　明崇祯元年(1628)郑鄤刻本　　**国图　上海　天津**

文山别集十四卷
　　清宣统二年(1910)东雅社铅印本

文忠烈公别集(指南录四卷指南后录三卷附一卷诗史集杜四卷纪年录一卷附一卷)
　　宋明两大忠集合编　民国五年(1916)花县骆氏诵芬堂铅印

文山先生指南录一卷后录三卷
　　明嘉靖三十四年(1555)文元发抄本　　**国图**明文元发跋

指南录四卷**指南后录**四卷
　　明万历四十一年(1613)金陵唐晟世德堂刻本　　**北大　国图**

指南录四卷
  文山别集 清宣统间东雅社铅印本

指南录 吴海发校注
  黑龙江人民出版社，1993年

指南后录三卷
  正觉楼丛刻
  李氏丛刊二十二种 光绪五年（1879）刻本
  清刻本 首都

指南后录三卷附一卷
  文山别集

文山先生指南录一卷**后录**一卷
  宋三大臣汇志宋丞相文山先生别集
    明崇祯元年（1628）大观堂刻本

文山先生吟啸集一卷
  宋三大臣汇志宋丞相文山先生别集
    明崇祯元年（1628）大观堂刻本

文忠烈公别集指南录四卷**指南后录**三卷附一卷**诗史集杜**四卷**纪年录**一卷
  宋明两大忠集合编 骆本钊编，民国五年（1916）花县骆氏诵芬

堂铅印本

文山先生诗集四卷
  清抄本　南京

文山诗钞一卷
  宋诗钞初集　清吕留良、吴之振、吴尔尧辑
    清康熙十年(1671)吴氏鉴古堂刻本
    民国三年(1914)上海商务印书馆影印康熙本

文山诗集一卷　清坐春书塾选辑
  宋代五十六家诗集　清宣统二年(1910)北京龙文阁石印本

文山诗补钞
  宋诗钞补　民国四年(1915)上海商务印书馆排印本

文山诗选一卷
  宋十五家诗选　清康熙三十二年(1693)刻本

集杜句诗四卷**咏文丞相诗**一卷宋张庆之撰
  明天顺文珊刻本　国图
  宋集珍本丛刊 89 册　线装书局,2004 年
  四库提要著录丛书集部 27 册　北京出版社,2010 年

文山先生集杜诗二卷**附录**一卷
  明成化二十年(1484)刘逊刻本　**中山**　**南京**无附录

中国古籍珍本丛刊广东省立中山图书馆卷 43 册　国家图书馆出版社，2015 年

文文山先生集杜诗 不分卷　明文震孟、单询订
明崇祯十年(1637)净名斋刻本　**辽宁博**

文信公集杜诗（一名文山诗史）四卷
四库全书
　　文渊阁四库全书 1184 册　台湾商务印书馆影印，1983—1987 年
　　文渊阁四库全书 1184 册　上海古籍出版社，2011 年
　　文渊阁四库全书　北京出版社，2008 年
　　文津阁四库全书 395 册　商务印书馆影印，2005 年
　　文津阁四库全书　广陵书社，线装，2012 年
　　文澜阁四库全书 1220 册　杭州出版社，2015 年

文山先生集杜诗 一卷
宋三大臣汇志宋丞相文山先生别集　明崇祯元年(1628)大观堂刻本

诗史集杜 四卷
文山别集　清宣统东雅社铅印本

文山题跋 一卷
一瓻笔存　清管庭芬编，稿本　**天津**

文信公书牍
　　清末铅印本　　南京

文文山稿一卷　　清俞长城选评
　　清可仪堂一百二十名家制义

廷试策题一卷附宋少保右丞相兼枢密使信国公文天祥传
　　清抄本　　国图

文文山诗注　　陈廷杰注
　　商务印书馆，1939年

文天祥诗选　　黄兰波选注
　　人民文学出版社，1979年

文山诗选注　　张玉奇选注
　　江西人民出版社，1986年

文天祥诗文选译　　邓碧清译注
　　古代文史名著选译丛书　　巴蜀书社，1990年
　　古代文史名著选译丛书　　凤凰出版社，2011年

文天祥诗文赏析集　　夏延章主编
　　中国古典文学赏析丛书　　巴蜀书社，1994年

文天祥诗集校笺　刘文源校笺
　　中国古典文学基本丛书　中华书局,2017年

咏文丞相诗一卷　张庆之撰
　　明天顺间文珊刻本(集杜句诗附)　国图
　　宋集珍本丛刊第八十九册(694—)　线装书局,2004年
　　清抄本　上海

文山诗史不分卷
　　抄本　南京

董嗣杲(宋亡为道士)

庐山集五卷**英溪集**一卷
　　清乾隆翰林院抄本(四库底本)　国图
　　四库提要著录丛书集部028册　北京出版社,2010年
　　四库全书(辑自《永乐大典》)
　　　　文渊阁四库全书1189册　台湾商务印书馆影印,1983—1987年
　　　　文渊阁四库全书1189册　上海古籍出版社,2011年
　　　　文渊阁四库全书　北京出版社,2008年
　　　　文津阁四库全书397册　商务印书馆影印,2005年
　　　　文津阁四库全书　广陵书社,线装,2012年
　　　　文津阁四库全书(典藏版)166册　商务印书馆,2016年
　　　　文渊阁四库全书1224册　杭州出版社,2015年

四库全书珍本初集　商务印书馆,1933—1935 年
　清传抄四库全书本　北大
　清抄本　南京
宋元人诗集　清法式善存素堂抄本　国图
　清末南城李氏宜秋馆抄本　天津

西湖百咏二卷
　四库全书
　　文渊阁四库全书 1189 册　台湾商务印书馆影印,1983—1987 年
　　文渊阁四库全书 1189 册　上海古籍出版社,2011 年
　　文渊阁四库全书　北京出版社,2008 年
　　文津阁四库全书　商务印书馆影印,2005 年
　　文津阁四库全书　广陵书社,线装,2012 年
　　文澜阁四库全书　杭州出版社,2015 年

西湖百咏二卷　明陈贽和韵
　清抄本　浙江
　武林掌故丛编　清光绪七年(1881)丁丙刻本

和西湖百咏诗一卷明陈贽和韵 **西湖八社诗帖**一卷明方九叙撰
　清抄本　上海　台"中图"

张弘范(1238～1280)

淮阳张献武王诗集一卷附乐府一卷
　明正德六年辛未(1511)周越刻本

张淮阳诗集—卷 **乐府**—卷

明正德周越校正重刻本（已佚）

明抄本　国图

四库提要著录丛书集部 256 册　北京出版社,2010 年

淮阳献武王集[张淮阳集]二卷（诗集一卷、乐府一卷）

清光绪二十二年（1555）（1896）鹿传霖刻本　**北大　南京　国图　国图** 412。傅增湘校并跋,一册

张淮阳诗集—卷 **附张平章诗**—卷

清黑格抄本（附诗未题著者。澍按：应为张珪）　**国图**

张淮阳诗集—卷

清抄本（四库底本）　**上海**

张淮阳诗集—卷　周越校

清抄本　**中山**

中国古籍珍本丛刊广东省立中山图书馆卷 43 册　国家图书馆出版社,2015 年

淮阳诗集—卷

四库全书

文渊阁四库全书 1191 册　台湾商务印书馆影印,1983—1987 年

文渊阁四库全书 1191 册　上海古籍出版社,2011 年

文渊阁四库全书　北京出版社,2008 年

文津阁四库全书 398 册　商务印书馆影印,2005 年
　　文津阁四库全书　广陵书社,线装,2012 年
　　文澜阁四库全书 1227 册　杭州出版社,2015 年

淮阳集
元诗选二集乙集
　　清康熙四十一年壬午(1702)顾嗣立秀野草堂刻本
　　清嘉庆、光绪增修本
　　中华书局标点本(上)132—141 页,1987 年

赵文(1239～1315)

青山集 八卷
四库全书(辑自《永乐大典》)
　　文渊阁四库全书 1195 册　台湾商务印书馆影印,1983—1987 年
　　文渊阁四库全书 1195 册　上海古籍出版社,2011 年
　　文渊阁四库全书　北京出版社,2008 年
　　文津阁四库全书 399 册　商务印书馆影印,2005 年
　　文津阁四库全书　广陵书社,线装,2012 年
　　文澜阁四库全书 1230 册　杭州出版社
四库全书珍本初集　商务印书馆,1933—1935 年
　　清乾隆翰林院红格抄本　国图 5899

青山稿
元诗选二集甲集
清康熙四十一年壬午(1702)顾嗣立秀野草堂刻本

清嘉庆、光绪增修本

中华书局标点本(上)96—101页,1987年

姚燧(1238～1313)

姚文公牧庵集 八卷
明刘昌抄本

北京图书馆古籍珍本丛刊 92 册　北京图书馆出版社,2000 年

四库提要著录丛书 集部 029 册　北京出版社,2010 年

中州名贤文表内集
清康熙四十五年(1706)钱塘汪立名刻本

清光绪三十年(1904)海虞邵氏刻本

四库全书
文渊阁四库全书 1373 册　台湾商务印书馆影印,1983—1987 年

文渊阁四库全书 1373 册　上海古籍出版社,2011 年

文渊阁四库全书　北京出版社,2008 年

文津阁四库全书 459 册　商务印书馆影印,2005 年

文津阁四库全书　广陵书社,线装,2012 年

文澜阁四库全书 1416 册　杭州出版社,2015 年

中华文史丛书 007　台湾华文书局,1968 年

姚文公牧庵集不分卷
　　清抄本　黄丕烈跋

牧庵集三十六卷**附录**元刘致撰年谱
　　四库全书（辑自《永乐大典》）
　　　　文渊阁四库全书 1201 册　台湾商务印书馆影印，1983—1987 年
　　　　文渊阁四库全书 1201 册　上海古籍出版社，2011 年
　　　　文渊阁四库全书　北京出版社，2008 年
　　　　文津阁四库全书 401 册　商务印书馆影印，2005 年
　　　　文津阁四库全书　广陵书社，线装，2012 年
　　　　文澜阁四库全书 1236 册　杭州出版社，2015 年
　　武英殿聚珍版丛书（武英殿木活字本、福建本、广雅书局本）
　　元史研究资料汇编 30、31 册　中华书局，2014 年
　　　　广雅书局本　国图 432。傅增湘校补
　　四部丛刊初编　1922 年商务印书馆影印、1929 年二次印、1936 年缩印、1975 年台湾商务印书馆缩印、1986 年上海书店等缩印、2015 年中央编译出版社缩印
　　元代史料丛刊初编元人文集上卷 14—16　黄山书社，2012 年
　　丛书集成初编文学类[聚珍]2101—2107 册

姚牧庵先生文选五卷　清李祖陶选
　　金元明八大家文选　清道光二十五年（1845）刻本

姚燧集　查洪德编辑点校
　　人民文学出版社，2011 年

牧庵集
 元诗选二集乙集
  清康熙四十一年壬午(1702)顾嗣立秀野草堂刻本
  清嘉庆、光绪增修本
  中华书局标点本(上)187—192 页,1987 年

陈岩(1240～1299)

九华诗集二卷附贞逸一卷书院一卷
 明崇祯九年(1636)刻本 社科院文学所

九华诗集四卷
 清光绪二十四年(1898)皖潜刘奎文堂刻本 山东

九华诗集不分卷
 清抄本 浙大 科图
 四库提要著录丛书集部 251 册 北京出版社,2010 年

九华诗集一卷附释希坦诗一卷
 四库全书
  文渊阁四库全书 1189 册 台湾商务印书馆影印,1983—1987 年
  文渊阁四库全书 1189 册 上海古籍出版社,2011 年
  文渊阁四库全书 北京出版社,2008 年
  文津阁四库全书 397 册 商务印书馆影印,2005 年

文津阁四库全书　广陵书社,线装,2012 年
文澜阁四库全书 1225 册　杭州出版社,2015 年
清抄本
四库提要著录丛书集部 251 册　北京出版社,2010 年

九华诗集一卷

清抄本　清丁丙跋　**南京**

清末南城李氏宜秋馆抄本　**上海**

宋人集丙编　民国十年(1921)南城宜秋馆李之鼎辑刻本　**国图** 傅增湘校

宋集珍本丛刊 90 册　线装书局,2004 年

九华山人陈岩五首

元诗选癸集之甲

清嘉庆三年(1798)南沙席世臣扫叶山房刻本

清光绪十四年(1888)南沙席威扫叶山房补版重印本

中华书局标点本《上》38—39 页,2001 年

连文凤(1240～1300→)

百正集三卷

清乾隆翰林院红格抄本(四库底本)　**国图**

四库提要著录丛书集部 028 册　北京出版社,2010 年

四库全书(辑自《永乐大典》)

  文渊阁四库全书 1189 册　台湾商务印书馆影印，1983—1987 年

  文渊阁四库全书 1189 册　上海古籍出版社，2011 年

  文渊阁四库全书　北京出版社，2008 年

  文津阁四库全书 397 册　商务印书馆影印，2005 年

  文津阁四库全书　广陵书社，线装，2012 年

  文津阁四库全书（典藏版）166 册　商务印书馆，2016 年

  文澜阁四库全书 1225 册　杭州出版社，2015 年

清内府抄本　上海

清抄本　国图

知不足斋丛书第十三集（四库本）

  清乾隆五十三年（1788）长塘鲍氏刻本

  民国十年（1921）上海古书流通处景印本

丛书集成初编文学类[知不足]2043 册

百正集 二卷

  清抄本（与逍遥集合抄）　国图　浙江

  清抄本　北大

  抄本（与逍遥集合抄）　北大

百正集 一卷

  是亦楼丛书　清康侯编，道光抄本　中山

连文凤 二首

  元诗选癸集之甲

    清嘉庆三年（1798）南沙席世臣扫叶山房刻本

清光绪十四年(1888)南沙席威扫叶山房补版重印本
中华书局标点本(上)55—56页,2001年

徐　钧

史咏集二卷
　　宛委别藏　　故宫藏阮元辑抄本
　　　选印宛委别藏
　　　　商务印书馆,1935年
　　　　台湾商务印书馆影印,1981年
　　　　江苏古籍出版社影印,1988年
　　续修四库全书集部1321册　　影印宛委别藏清抄本
　　续金华丛书集部　　民国十三年(1924)永康胡宗楙梦选廛刻本

史咏集不分卷
　　赵氏星凤阁抄本　　**国图**432
　　宋集珍本丛刊87册　　线装书局,2004年

刘壎(1240～1319)

水云村泯稿三十八卷
　　元抄本　　**国图**(存十卷：卷十五　二十一—二十五　三十五—三十七)
　　明天启元年辛酉(1621)赵师圣刻本　　**郿**95　　**静嘉堂**　一六　一

五　一五　十　台"中图"976　国图 CBM № 1415/632；173；814

原国立北平图书馆甲库善本丛书 681—682 册　国家图书馆出版社，2014 年

元史研究资料汇编 6、7 册　中华书局，2014 年

水云村吟稿十二卷**卷首年谱**一卷**卷末附录墓表、传、书跋、年谱考证**一卷**附元天水赵景良撰忠义集**十卷

清道光十年庚寅（1830）刘斯嵋爱余堂山东刻本　清刘凝注，冯云鹓校　北大　天津　山东　南京 87385

水云村泯稿二十卷**附明刘冠寰撰恕庵遗稿**一卷**清刘凝撰尔斋文集**一卷

清道光十七年丁酉（1837）刘斯嵋爱余堂刻本　北大　人大　天津　山东

水云村泯稿一卷

两宋名贤小集（一百八卷本）辛集　宋陈思编，元陈世隆补，清抄本　南大

水云村稿十五卷

四库全书

文渊阁四库全书 1195 册　台湾商务印书馆影印，1983—1987 年

文渊阁四库全书 1195 册　上海古籍出版社，2011 年

文渊阁四库全书　北京出版社，2008 年

文津阁四库全书 399 册　商务印书馆影印，2005 年

文津阁四库全书 广陵书社,线装,2012 年
文澜阁四库全书 1230 册 杭州出版社,2015 年
清蓝格抄本 南京 3498

水云村稿一卷
  两宋名贤小集 宋陈思编,元陈世隆补,清抄本 国图 南京 台"中图"1286

刘埙诗一卷
  元四家诗 清初檇李曹氏抄 台"中图"1297

水云村稿
  元诗选二集甲集
    清康熙四十一年壬午(1702)顾嗣立秀野草堂刻本
    清嘉庆、光绪增修本
    中华书局标点本(上)102—107 页,1987 年

萧㪺(1241～1318)

勤斋集八卷
  元至正四年(1344)刻本
  影元抄本 标注:沈子培有仁和韩氏[文绮]玉雨堂旧藏本
  四库全书(辑自《永乐大典》)
    文渊阁四库全书 1206 册 台湾商务印书馆影印,1983—

1987 年
    文渊阁四库全书 1206 册　上海古籍出版社,2011 年
    文渊阁四库全书　北京出版社,2008 年
    文津阁四库全书 403 册　商务印书馆影印,2005 年
    文津阁四库全书　广陵书社,线装,2012 年
    文澜阁四库全书 1241 册　杭州出版社,2015 年
清浙江守经堂重刻文渊阁本　川大　重庆
清刻本　国图
清乾隆翰林院红格抄本　国图 5911
元史研究资料汇编 28 册　中华书局,2014 年
清抄本　南京 1520。丁丙跋。有"端履字福将号小谷"印
抄本　静嘉堂 695

勤斋集(合还山遗稿、槩庵集为一册)　孙学功点校整理
    关学文库　西北大学出版社,2015 年

萧谕德斛
    元诗选癸集癸之乙
        清嘉庆三年(1798)南沙席世臣扫叶山房刻本
        清光绪十四年(1888)南沙席威扫叶山房补版重印本
        中华书局标点本(上)199—200 页,2001 年

郑思肖（1241～1318）

所南翁一百二十图诗集一卷**附锦钱余笑**一卷**附录**一卷**郑所南先生文集**一卷**补遗**一卷

　　知不足斋丛书第二十一集

　　　　清嘉庆八年(1803)长塘鲍氏刻本

　　　　民国十年(1921)上海古书流通处景印本

所南文集一卷**附录**

　　丛书集成初编文学类[知不足]2406册

郑所南文集一卷

　　国粹丛书第二集　清光绪三十二年(1906)排印本

所南集钞不分卷

　　宋人小集六种　　清抄本　　湖南

郑所南先生文集一卷**附校勘记**

　　四部丛刊续编所南翁一百二十图诗集附

[三山郑菊山先生清隽集一卷**]所南翁一百二十图诗集**一卷**郑所南先生文集**一卷**附录**一卷

　　清赵氏小山堂抄本　　国图

清张位抄本　国图

清抄本（多补遗一卷）　国图

清抄本　北大

续修四库全书集部 1320 册　上海古籍出版社，2002 年

清抄本　国图　南京丁丙跋

清末南城李氏宜秋馆抄本　**南京**李之鼎校跋

所南翁一百二十图诗集一卷

丛书集成初编文学类[知不足]2263 册

国粹丛书第二集　清光绪三十二年（1906）排印本

所南翁一百二十图诗集一卷附校勘记

四部丛刊续编　民国二十三年（1934）上海商务印书馆影印本 1975 年台湾商务印书馆缩印、1986 年上海书店等缩印、2015 年中央编译出版社缩印

续修四库全书集部 1320 册　上海古籍出版社，2002 年

图诗一卷

两宋名贤小集（一百八卷本）壬集　宋陈思编，元陈世隆补，清抄本　**南大**

所南翁一百二十图诗集一卷锦钱余笑二十四首

李盛铎抄本　北大

锦钱余笑一卷
   知不足斋丛书二十一辑所南翁一百二十图诗集附
       清嘉庆八年(1803)长塘鲍氏刻本
       民国十年(1921)上海古书流通处景印本
   国粹丛书第二集所南翁一百二十图诗集附
   丛书集成初编 2263 册所南翁一百二十图诗集附

锦钱余笑二十四首一卷附校勘记
   四部丛刊续编所南翁一百二十图诗集附

[郑所南先生]**心史**七卷
   明崇祯十二年(1639)张国维刻本　　国图
   四库全书存目丛书集部 21 别集类　　齐鲁书社,1997 年
   宋集珍本丛刊 90 册　　线装书局,2004 年

心史七卷**附录**一卷
   明崇祯十三年(1640)汪骏声刻本　　国图吴梅跋　　北大　　科图　　历史所　　上海　　福建　　河南　　湖南　　重庆
   北京图书馆古籍珍本丛刊 90 册　　北京图书馆出版社,2000 年

心史二卷
   明崇祯间刻本　　北大　　复旦
   明隆武间刻本　　日本林鹅峰校并题识　　内阁文库
   明辨斋丛书二集　　清同治六年(1867)长沙余氏刻本
   清末广州刻本

铁函心史二卷
　　清光绪二十四年(1899)种竹书屋刻本

心史五卷
　　清光绪三十一年(1905)上海广智书局铅印本

郑思肖集　陈福康校点
　　上海古籍出版社，1991年

所南集钞一卷
　　宋诗钞补　民国四年(1915)上海商务印书馆排印本

郑所南先生诗选一卷
　　郑氏六名家集　清郑起泓、郑定远编，清康熙三十一至三十九年(1692~1700)刻本

郑所南先生诗钞五卷
　　宋人小集　清范希仁编，清抄本　台"中图"

黄公绍[咸淳元年(1265)进士]

在轩集一卷
　　清康熙间刻本　台"故宫"
　　四库全书(鲍士恭家藏本)

文渊阁四库全书 1189 册　台湾商务印书馆影印，1983—1987 年
文渊阁四库全书 1189 册　上海古籍出版社，2011 年
文渊阁四库全书　北京出版社，2008 年
文津阁四库全书 397 册　商务印书馆影印，2005 年
文津阁四库全书　广陵书社，线装，2012 年
文澜阁四库全书 1225 册　杭州出版社，2015 年
四库全书珍本初集　商务印书馆，1933—1935 年
清抄本　**南京**

在轩集

元诗选二集甲集

清康熙四十一年壬午（1702）顾嗣立秀野草堂刻本
清嘉庆、光绪增修本
中华书局标点本（上）125—126 页，1987 年

汪元量（1241～1317 年后）

湖山类稿五卷**水云集**一卷**附录**一卷**亡宋旧宫人诗**一卷
清乾隆三十年（1765）鲍廷博知不足斋刻本　**国图**王国维校并跋，赵万里校　**北大**　**南京**清丁丙跋
四库提要著录丛书集部 105 册　北京出版社，2010 年
清赵氏小山堂抄本　清吴焯、丁丙跋　**南京**
清吴翌凤抄本　清顾至、黄丕烈跋　**国图**

湖山类稿五卷水云集一卷附录二卷
四库全书
文渊阁四库全书 1188 册　台湾商务印书馆影印，1983—1987 年

文渊阁四库全书 1188 册　上海古籍出版社，2011 年

文渊阁四库全书　北京出版社，2008 年

文津阁四库全书 397 册　商务印书馆影印，2005 年

文津阁四库全书　广陵书社，线装，2012 年

文澜阁四库全书 1223 册　杭州出版社，2015 年

湖山类稿五卷附录亡宋旧宫人诗词一卷
武林往哲遗著　光绪二十三年（1897）钱塘丁氏嘉惠堂刻本
国图傅增湘校

丁氏八千卷楼丛刻　清丁丙家刻本

湖山类稿（水云集合钞）一卷　宋刘辰翁批点
艺苑丛钞　清王耤编，稿本　湖北

增订湖山类稿　孔凡礼辑校
中华书局，1984 年

汪元量集校注　胡才甫校注
两浙作家文丛　浙江古籍出版社，1999 年

浙江文丛　浙江古籍出版社，2012 年

汪水云诗钞一卷**附录**一卷
　　清初钱谦益抄本　山东博物馆
　　清顺治十七年(1660)叶时畴抄本　国图清叶万跋
　　清抄本　国图清叶万跋　上海清邵恩多、章绶衔跋

汪水云诗钞一卷
　　清初抄本　国图清毛扆校并跋
　　清刻本　山东王献唐题跋
　　清抄本　北大李盛铎校

汪水云诗钞
　　明末抄本
　　四库全书存目丛书集部20别集类　齐鲁书社,1997年

水云集一卷**词**一卷**附录**一卷
　　清吴氏绣谷亭抄本　南京清吴焯、丁丙跋

水云集一卷**附录**三卷
　　清乾隆三十年(1765)鲍廷博知不足斋刻本
　　武林往哲遗著　光绪二十三年(1897)钱塘丁氏嘉惠堂刻本
　　丁氏八千卷楼丛刻　清丁丙家刻本

水云诗钞一卷
　　宋诗钞初集　清吕留良、吴之振、吴尔尧辑
　　　　清康熙十年(1671)吴氏鉴古堂刻本

民国三年(1914)上海商务印书馆影印康熙本

水云诗集一卷
宋代五十六家诗集 清宣统二年(1910)北京龙文阁石印本

水云诗集补钞一卷
宋诗钞补 民国四年(1915)上海商务印书馆排印本

汪水云诗一卷
南宋小集九家 清金氏文瑞楼抄本　上海
宋集珍本丛刊 90 册　线装书局，2004 年

双行精舍校汪水云诗(民国王献唐据海源阁一粟斋抄本校，附汪水云集校勘记、汪水云集版本考、汪水云事辑)
王献唐遗书 齐鲁书社影印本，1979 年

汪水云诗题后　□□撰
清光绪三十年(1904)抄本　国图

方凤(1241～1322)

冯秋水先生评定存雅堂遗稿十三卷补刊一卷附西塘十景诗一卷　明张燧辑评，清冯如京评
清顺治十一年(1654)浦江方兆仪等刻本　国图　天津　南京

方 凤

清顺治十一年方兆仪等刻雍正二年(1724)补刻本　**上海**　卷六—十配清抄本。清鲍廷博、劳权校,叶景葵跋

四库提要著录丛书集部 251 册　北京出版社,2010 年

存雅堂遗稿十三卷

　　清光绪间刻本　**浙江**

　　抄本　**云南大学**

存雅堂遗稿五卷

　　四库全书

　　　文渊阁四库全书 1189 册　台湾商务印书馆影印,1983—1987 年

　　　文渊阁四库全书 1189 册　上海古籍出版社,2011 年

　　　文渊阁四库全书　北京出版社,2008 年

　　　文津阁四库全书 397 册　商务印书馆影印,2005 年

　　　文津阁四库全书　广陵书社,线装,2012 年

　　　文澜阁四库全书 1225 册　杭州出版社,2015 年

　　续金华丛书集部　民国十三年(1924)永康胡宗楙梦选宧刻本

存雅堂遗稿六卷**首**一卷

　　清道光十四年(1834)木活字本　**国图**

存雅堂遗稿一卷

　　宋元人诗集　清法式善存素堂抄本　**国图**

方凤集 方勇辑校
  两浙作家文丛 浙江古籍出版社,1993年
  存雅堂遗稿斠补 方勇斠补,学苑出版社,2014年

汤炳龙(1241~1323)

北村诗集一卷**附宜之集**一卷元卞之义撰
  抄本 社科院文学所

北村集
  元诗选三集甲集
    清康熙五十九年(1720)顾嗣立秀野草堂刻本
    清嘉庆、光绪增修本
    中华书局标点本92—95页,1987年

滕安上(1242~1295)

东庵集四卷
  四库全书底本 国图 CBM № 1471/629:877—95
  原国立北平图书馆甲库善本丛书682册 国家图书馆出版社,2014年
    元史研究资料汇编15册 中华书局,2014年
    元史研究资料汇编补编43册 广西师范大学出版社,2020年

四库全书(辑自《永乐大典》)
    文渊阁四库全书 1199 册　台湾商务印书馆影印，1983—1987 年
    文渊阁四库全书 1199 册　上海古籍出版社，2011 年
    文渊阁四库全书　北京出版社，2008 年
    文津阁四库全书 400 册　商务印书馆影印，2005 年
    文津阁四库全书　广陵书社，线装，2012 年
    文津阁四库全书(典藏版)172 册　商务印书馆，2016 年
    文澜阁四库全书 1234 册　杭州出版社，2015 年

四库全书珍本初集　商务印书馆，1933—1935 年

清乾隆翰林院红格抄本　国图 5904

清丁氏八千卷楼黑格抄本　南京 3495

林景熙(1242～1310)

霁山先生文集五卷

    明天顺七年(1463)吕洪辑刻本　国图

四库提要著录丛书集部 105 册　北京出版社，2010 年

    明嘉靖七年(1528)辽藩光泽荣端王梅南书屋刻本　李雠来跋　上海

    宋集珍本丛刊 90 册　线装书局，2004 年

霁山先生诗文集五卷**附录**一卷

    清康熙三十二年(1693)沈士尊等刻本　国图 张允亮校并跋　北大　浙江

宋元人诗集　清法式善存素堂抄本　国图

霁山文集五卷

　　四库全书（辑自《永乐大典》）

　　　　文渊阁四库全书 1188 册　台湾商务印书馆影印，1983—1987 年

　　　　文渊阁四库全书 1188 册　上海古籍出版社，2011 年

　　　　文渊阁四库全书　北京出版社，2008 年

　　　　文津阁四库全书 397 册　商务印书馆影印，2005 年

　　　　文津阁四库全书　广陵书社，线装，2012 年

　　　　文澜阁四库全书 1224 册　杭州出版社，2015 年

　　清抄本　北大　中山

霁山先生集五卷**首**一卷**拾遗**一卷　元章祖程注

　　知不足斋丛书第二十五集

　　　　清嘉庆十五年（1810）长塘鲍氏刻本

　　　　民国十年（1921）上海古书流通处景印本

　　永嘉诗人祠堂丛刻　民国四年（1915）如皋冒广生辑刻本

　　丛书集成初编文学类 2044—2045 册

　　清述旧斋抄本　**浙大**清孙诒让校

霁山先生白石樵唱六卷**文集**四卷　元章祖程注

　　明嘉靖十年（1531）冯彬刻本　国图　北大　南京清丁丙跋

　　宋集珍本丛刊 90 册　线装书局，2004 年

　　明乾隆间翰林院抄本　瑞安玉海楼清鲍廷博校并跋

　　清吴氏四古堂刻本　**上海**

清抄本　国图
　　抄本　复旦

白石樵唱五卷**白石稿**二卷
　　清抄本　国图

白石樵唱五卷
　　清抄本　北大

白石樵唱十二卷**文集**三卷
　　抄本　上海

林景熙诗集校注　陈增杰校注
两浙作家文丛　浙江古籍出版社，1998年

林景熙集补注上下册　陈增杰补注
浙江文丛　浙江古籍出版社，2012年

白石樵唱一卷
　　清玉海楼抄本　**温州**清孙依言跋

白石樵唱集一卷
　　宋代五十六家诗集　清宣统坐春书塾选辑石印

白石樵唱钞一卷
　　宋诗钞初集　清吕留良、吴之振、吴尔尧辑

清康熙十年(1671)吴氏鉴古堂刻本

民国三年(1914)上海商务印书馆影印康熙本

清宣统二年(1910)北京龙文阁石印本

白石樵唱集补钞一卷

宋诗钞补　民国四年(1915)上海商务印书馆排印本

张伯淳(1242～1302)

养蒙先生文集十卷

元至正六年(1346)张采嘉兴家塾刻明宣德七年递修本(虞集序,残存一——五卷,九行十七字,白口,四周双栏)　台"中图"975　国图　CBM № 1468/629：478—585

原国立北平图书馆甲库善本丛书 681 册　国家图书馆出版社,2014 年

元史研究资料汇编补编 44 册　广西师范大学出版社,2020 年

明宣德七年(1432)张铨重刻本

清抄本　传抄明宣德七年刻本　国图

四库提要著录丛书集部 107 册　北京出版社,2010 年

元史研究资料汇编补编 44 册　广西师范大学出版社,2020 年

清厉鹗抄自绣谷亭吴氏又有校正之本

养蒙集十卷

四库全书(依据上本)

文渊阁四库全书 1194 册　　台湾商务印书馆影印，1983—1987 年

　　文渊阁四库全书 1194 册　　上海古籍出版社，2011 年

　　文渊阁四库全书　　北京出版社，2008 年

　　文津阁四库全书 399 册　　商务印书馆影印，2005 年

　　文津阁四库全书　　广陵书社，线装，2012 年

　　文澜阁四库全书 1229 册　　杭州出版社，2015 年

　　清黑格抄本　　南京 3499

养蒙先生文集十卷

　　明祁氏澹生堂抄本　　明祁承㸁校并跋　　**上海**

　　旧抄本　　台"中图"975

　　元代珍本文集汇刊　　台北"中央图书馆"编印，1970 年

　　清抄本　　北大李 7770 存卷一——六

　　清抄本　　国图文 268・76332

养蒙先生集

　　元诗选二集丙集

　　　　清康熙四十一年壬午(1702)顾嗣立秀野草堂刻本

　　　　清嘉庆、光绪增修本

　　　　中华书局标点本(上)309—321 页，1987 年

张之翰(1243～1296)

西岩集二十卷

　　四库全书(辑自《永乐大典》)

文渊阁四库全书 1204 册　　台湾商务印书馆影印,1983—1987 年
　　文渊阁四库全书 1204 册　　上海古籍出版社,2011 年
　　文渊阁四库全书　　北京出版社,2008 年
　　文津阁四库全书 402 册　　商务印书馆影印,2005 年
　　文津阁四库全书　　广陵书社,线装,2012 年
　　文津阁四库全书(典藏版)173 册　　商务印书馆,2016 年
　　文澜阁四库全书 1239 册　　杭州出版社,2015 年
　四库全书珍本初集　　商务印书馆,1933—1935 年
　清乾隆翰林院红格抄本　　国图 5908
　元史研究资料汇编 42 册　　中华书局,2014 年
　清丁氏八千卷楼黑格抄本　　南京 3519

张之翰集　邓瑞全、孟祥静校点
　元代别集丛刊　吉林文史出版社,2009 年

张知府之翰
　元诗选癸集癸之乙
　　清嘉庆三年(1798)南沙席世臣扫叶山房刻本
　　清光绪十四年(1888)南沙席威扫叶山房补版重印本
　　中华书局标点本(上)309—321 页,1987 年

梁栋(1243～1305)

隆吉诗钞一卷
　宋诗钞初集　清吕留良、吴之振、吴尔尧辑

清康熙十年(1671)吴氏鉴古堂刻本
民国三年(1914)上海商务印书馆影印康熙本

隆吉诗集一卷

宋代五十六家诗集 清宣统坐春书塾选辑
清宣统二年(1910)北京龙文阁石印本

隆吉集补钞一卷

宋诗钞补 民国四年(1915)上海商务印书馆排印本

刘敏中(1243～1318)

中庵先生刘文简公文集二十五卷

元元统刻本 标注：韩小亭有元刊足本，凡阁本所佚皆完全，且面目全别，真秘笈也。 国图 CBM No 1587/683・811/864：470(600)

原国立北平图书馆甲库善本丛书 685 册 国家图书馆出版社，2014 年

元代珍本文集汇刊 台北"中央图书馆"编印，1985 年

清抄本 国图 5573 上海

北京图书馆古籍珍本丛刊 92 册 北京图书馆出版社，2000 年

四库提要著录丛书集部 030 册 北京出版社，2010 年

元史研究资料汇编 39 册 中华书局，2014 年

元代史料丛刊续编元代文集 2—4 黄山书社，2018 年

中庵集□卷（存卷八至十八）

　　抄本

　　元史研究资料汇编补编 45 册　广西师范大学出版社，2020 年

中庵集二十卷

　　四库全书（辑自《永乐大典》）

　　　文渊阁四库全书 1206 册　台湾商务印书馆影印，1983—1987 年

　　文渊阁四库全书 1206 册　上海古籍出版社，2011 年

　　文渊阁四库全书　北京出版社，2008 年

　　文津阁四库全书 403 册　商务印书馆影印，2005 年

　　文津阁四库全书　广陵书社，线装，2012 年

　　文澜阁四库全书 1240 册　杭州出版社，2015 年

　　清乾隆翰林院红格抄本　国图 5909

刘敏中集　邓瑞全、谢辉校点

　　元代别集丛刊　吉林文史出版社，2008 年

刘承旨敏中

　　元诗选癸集癸之丙

　　　清嘉庆三年（1798）南沙席世臣扫叶山房刻本

　　　清光绪十四年（1888）南沙席威扫叶山房补版重印本

　　　中华书局标点本（上）255 页，2001 年

戴表元（1244～1310）

剡源戴先生文集二十八卷

明初刻本　标注续录：系以宋濂手书付梓，较三十卷本诗文转多，不传。

影写明初刻补抄本（首一卷）　皕 95　静嘉堂 690

残六卷本　经眼录：十行二十字，细黑口，左右双栏，版心上方记字数，上鱼尾下记"诗卷几"，版式宽展，中缝亦阔。字仿松雪体，结构方整而笔致秀劲，饶有元雕之风。疑即洪武初宋濂所序刻于太学之二十八卷本也。首录自序一首。卷一七古二十六首，卷二七古二十三首，卷三五古四十九首，卷四五言近体五十九首，卷五七言近体五十一首，卷六七绝六十八首。后附一叶，刊七古一首。篇幅约及今本之半，然六卷各体皆备，可知洪武初刊其存诗只得此数也。余取郁氏宜稼堂刊本校之，其差误几于无篇无之，即题目亦时有不同，改正甚多。钤有查映山印数方。　又附旧抄本二册，不分卷，残存记十九篇，序十三篇，杂说二篇，赋一篇，铭二篇，赞五篇，祭文七篇，书题二十一篇，启札五篇，疏六篇，行述一篇，墓志铭十篇，讲议二十篇。以今本核之，改正亦多（潘氏滂喜斋遗书，辛巳十一月十六日见于翰文斋）。

戴剡源先生文集二十六卷

明嘉靖周仪刻本　国图 2424

旧写本　经眼录：每叶中缝题"南庐藏书"四字。前有元史本传,次宋濂序,次万历元年周仪羽重刻序,次自序。

明耕心堂抄本　　国图 7714。存十六卷:卷三—十四、二三—二六。傅增湘跋

清抄本(附诗集二卷)　　国图 7716

剡源戴先生文集三十卷

明万历元年癸酉(1573)周仪重辑刻本　　**南京**　**台"中图"**975

明万历九年辛巳(1581)戴洵刻本　　**上海**鲍廷博校,赵怀玉跋　　**浙大**标明刻本

四库提要著录丛书集部 106 册　　北京出版社,2010 年

元史研究资料汇编 4、5 册　　中华书局,2014 年

剡源集三十卷

四部丛刊初编　　1922 年商务印书馆影印、1929 年二次印、1936 年缩印、1975 年台湾商务印书馆缩印、1986 年上海书店等缩印、2015 年中央编译出版社缩印

剡源文集三十卷

四库全书

文渊阁四库全书 1194 册　　台湾商务印书馆影印,1983—1987 年

文渊阁四库全书 1194 册　　上海古籍出版社,2011 年

文渊阁四库全书　　北京出版社,2008 年

文津阁四库全书 399 册　　商务印书馆影印,2005 年

文津阁四库全书　　广陵书社,线装,2012 年

戴表元

文澜阁四库全书 1229 册　杭州出版社,2015 年

剡源集三十卷**首**一卷**附佚诗**六卷**佚文**二卷

清光绪二十一年奉化孙锵校刻民国七年(1918)印本　**国图**　**上海** 001929。剡上丛书第二

剡源集三十卷**重刻札记**一卷清郁松年撰

宜稼堂丛书　清道光二十年(1840)郁松年刻本　**国图** 424。清沈炳垣校跋录何焯批校题识,傅增湘校跋　**复旦**清王振声校

丛书集成初编文学类[宜稼]2054—2061 册

重刻剡源先生集附札记一卷清郁松年撰

稿本　**上海**

剡源先生文集六卷

明嘉靖间周仪刻本　**国图**

剡源先生文不分卷

明抄本　**国图** 2424

剡源先生文钞四卷　清黄宗羲选

清康熙二十七年(1688)马思赞刻本　标注：入存目,似亦据元本重刊。元刊亦有分甲、乙、丙、丁四卷本,前有宋濂序。　**国图**　**上海**清齐采药翁批并跋

四库全书存目丛书集部 21 别集类　齐鲁书社,1997 年

剡源先生文钞四卷

清康熙三十九年(1700)马思赞刻本　**上海**吴骞批并校　**清华　复旦　常熟　内阁文库**

四明丛书第一集

清道光十三年(1833)甬上卢氏刻本　**国图　天津**

清刻本（首一卷）　**国图**

剡源先生文钞四卷　清黄宗羲选

清刻本　**北大**

剡源文钞四卷首一卷**佚文**一卷　清黄宗羲选，清何焯评

清光绪十五年(1889)奉化孙锵刻本　**国图　山东**

剡源文集四卷首一卷**佚文**一卷　清黄宗羲选，何焯评

清光绪十五年(1889)童氏大鄞山馆刻本　**南京**清翁同龢批注　**上海** 001915

清刻本（无佚文）　**国图**录何焯校

剡源文集五卷

清抄本　**南京**清王振声校并跋　**上海**录清何焯校

剡源诗集不分卷**文集**四卷

清抄本　**国图**清周锡瓒校，黄丕烈校并跋

戴表元集　陆晓冬、黄天美点校

浙江文丛　浙江古籍出版社，2014年

戴表元集　李军、辛梦霞校点
　　元代别集丛刊　吉林文史出版社，2008 年

剡源佚文二卷**佚诗**六卷
　　清光绪二十一年(1895)奉化孙锵辑刻本　　国图　南京
　　元史研究资料汇编第 5 册　中华书局，2014 年

剡源佚诗文集不分卷
　　清抄本　上海

剡源逸稿七卷
　　清抄本　南京　国图
　　缪氏藕香簃抄本　**上海**缪荃荪校并跋
　　续修四库全书集部 1322 册　上海古籍出版社，2002 年

剡源集逸文一卷**剡源集校**一卷　缪荃荪辑校
　　艺风堂读书志　民国刻本

剡源诗文补不分卷
　　清抄本
　　大仓文库粹编名家钞校本 49 册　北京大学出版社，2020 年

剡源集
　　元诗选初集甲集
　　　　清康熙三十三年(1694)顾嗣立秀野草堂刻本

清嘉庆、光绪增修本

中华书局标点本(上)226—250页,1987年

陈普(1244～1315)

石堂先生遗集二十二卷

  明嘉靖丙申(1536)闵文振编宁德县刻本 **静嘉堂** 八 十五九 十万卷楼 **内阁文库** 342b

  传抄嘉靖闵文振编宁德县刻本[或题嘉靖十六年(1537)程世鹏刻本] 台"中图" 上海 北大卷四缺首页

石堂先生遗集二十二卷 明薛孔洵注

  明万历三年(1575)薛孔洵序刻本 **国图** **重庆** **南京**丁丙跋 内阁文库

  北京图书馆古籍珍本丛刊 86册 北京图书馆出版社,2000年

  续修四库全书集部1321册 上海古籍出版社,2002年

  闽刻珍本丛刊 52册 古风主编,人民出版社,2009年

  原国立北平图书馆甲库善本丛书 679册 国家图书馆出版社,2014年

石堂先生遗集二十二卷附录石堂先生传一卷

  明刻本 **北大**

  清道光二十二年(1842)重刻本 **浙江**

陈 普

石堂先生遗集二十卷
　　抄本　台"中图"

选镌石堂先生遗集四卷　明阮光宁选
　　明天启三年(1623)刻本　清华
　　四库全书存目丛书集部20别集类　齐鲁书社,1997年

石堂先生集四卷
　　清初抄本　国图清孙承泽批校并跋

石堂先生集四卷
　　清卢文弨抄本　复旦清卢文弨校

陈石堂集二卷
　　宋人小集　清范希仁编,清抄本　台"中图"

石堂集一卷
　　两宋名贤小集(一百八卷本)壬集　宋陈思编,元陈世隆补,清抄本　南大

石堂先生遗稿
　　元诗选三集甲集
　　　清康熙五十九年(1720)顾嗣立秀野草堂刻本
　　　清嘉庆、光绪增修本
　　　中华书局标点本64—75页,1987年

丘葵（1244～1333）

独乐轩诗集 三卷
  清康熙中裔孙国班辑刻本
  李盛铎木犀轩藏清抄本　北大

钓矶先生诗集 五卷　明卢若腾辑
  清道光丙午汲古书室刻本　南京　国图
  续修四库全书 集部 1321 册　上海古籍出版社，2002 年
  宋集珍本丛刊 90 册　线装书局，2004 年

钓矶诗集 五卷
  清同治十二年（1873）同安邱炳忠刻本　首都　上海　国图
  台湾古籍丛编 第 1 辑　福建教育出版社，2017 年

钓矶诗集 四卷　清罗以智辑
  稿本　上海 叶景葵跋

钓矶诗集（合心泉学诗稿为一册）　何丙仲点校
  泉州文库　商务印书馆，2019 年

释英(约 1244～1330)

白云集三卷
　　元刊本　标注、邵亭：韩小亭藏。

白云集四卷
　　日本应安七年(1374)俞良甫覆元刊本　**静嘉堂**
　　日本宽文五年(1665)藤田六兵卫刊本　**东洋文库**　**书陵部**
内阁
　　室町末写本　**大东急**

鳌头白云诗集四卷
　　日本贞亨五年(1688)平乐寺刊本　**书陵部**　**京大人文**
　　和刻本中国古逸书丛刊 57　凤凰出版社,2012 年
　　和刻本四部丛刊 95 册　人民出版社、西南师范大学出版社,
2014 年

白云集三卷
　　清抄本
　　四库提要著录丛书集部 060 册　北京出版社,2010 年

白云集三卷
　　当归草堂重刊本

禅门逸书初编 6 册　　台北明文书局，1981 年

白云集三卷

四库全书集部别集类

　　文渊阁四库全书 1192 册　　台湾商务印书馆影印，1983—1987 年

　　文渊阁四库全书 1192 册　　上海古籍出版社，2011 年

　　文渊阁四库全书　　北京出版社，2008 年

　　文津阁四库全书 398 册　　商务印书馆影印，2005 年

　　文津阁四库全书　　广陵书社，线装，2012 年

　　文澜阁四库全书 1228 册　　杭州出版社，2015 年

武林往哲遗著　　光绪二十三年(1897)钱塘丁氏嘉惠堂刻本

白云集

元诗选初集壬集

　　清康熙三十三年(1694)顾嗣立秀野草堂刻本

　　清嘉庆、光绪增修本

　　中华书局标点本(下)2456—2460 页，1987 年

赵必瓛(1245～1294)

覆瓿集四卷

　　明万历九年(1581)修补宣德刻本

　　清丁氏八千卷楼影写明万历本　　**南京**清丁丙跋

秋晓赵先生覆瓿集四卷
　　清抄本　　南京

秋晓先生覆瓿集四卷**首**一卷
　　清抄本　　北大

秋晓先生覆瓿集四卷**附录**一卷**末**一卷
　　粤十三家集　　清道光二十年(1840)伍元薇诗雪轩刻本　　国图傅
增湘校并跋
　　宋集珍本丛刊 90 册　　线装书局,2004 年

秋晓赵先生覆瓿集六卷
　　清抄本　　国图

覆瓿集六卷
　　四库全书
　　　　文渊阁四库全书 1187 册　　台湾商务印书馆影印,1983—1987 年
　　　　文渊阁四库全书 1187 册　　上海古籍出版社,2011 年
　　　　文渊阁四库全书　　北京出版社,2008 年
　　　　文津阁四库全书 396 册　　商务印书馆影印,2005 年
　　　　文津阁四库全书　　广陵书社,线装,2012 年
　　　　文澜阁四库全书 1222 册　　杭州出版社,2015 年

覆瓿集九卷
　　宋元人诗集　　清法式善存素堂抄本　　国图

龙辅

女红余志二卷

　　明天启崇祯间海虞毛氏汲古阁刻本

　　清木松堂翻刻汲古阁本

　　民国上海医学书局影印汲古阁本

　　诗词杂俎第六册

女红余志（合簪云楼杂说为一册）　德清图书馆编

　　四库德清文丛　浙江古籍出版社，2014年

鲜于枢（1246～1302）

困学斋诗集二卷

　　宋元诗四十三家集二百八卷　明潘是仁编，明万历四十三年（1615）刻本　**国图　上海　山东　山东博物馆　浙江**

　　宋元诗六十一家集二百七三卷〔或名《宋元诗集》（台"中图"）；《宋元名家诗集》（《澹生堂》）；《宋元名家诗选》（《千顷堂》、《明史》）；《宋元名公诗集》（《东洋文库目·京都人文、汇定宋元名公诗集》）〕　明万历四十三年（1615）潘是仁编刻天启二年（1622）重修本　**国图　甘肃　青海**

困学斋稿一卷
  元人十二家小集第三册　旧抄本　**南京** 2019

困学斋集
  元诗选二集丙集
    清康熙四十一年壬午(1702)顾嗣立秀野草堂刻本
    清嘉庆、光绪增修本
    中华书局标点本(上)201—211页,1987年

邓牧(1246～1306)

伯牙琴一卷
  清抄本(四库底本)　**南京** 清丁丙跋
  清乾隆间鲍氏知不足斋抄本　**重庆** 清鲍廷博批校
  清抄本　**国图** 清彭元瑞校并跋　**南京** 清佚名校
  宋集珍本丛刊 90册　线装书局,2004年
  思易草庐秘本丛抄　清贾思绂编　光绪抄本　**山东**

伯牙琴一卷补遗一卷
  四库全书
    文渊阁四库全书 1189册　台湾商务印书馆影印,1983—1987年
    文渊阁四库全书 1189册　上海古籍出版社,2011年
    文渊阁四库全书　北京出版社,2008年
    文津阁四库全书 397册　商务印书馆影印,2005年

文津阁四库全书　广陵书社,线装,2012 年

文澜阁四库全书 1225 册　杭州出版社,2015 年

伯牙琴一卷**续补**一卷

　知不足斋丛书第十一集

　　清乾隆五十一年(1786)长塘鲍氏刻本

　　民国十年(1921)上海古书流通处景印本

　丁氏八千卷楼丛刻　清丁丙家刻本

　武林往哲遗著　光绪二十一年(1895)钱塘丁氏嘉惠堂刻本

　丛书集成初编文学类[知不足]2046 册

　国粹丛书第二集　光绪三十三年(1907)排印本

伯牙琴　张岂之等标点

　中华书局,1959 年

邓道人牧五首

　元诗选癸集之壬上

　　清嘉庆三年(1798)南沙席世臣扫叶山房刻本

　　清光绪十四年(1888)南沙席威扫叶山房补版重印本

　　中华书局标点本(下)1363—1365 页,2001 年

熊朋来(1246～1323)

熊豫章家集七卷

　振绮堂明抄本　上海

熊教授朋来

元诗选癸集之甲

清嘉庆三年(1798)南沙席世臣扫叶山房刻本

清光绪十四年(1888)南沙席威扫叶山房补版重印本

中华书局标点本(上)75 页,2001 年

张观光(1246～1325 以后)

屏岩小稿一卷

四库全书

文渊阁四库全书 1195 册　台湾商务印书馆影印,1983—1987 年

文渊阁四库全书 1195 册　上海古籍出版社,2011 年

文渊阁四库全书　北京出版社,2008 年

文津阁四库全书 398 册　商务印书馆影印,2005 年

文津阁四库全书　广陵书社,线装,2012 年

文澜阁四库全书 1230 册　杭州出版社,2015 年

宋元人诗集　清法式善存素堂抄本　**国图**

续金华丛书集部　民国十三年(1924)永康胡宗楙梦选廎刻本

元史研究资料汇编 7 册　中华书局,2014 年

清丁氏八千卷楼抄本　**南京** 3490

屏岩先生张观光

元诗选补遗甲集

清金山钱熙彦编道光间刻本　**首都**

中华书局标点本 43—57 页，2002 年

杨濂《元诗文献辨伪》(《文学遗产》2009 年第 3 期)：《月屋漫稿》与《月屋樵吟》存诗数量一样，所收诗篇顺序不同，前者则同于《屏岩小稿》，此三书应是同一部诗集。其中，有近二十首见于林景熙《霁山集》，数首与释英《白云集》重出，都是伪题书名、虚拟作者，与《屏岩小稿》皆为明人据元诗文献组合重编的伪书，甚至收入了张观光的几首佚诗。

熊禾（1247～1312）

熊勿轩先生文集 八卷

明成化二年(1466)熊斌刻本　　上海　天津

清抄本　　重庆

熊勿轩先生文集 八卷 附录 一卷

明抄本（卷二、四配清抄本，卷五—八、附录配观稼楼抄本）南京

清汪氏裘杼楼抄本　　南京 清丁丙跋

清抄本　　国图　上海　南京　苏州　社科院文学所

抄本　题鳌峰后人辑　　国图

熊勿轩先生文集 八卷 勿轩先生传 一卷

清初抄本　　中山

中国古籍珍本丛刊 广东省立中山图书馆卷 43 册　　国家图书

馆出版社,2015 年

熊勿轩先生文集八卷**补遗**一卷**春秋五论**五卷**易学启蒙图传**七卷
 清抄本 浙江

勿轩先生文集八卷**附**一卷**续集**一卷
 清抄本 **上海**清张金吾校并跋,清李兆洛、蒋因培跋
 民国七年瞿氏铁琴铜剑楼抄本 **国图**瞿启甲、瞿熙邦校并跋

重刊熊勿轩先生文集四卷**外附**一卷
 南明隆武二年(1646)熊之璋刻本 **国图**
 影印明隆武刻本
  宋集珍本丛刊 91 册 线装书局,2004 年

勿轩集八卷
 四库全书
  文渊阁四库全书 1188 册 台湾商务印书馆影印,1983—1987 年
  文渊阁四库全书 1188 册 上海古籍出版社,2011 年
  文渊阁四库全书 北京出版社,2008 年
  文津阁四库全书 397 册 商务印书馆影印,2005 年
  文津阁四库全书 广陵书社,线装,2012 年
  文澜阁四库全书 1224 册 杭州出版社,2015 年

熊勿轩先生文集六卷 清张伯行订
 清康熙间正谊堂刻本 **南京**

清康熙间长洲顾氏刻本　台"故宫"
正谊堂全书　清同治五年(1866)福州正谊书院刻本
丛书集成初编文学类[正谊堂]2407册

勿轩集
元诗选初集甲集
清康熙三十三年(1694)顾嗣立秀野草堂刻本
清嘉庆、光绪增修本
中华书局标点本(上)296—301页,1987年

陈仁子(？～1305?)

牧莱脵语二十卷**二稿**八卷
清初影元抄本　**国图**周叔弢跋
四库全书存目丛书集部20册　齐鲁书社,1997年
续修四库全书集部1320册　上海古籍出版社,2002年
宋集珍本丛刊第九十册　线装书局,2004年

卢挚(主要活跃于世祖与成、武、仁宗时期)

卢疏斋集辑存　李修生辑笺
北京师范大学出版社,1984年

疏斋集

    元诗选三集乙集

        清康熙五十九年（1720）顾嗣立秀野草堂刻本

        清嘉庆、光绪增修本

        中华书局标点本 104—117 页，1987 年

王奕（淳祐四年即 1244 年入太学）

玉斗山人集三卷**遗文**一卷**附录**一卷

    明嘉靖二十一年壬寅（1542）陈中州刻本　　标注

    清抄本　　北大李□4447

    旧抄本　　皕 96　　静嘉堂 690

玉斗山人文集三卷**附录**一卷

    清初抄本（四库底本）　　北大

    四库提要著录丛书集部 347 册　　北京出版社，2010 年

    四库全书

        文渊阁四库全书 1195 册　　台湾商务印书馆影印，1983—1987 年

        文渊阁四库全书 1195 册　　上海古籍出版社，2011 年

        文渊阁四库全书　　北京出版社，2008 年

        文津阁四库全书 399 册　　商务印书馆影印，2005 年

        文津阁四库全书　　广陵书社，线装，2012 年

        文澜阁四库全书 1230 册　　杭州出版社，2015 年

玉斗山人文集三卷

  沈氏枕碧楼丛书 民国二年(1913)沈家本刻本

  元史研究资料汇编 8 册 中华书局,2014 年

斗山文集三卷**附录**一卷

  清桐乡金檀文瑞楼精抄本 **南京** 1486。宋宾王校,丁丙跋

玉斗山人集一卷

  宋元人诗集 清法式善存素堂抄本 **国图**

玉斗山人集

  元诗选补遗甲集

    清金山钱熙彦编道光间刻本 **首都**

    中华书局标点本 58—67 页,2002 年

真山民(入元隐遁)

真山民诗集一卷

  元大德丙午(1306)董师谦序刻本

  日本文化九年(1812)西宫弥兵卫刻本(多四库本诗 51 首)

  天保四年(1833)江户山城屋佐兵卫重印

  明治四十二年(1909)嵩山堂铅印本

  和刻本中国古逸书丛刊 56 凤凰出版社,2012 年

真山民

真山民诗集四卷　明潘是仁辑校

　　宋元诗四十三家集二百八卷　明潘是仁编,明万历四十三年(1615)刻本　**国图　上海　山东　山东博物馆　浙江**

　　四库提要著录丛书集部105册　北京出版社,2010年

　　宋元诗六十一家集二百七三卷〔或名《宋元诗集》(台"中图");《宋元名家诗集》(《澹生堂》);《宋元名家诗选》(《千顷堂》、《明史》);《宋元名公诗集》(《东洋文库目·京都人文、汇定宋元名公诗集》)〕　明万历四十三年(1615)潘是仁编刻天启二年(1622)重修本　**国图　甘肃　青海**

真山民诗集五卷

　　宋人小集　清范希仁编,清古盐范氏也趣轩抄本　**台"中图"**

真山民集一卷

　　四库全书

　　　文渊阁四库全书 1189册　台湾商务印书馆影印,1983—1987年

　　　文渊阁四库全书 1189册　上海古籍出版社,2011年

　　　文渊阁四库全书　北京出版社,2008年

　　　文津阁四库全书 397册　商务印书馆影印,2005年

　　　文津阁四库全书　广陵书社,线装,2012年

　　　文澜阁四库全书 1225册　杭州出版社,2015年

　　浦城遗书(留香室丛刊)　清嘉庆十九年(1812)浦城祝昌泰留香室刻本　**国图**傅增湘校并跋

山民诗集一卷

 清鲍氏知不足斋抄本　**上海**

 清抄本（与待春轩遗稿合抄）　**国图**

真山民集一卷**逸诗**一卷

 宋元人诗集　清法式善存素堂抄本　**国图**

真山民诗集一卷

 唐宋元三朝名贤小集　清赵典编，清乾隆嘉庆间赵之玉星凤阁抄本　**湖南**

 国粹丛书第二集　清光绪三十二年（1906）排印本

 邈园丛书

 清抄本　**国图**清鲍廷博校　**南京**丁丙跋，佚名点校

山民诗钞一卷

 宋诗钞初集　清吕留良、吴之振、吴尔尧辑

  清康熙十年（1671）吴氏鉴古堂刻本

  民国三年（1914）上海商务印书馆影印康熙本

山民诗集一卷　清坐春书塾选辑

 宋代五十六家诗集　清宣统二年（1910）北京龙文阁石印本

邵桂子（1271 进士）

慉庵小集 一卷
    两宋名贤小集　宋陈思编，元陈世隆补，清抄本　国图　南京
    江湖小集　宋陈起编，清初抄本　北大

青溪玄同子雪舟脞诗 一卷
    青溪先正诗集　清鲍楹辑
        清康熙三十年（1691）刻本　华东师大 259

仇远（1247～1326）

金渊集 六卷
    四库全书（辑自《永乐大典》）
        文渊阁四库全书 1198 册　台湾商务印书馆影印，1983—1987 年
        文渊阁四库全书 1198 册　上海古籍出版社，2011 年
        文渊阁四库全书　北京出版社，2008 年
        文津阁四库全书 400 册　商务印书馆影印，2005 年
        文津阁四库全书　广陵书社，线装，2012 年
        文渊阁四库全书 1233 册　杭州出版社，2015 年
    清乾隆武英殿活字印聚珍版丛书　国图 5663。傅增湘跋并临卢文弨校注

浙江重刻武英殿聚珍版本　　南京卢文弨校并跋，丁丙跋
江西书局、福建书局、广雅书局刻武英殿聚珍版本
江南书局、浙江书局重刻武英殿聚珍版巾箱本
丛书集成初编文学类［聚珍］2266册

仇山村遗稿不分卷
　　清抄本　　**北大**清何焯校，傅增湘跋

仇山村遗集一卷**附录**一卷　　清项梦昶辑
　　清乾隆五年（1740）项梦昶古香书屋刻本　　**国图**426。傅增湘补录诗文并跋

山村遗集一卷**稗史**一卷**附录**一卷
　　武林往哲遗著　　清光绪二十一年（1895）钱塘丁氏嘉惠堂刻本　　**国图**427。傅增湘校补并跋　　**天津**　　**上海**　　**南京**　　**四川**
　　元史研究资料汇编9册　　中华书局，2014年

山村遗稿二卷
　　两宋名贤小集（一百八卷本）癸集　　宋陈思编，元陈世隆补，清抄本　　**南大**

山村遗集一卷
　　四库全书
　　　　文渊阁四库全书1198册　　台湾商务印书馆影印，1983—1987年
　　　　文渊阁四库全书1198册　　上海古籍出版社，2011年

文渊阁四库全书　北京出版社，2008 年
文津阁四库全书 400 册　商务印书馆影印，2005 年
文津阁四库全书　广陵书社，线装，2012 年
文澜阁四库全书 1233 册　杭州出版社，2015 年

山村遗稿四卷**杂著**一卷**附录**二卷**补遗**一卷**附录续**一卷
　　清顾维岳、鲍廷博辑抄本　　北大李□51
　　续修四库全书集部 1322 册　上海古籍出版社，2002 年

山村遗稿四卷**杂著**一卷
　　清咸丰十年（1850）汪蔼吉抄本　　国图 11190。韩应陛跋

兴观集一卷
　　清乾隆间鲍氏知不足斋抄本　　重庆鲍廷博批校

兴观集一卷**山村遗稿**一卷**山村词**一卷
　　清抄本　　南京 1493。丁丙跋

仇远集　张慧禾校点
　　浙江文献集成　浙江大学出版社，2012 年

山村遗稿
　　元诗选二集甲集
　　　　清康熙四十一年壬午（1702）顾嗣立秀野草堂刻本
　　　　清嘉庆、光绪增修本

中华书局标点本(上)30—50 页,1987 年

释德净(主要活跃于泰定、天历年间)

山林清气集一卷 **续集**一卷
  抄本 上海 345319
  唐宋元三朝名贤小集 清赵典编,清乾隆、嘉庆间赵之玉星凤阁抄本 湖南
  四库全书存目丛书集部 22 别集类 齐鲁书社,1997 年

德净
  元诗选补遗附录元诗选癸集补遗
    清金山钱熙彦编道光间刻本 首都
  中华书局标点本 1046 页,2002 年

元淮(1130～?)

水镜集一卷(又名金囷吟)
  明正统九年(1444)刻本 存目:两淮马裕家藏本。

溧阳路总管水镜元公诗集一卷
  明万历二年(1574)元应会抄本 上海
  宋元小集 清绿格精抄本 台"中图"

清迁松阁抄本　**国图** 7106

清抄本　**国图** 11207

四库全书存目丛书集部 21 别集类　齐鲁书社，1997 年

原国立北平图书馆甲库善本丛书 689 册　国家图书馆出版社，2014 年

元史研究资料汇编补编 60 册　广西师范大学出版社，2020 年

水镜元公诗集一卷

清抄本　**南京** 1498。清丁丙跋

水镜诗集一卷（合闲居丛稿、贞一斋杂著为一册）

清辨志书塾抄本　**上海**清李兆洛跋

金囷集一卷

清金侃手抄本

涵芬楼秘笈第十集　商务印书馆影印本，1926 年

金囷吟

元诗选初集乙集

清康熙三十三年（1694）顾嗣立秀野草堂刻本

清嘉庆、光绪增修本

中华书局标点本（上）534—539 页，1987 年

胡一桂(1247～?)

双湖先生文集十卷
  清康熙四十二年(1703)刻本　上海师大
  续修四库全书集部 1322 册　上海古籍出版社,2002 年

双湖先生胡一桂
  元诗选癸集之甲
    清嘉庆三年(1798)南沙席世臣扫叶山房刻本
    清光绪十四年(1888)南沙席威扫叶山房补版重印本
    中华书局标点本(上)30 页,2001 年

高克恭(1248～1310)

房山集一卷
  回族典藏全书 149 册　甘肃文化出版社、宁夏人民出版社,2008 年

房山集
  元诗选二集丙集
    清康熙四十一年壬午(1702)顾嗣立秀野草堂刻本
    清嘉庆、光绪增修本
    中华书局标点本(上)299—303 页,1987 年

伯笃鲁丁（约 1300～1360）

伯笃鲁丁佚集 不分卷
 回族典藏全书 156 册 甘肃文化出版社、宁夏人民出版社，2008 年

宪副伯笃鲁丁
 元诗选癸集丁集
  清嘉庆三年（1798）南沙席世臣扫叶山房刻本
  清光绪十四年（1888）南沙席威扫叶山房补版重印本
  中华书局标点本（上）382—383 页，2001 年

白珽（1248～1328）

湛渊遗稿 三卷补一卷
 知不足斋丛书第二十三集
  清嘉庆八年（1803）长塘鲍氏刻本
  民国十年（1921）上海古书流通处景印本
 丛书集成初编文学类［知不足］2062 册

湛渊遗稿 三卷补遗一卷附录一卷
 钱塘丁氏嘉惠堂朱印本
  武林往哲遗著 光绪二十一年乙未（1895）钱塘丁氏嘉惠堂刻本

元史研究资料汇编 14 册　中华书局,2014 年

湛渊集一卷

　　四库全书　标注:原本八卷,此本仅赋二篇诗六三篇文二篇,乃沈菘町所重辑。

　　　　文渊阁四库全书 1198 册　台湾商务印书馆影印,1983—1987 年

　　　　文渊阁四库全书 1198 册　上海古籍出版社,2011 年

　　　　文渊阁四库全书　北京出版社,2008 年

　　　　文津阁四库全书 400 册　商务印书馆影印,2005 年

　　　　文津阁四库全书　广陵书社,线装,2012 年

　　　　文澜阁四库全书 1233 册　杭州出版社,2015 年

湛渊集

　　元诗选二集甲集

　　　　清康熙四十一年壬午(1702)顾嗣立秀野草堂刻本

　　　　清嘉庆、光绪增修本

　　　　中华书局标点本(上)51—60 页,1987 年

刘因(1249～1293)

静修先生文集二十二卷

　　元至顺元年庚午(1330)宗文堂刻本　**国图** 7723。黑口,十三行二一字　**上海**

　　四部丛刊初编　1922 年商务印书馆影印、1929 年二次印、1936

刘因

年缩印、1975年台湾商务印书馆缩印、1986年上海书店等缩印、2015年中央编译出版社缩印（据至顺本影印）

中华再造善本金元编集部八册　北京图书馆出版社，2006年

闽刻珍本丛刊 50册　人民出版社、鹭江出版社，2009年

四库提要著录丛书集部029册　北京出版社，2010年

清抄本（又自《容城两贤集》抄入补遗一卷）　国图3598。宋宾王校并跋

静修先生文集二八卷附录二卷

元至正九年己丑（1349）刻本

宋宾王云：较元至顺本，诗文则有阙无多，讹字脱落则倍之

明永乐二十一年癸卯（1423）重刊元本

刘文靖公文集二十八卷（**静修先生丁亥集**五卷**遗文**六卷**遗诗**六卷**诗文拾遗**七卷**续集**三卷**樵庵词**一卷）附录二卷

明成化十五年己亥（1479）蜀藩府刻本　国图13105　北京文物局　重庆　复旦善2119

北京图书馆古籍珍本丛刊 93册　北京图书馆出版社，2000年

元史研究资料汇编 11册　中华书局，2014年

元代史料丛刊续编元代文集13—14　黄山书社，2018年

明弘治十八年乙丑（1505）崔嵒刻本　南京1488。丁丙跋　杭大　上海辞书出版社　甘肃　重庆

大仓文库粹编精善刻本57册　北京大学出版社，2020年

明弘治十八年崔嵒刻嘉靖十六年（1537）汪坚重修本　酅96　静嘉堂692　国图7101、10331　上海　吉大　陕西

刘文靖公文集二十八卷

  清康熙二十六年金侃抄本　　**国图**金侃跋

静修集二十八卷**附录**二卷

  四库全书

    文渊阁四库全书 1198 册　　台湾商务印书馆影印，1983—1987 年

    文渊阁四库全书 1198 册　　上海古籍出版社，2011 年

    文渊阁四库全书　　北京出版社，2008 年

    文津阁四库全书 400 册　　商务印书馆影印，2005 年

    文津阁四库全书　　广陵书社，线装，2012 年

    文澜阁四库全书 1233 册　　杭州出版社，2015 年

静修集二五卷**续集**三卷

  摘藻堂四库全书荟要

    台湾世界书局影印本，1985 年

    吉林出版集团影印本，2005 年［402　集五五］

  刘因集　　商聚德点校，人民出版社，2017 年

静修先生文集十卷

  明万历十六年戊子（1588）方义壮刻本　　**国图** 8507　　**北大**　　**南京** 1489。清汪知非、丁丙跋

静修先生文集十卷**拾遗**七卷

  明万历间刻本　　**国图**

刘　因

静修先生遗文六卷
　　明刻本（有缺叶）　北大李□7493

容城刘文靖先生文集四卷
　　容城两贤集（合杨椒山集）　明万历刻本
　　容城三贤文集　清康熙、道光刻本
　　容城三贤集　清光绪二十四年临安俞廷献刻本　国图

刘文靖公文集十二卷
　　明刻后印本　国图

静修先生文集十二卷
　　畿辅丛书　清光绪五年(1879)王灏刻本　国图 428。傅增湘校并跋
　　丛书集成初编文学类［畿辅］2076—2078 册

静修先生诗词不分卷
　　元抄本　台"中图"元无名氏题识,明孙胤伽校补并跋,清黄丕烈跋

静修先生遗诗六卷**诗文拾遗**七卷**续集**三卷**文集附录**二卷
　　清抄本　国图
　　刘因集　明沈延嘉辑
　　列朝五十名家集

刘静修文集选一卷
　　诸家文集—古文正集　葛端调编次,明崇祯九年(1636)永怀堂

自刻本　武大　湖北博

刘梦吉文抄一卷
　　八代文抄　明李宾辑，明末刻本

刘静修诗集三卷
　　宋元诗四十三家集二百八卷　明潘是仁编，明万历四十三年(1615)刻本　国图　上海　山东　山东博物馆　浙江
　　宋元诗六十一家集二百七三卷〔或名《宋元诗集》(台"中图")；《宋元名家诗集》(《澹生堂》)；《宋元名家诗选》(《千顷堂》、《明史》)；《宋元名公诗集》(《东洋文库目·京都人文、汇定宋元名公诗集》)〕　明万历四十三年(1615)潘是仁编刻天启二年(1622)重修本　国图　甘肃　青海

丁亥集　**静修续集**　**静修遗诗**　**静修拾遗**
　　元诗选初集甲集
　　　清康熙三十三年(1694)顾嗣立秀野草堂刻本
　　　清嘉庆、光绪增修本
　　　中华书局标点本(上)129—187页，1987年

谢翱(1249～1295)

晞发集六卷附录一卷
　　明弘治十四年(1501)唐文载刻本　北大　上海(题不分卷)

明嘉靖乙卯(三十四年1555)程煦刻本　**上海　华东师大　国图　南京**清丁丙跋　**中央党校**清纪映锺批点,樊增祥题款

宋集珍本丛刊91册　线装书局,2004年

晞发集六卷

明隆庆六年(1572)邵廉、凌琯刻本　**国图　北大**

晞发集七卷**续录**一卷**附录**一卷

明万历二十六年(1598)缪邦珽刻本　**上海　南京　福建**

宋集珍本丛刊91册　线装书局,2004年

晞发集五卷**外集**一卷　明张时昇辑

明万历四十年(1612)张时昇刻本　**国图**清鲍廷博校并跋　**北大**

晞发集五卷**附录**一卷**年谱**一卷

抄本　**南京**

晞发吟集五卷　明潘是仁辑校

宋元诗四十三家集二百八卷　明潘是仁编,明万历四十三年(1615)刻本　**国图　上海　山东　山东博物馆　浙江**

宋元诗六十一家集二百七三卷〔或名《宋元诗集》(台"中图");《宋元名家诗集》(《澹生堂》);《宋元名家诗选》(《千顷堂》、《明史》);《宋元名公诗集》(《东洋文库目·京都人文、汇定宋元名公诗集》)〕　明万历四十三年(1615)潘是仁编刻天启二年(1622)重修本　**国图　甘肃　青海**

晞发集寓笺六卷**目录**二卷　明凌世韶评
　　明刻本　**河南**

晞发集寓笺十卷　明凌世韶评
　　清刻本　**江西**

晞发集八卷**附郑思肖谢翱二先生年谱合编**　郑贞文编
　　合刻铁函心史晞发集
　　　南明隆武元年(1645)方润、洪士恭刻本
　　　民国三十年(1941)福建省教育厅[永安风行印刷社]铅印本　**南京**

晞发道人近稿一卷**天地间集**一卷谢翱辑**罗江东外纪**三卷明闵元衢辑
　　明崇祯间刻本　**国图**

晞发道人近稿一卷**罗江东外纪**一卷　明闵元衢辑
　　清康熙间刻本　**国图**

晞发集十卷　明徐㷆编
　　明万历四十六年(1618)郭鸣琳等刻本　**国图　故宫　上海**
　　明刻本　存四卷　**北大**

晞发集十卷**遗集**二卷**补**一卷**天地间集**一卷**谢翱先生年谱**一卷清徐沁编**冬青树引注**一卷**登西台恸哭记注**一卷明张丁注
　　清康熙四十一年(1702)平湖陆大业刻本　**国图　北大　上海**

四库提要著录丛书集部 059 册　北京出版社,2010 年

晞发集十卷**晞发遗集**二卷**遗集补**一卷**附天地间集**一卷**西台恸哭记注**一卷**冬青树引注**一卷

　　四库全书
　　　　文渊阁四库全书 1188 册　台湾商务印书馆影印,1983—1987 年
　　　　文渊阁四库全书 1188 册　上海古籍出版社,2011 年
　　　　文渊阁四库全书　北京出版社,2008 年
　　　　文津阁四库全书 397 册　商务印书馆影印,2005 年
　　　　文津阁四库全书　广陵书社,线装,2012 年
　　　　文澜阁四库全书 1233 册　杭州出版社,2015 年
　　浦城遗书　清嘉庆二十一年(1816)浦城祝氏留香室刻本　清光绪二年(1876)韩阳秋井家塾刻本　**科图**　**上海**
　　国粹丛书第二集　清光绪三十二年(1906)排印本

皋父先生晞发集三卷

　　思易草庐秘本丛抄　清贾思绂编光绪抄本　**山东**

晞发集遗集二卷**补遗**一卷**天地间集**一卷**冬青树引注**一卷**登西台恸哭记注**一卷明张丁注

　　清旌德汤氏刻本　**南京**

晞发集钞一卷

　　宋诗钞初集　清吕留良、吴之振、吴尔尧辑
　　　　清康熙十年(1671)吴氏鉴古堂刻本

民国三年(1914)上海商务印书馆影印康熙本

宋代五十六家诗集　清坐春书塾选辑

清宣统二年(1910)北京龙文阁石印本

晞发近稿钞一卷

宋诗钞初集(晞发集钞附)　清吕留良、吴之振、吴尔尧辑

清康熙十年(1671)吴氏鉴古堂刻本

民国三年(1914)上海商务印书馆影印康熙本

晞发集补钞一卷

宋诗钞补　民国四年(1915)上海商务印书馆排印本

谢参军诗钞二卷

浦城遗书　清嘉庆十九年(1814)浦城祝氏贸香室刻本

登西台恸哭记一卷

说郛(宛委山堂本)

说集　明抄本　科图

宋人百家琐记家第一百五帙　明桃源溪父编，明刻本　湖北

五朝小说宋人百家小说琐记家

五朝小说大观宋人百家小说琐记家

毗陵谢氏丛书　清光绪谢氏瑞云堂刻本　京都大学人文所

咏梅轩类编(或称丛书)　清谢兰生编光绪木活字本　天津　湖北

登西台恸哭记
旧小说（民国本、1957年本）丁集

西台恸哭记注一卷 冬青树引注一卷　明张丁注
明抄本（与澄怀录、平江记事合一册）　国图

西台恸哭记注一卷附录一卷　明张丁注
国粹丛书第二集（晞发集附）　清光绪三十二年（1906）排印本

西台恸哭记注一卷　清黄宗羲注
黄氏续钞三种　清初刻本　南开
昭代丛书庚集埤编　清道光十三年（1833）吴江沈氏刻本
国粹丛书第二集谢皋羽先生年谱附　光绪三十二年排印本
梨洲遗著汇刊　民国四年（1915）时中书局铅印本
明清史料汇编第六集　台湾文海出版社影印，1969年

冬青树引注一卷附录一卷　明张丁注
国粹丛书第二集晞发集附

冬青引注一卷
梨洲遗著汇刊　民国四年（1915）时中书局铅印本

程钜夫(1249~1318)

楚国文宪公雪楼程先生文集三十卷

　　元至正十八年戊戌(1358)闽刻本(残存六卷:卷二十二—二十七)　**静嘉堂** 693 二 —○二 五二 　岛(新宫城文库旧藏)

雪楼程先生文集十卷附录一卷

　　元至正二十三年癸卯(1363)刻本

楚国文宪公雪楼程先生文集三十卷附录一卷年谱一卷程世亨撰

　　明洪武二十八年(1395)曾孙缙与耕堂写刻本　**国图** 3601。卷五—七配明抄本,顾广圻影抄缺叶并跋,黄丕烈校　**北京文物局　上海　国图** 11748。缺第三卷　**山东**清康纶钧、杨绍和跋

　　清宣统二年(1910)陶氏涉园影刻洪武本

　　民国十四年(1925)影印陶氏涉园本

　　元代珍本文集汇刊(清影明抄本)　台北"中图"编印,1970年

　　原国立北平图书馆甲库善本丛书 684册　国家图书馆出版社,2014年

　　元史研究资料汇编第26、27册　中华书局,2014年

雪楼集三十卷

　　四库全书

　　　　文渊阁四库全书 1202册　台湾商务印书馆影印,1983—1987年

文渊阁四库全书 1202 册　上海古籍出版社,2011 年
文渊阁四库全书　北京出版社,2008 年
文津阁四库全书 401 册　商务印书馆影印,2005 年
文津阁四库全书　广陵书社,线装,2012 年
文澜阁四库全书 1237 册　杭州出版社,2015 年
湖北先正遗书(影印四库本)

程钜夫集　张文澍校点
　元代别集丛刊　吉林文史出版社,2009 年

程钜夫集　王齐洲、温庆新点校
　荆楚文库　湖北人民出版社,2018 年

雪楼集
　元诗选初集乙集
　　清康熙三十三年(1694)顾嗣立秀野草堂刻本
　　清嘉庆、光绪增修本
　　中华书局标点本(上)501—516 页,1987 年

吴澄(1249～1333)

草庐吴文正公集(支言集)一百卷 **附录**一卷 **年谱**一卷
　元吴镗编刻本
　明永乐四年丙戌(1406)五世孙吴燨刻补写本　**书陵部**　二二

四五八　五二

临川吴文正公集一百卷外集五卷附录二卷年谱一卷

明宣德十年乙卯（1435）五世孙炬刻本（15 行 28 字，黑口，四周双边）　台"故宫"444　国图 0634。存 28 卷，卷四一—五〇、五三—七〇

明刻本　北大

吴文正集一百卷

四库全书

文渊阁四库全书 1197 册　台湾商务印书馆影印，1983—1987 年

文渊阁四库全书 1197 册　上海古籍出版社，2011 年

文渊阁四库全书　北京出版社，2008 年

文津阁四库全书 400 册　商务印书馆影印，2005 年

文津阁四库全书　广陵书社，线装，2012 年

文澜阁四库全书 1232 册　杭州出版社，2015 年

临川吴文正公集四十九卷道学基统一卷外集三卷年谱危素撰一卷

明成化二十年甲辰（1484）抚州方中、陈辉临川县署刻本

黁 96。附从祀议、揭傒斯撰神道碑、元史列传、行状、至正五年年谱序、成化二十年伍福序　国图 3595　上海　南京图书馆草目

元人文集珍本丛刊 314 册　台湾新文丰出版公司，1985 年

明万历四十年（1612）苏宇庶刻本　南图草目　大连　义乌

清康熙六年（1667）活字印本　内蒙古大学邵循正旧藏　南京 1482。存四十卷：卷一—三十五、道学基统、外集、年谱

清雍正活字印本　国图　西谛 2210　首都　社科院文学所
清乾隆二十一年丙子(1756)万璜刻本

草庐集四十九卷**首**一卷
清乾隆内府抄文津阁四库全书本　国图

新刊临川吴草庐先生正宗文集三卷
明嘉靖刻本　尊经阁

草庐吴先生文粹五卷
明宣德九年(1434)吴讷刻本
元史研究资料汇编补编 46 册　广西师范大学出版社,2020 年

文正公草庐吴先生文粹五卷
明宣德吴讷辑正统六年(1441)五世孙炬重刻本　国图　国图 CBM№ 1608/694：1/100
原国立北平图书馆甲库善本丛书 682 册　国家图书馆出版社,2014 年

草庐吴先生辑粹六卷
明嘉靖二四年乙巳(1545)王篑选刻本　内阁文库昌　四　三一四　二〇
四库全书存目丛书集部 21 别集类　齐鲁书社,1997 年

吴草庐先生文集八卷
明怡莲堂活字印本　尊经阁

吴草庐先生粹言八卷　明王冀辑
　　明嘉靖三十五年(1556)刻本　　文水

吴草庐先生文选六卷　清李祖陶选
　　金元明八大家文选　清道光二十五年(1845)刻本

吴草庐诗集六卷
　　宋元诗四十三家集二百八卷　明潘是仁编,明万历四十三年(1615)刻本　　国图　　上海　　山东　　山东博物馆　　浙江
　　宋元诗六十一家集二百七三卷〔或名《宋元诗集》(台"中图");《宋元名家诗集》(《澹生堂》);《宋元名家诗选》(《千顷堂》、《明史》);《宋元名公诗集》(《东洋文库目·京都人文、汇定宋元名公诗集》)〕　明万历四十三年(1615)潘是仁编刻天启二年(1622)重修本　　国图　　甘肃　　青海

草庐集
　　元诗选初集乙集
　　　　清康熙三十三年(1694)顾嗣立秀野草堂刻本
　　　　清嘉庆、光绪增修本
　　　　中华书局标点本(上)517—533页,1987年

草庐子
　　评点百二十子　明归有光评点,民国十四年(1925)上海会文堂石印本

张玉娘(1250～1277)

兰雪集二卷
　　明崇祯孟称舜刻本

张大家兰雪集二卷**附录**一卷
　　清乾隆三十四年(1769)鲍氏知不足斋抄本　　国图
　　清抄本　　上海鲍廷博校
　　清乾隆四十一年(1776)孔继涵校并跋家抄本　　国图 7749
　　清道光二十六年(1846)松城沈作霖刻光绪修订本　　北大李□2037　苏州
　　宋人集丙编(据孔继涵抄本)
　　民国九年(1920)李之鼎宜秋馆校刻本

兰雪集二卷**补遗**一卷
　　清抄本　　国图陈文述跋并题诗,潘曾莹题诗
　　托跋廛丛刊　　国图 8551。陈文述跋并题诗,潘曾莹题诗
　　清光绪八年(1882)松阳县署刻本　　上海 353764
　　民国有正书局铅印本　　上海 007273

兰雪集一卷
　　存目:浙江鲍士恭家藏本。

兰雪集

    元诗选三集壬集

        清康熙五十九年(1720)顾嗣立秀野草堂刻本

        清嘉庆、光绪增修本

        中华书局标点本 730—741 页,1987 年

胡炳文(1250～1333)

云峰胡先生文集十四卷明胡用光、胡浚辑**附录**一卷

    明弘治二年己亥(1489)蓝章刻本　　国图

标注：黑口,十行十八字,分前后编,前编诗文以类次,不分卷,后编则附录也。卷十后有"邑儒程质缮写,歙县黄文敬刻梓"。

北京图书馆古籍珍本丛刊 93 册　　北京图书馆出版社,2000 年

四库提要著录丛书集部 029 册　　北京出版社,2010 年

元代史料丛刊续编元代文集 9　　黄山书社,2018 年

云峰胡先生文集十卷

    明正德三年戊辰(1508)何歆、罗缙刻本　　国图 7103　　**首都**

    明正德三年何歆、罗缙刻递修本

皕 97　　叶石君旧藏,卷首有"石君"印记,正德丁卯林瀚重刊序、弘治戊申陈音序、储巏序、弘治己酉汪舜民序、正德戊辰汪循序、正德丁卯何歆书后、正德戊辰炳文裔孙浚重刊后序　　国图 12385　　**南京** 1495 丁丙跋

    清道光十一年(1831)古黟胡积城刻本　　国图 431。傅增湘校

云峰集 十卷

元人文集珍本丛刊 第四册　台湾新文丰出版公司影印明刻本，1985 年

四库全书

文渊阁四库全书 1199 册　台湾商务印书馆影印，1983—1987 年

文渊阁四库全书 1199 册　上海古籍出版社，2011 年

文渊阁四库全书　北京出版社，2008 年

文津阁四库全书 400 册　商务印书馆影印，2005 年

文津阁四库全书　广陵书社，线装，2012 年

文澜阁四库全书 1234 册　杭州出版社，2015 年

云峰胡先生文集校注　江增华校注，安徽师范大学出版社，2015 年

云峰集

元诗选初集 丙集

清康熙三十三年(1694)顾嗣立秀野草堂刻本

清嘉庆、光绪增修本

中华书局标点本(上)837—839 页，1987 年

徐明善(1250～?)

芳谷文集 二卷

明抄本(四库底本)　**南京** 1510。丁丙跋　有"翰林院印"、"唐栖朱氏结一庐图书记"二印

芳谷集二卷
 四库全书
  文渊阁四库全书 1202 册　台湾商务印书馆影印，1983—1987 年
  文渊阁四库全书 1202 册　上海古籍出版社，2011 年
  文渊阁四库全书　北京出版社，2008 年
  文津阁四库全书 401 册　商务印书馆影印，2005 年
  文津阁四库全书　广陵书社，线装，2012 年
  文澜阁四库全书 1237 册　杭州出版社，2015 年
 清蓝格抄本　**南京** 3502

芳谷集三卷**附校勘记**一卷　胡思敬辑校
 豫章丛书四元人集　民国九年（1920）刻本
 元史研究资料汇编 29 册　中华书局，2014 年
 元代史料丛刊续编元代文集 15　黄山书社，2018 年

徐提举明善
 元诗选癸集乙集
  清嘉庆三年（1798）南沙席世臣扫叶山房刻本
  清光绪十四年（1888）南沙席威扫叶山房补版重印本
  中华书局标点本（上）234 页，2001 年

黎廷瑞（1250～1308）

芳洲集三卷
 鄱阳五先生合集　清史简辑，康熙锺陵罗文达刻本　台"中图"

清刻本　　江西

鄱阳五家集·四库全书

　　文渊阁四库全书 1476 册　台湾商务印书馆影印，1983—1987 年

　　文渊阁四库全书 1476 册　上海古籍出版社，2011 年

　　文渊阁四库全书　　北京出版社，2008 年

　　文津阁四库全书 493 册　商务印书馆影印，2005 年

　　文津阁四库全书　　广陵书社，线装，2012 年

　　文澜阁四库全书 1283 册　杭州出版社，2015 年

芳洲集三卷**附校勘记**民国魏元旷撰**校勘续记**民国胡思敬撰

　　豫章丛书鄱阳五家集（据文澜阁四库本）　民国八年（1919）刻本

尹廷高（大德间任处州路儒学教授）

玉井樵唱三卷

　　清初抄本　　北大　　上海 539

　　旧抄本　　皕 98

　　清乾隆三十三年（1768）知不足斋抄本（四库底本）　国图

四库全书

　　文渊阁四库全书 1202 册　台湾商务印书馆影印，1983—1987 年

　　文渊阁四库全书 1202 册　上海古籍出版社，2011 年

　　文渊阁四库全书　　北京出版社，2008 年

　　文津阁四库全书 401 册　商务印书馆影印，2005 年

文津阁四库全书　广陵书社,线装,2012年
文澜阁四库全书1237册　杭州出版社,2015年
四库全书珍本初集　商务印书馆,1933—1935年
四库提要著录丛书集部030册　北京出版社,2010年
三间草堂集录　清陆香圃抄本　重庆
处州丛书　民国二十二年(1933)退补庐排印本

玉井樵唱正续不分卷

清初抄本(有朱墨校)　北大李□7681　上海
清末李盛铎木犀轩抄本　国图434。傅增湘校跋并录鲍廷博题识

玉井樵唱一卷

宋元人诗集　清法式善存素堂抄本　国图

玉井樵唱

元诗选初集甲集
　清康熙三十三年(1694)顾嗣立秀野草堂刻本
　清嘉庆、光绪增修本
　中华书局标点本(上)321—332页,1987年

赵天麟

太平金镜策八卷**附答策秘诀**一卷刘锦文编

元至正九年(1349)建安刘氏日新堂刻

天禄录外—台"故宫"半叶十三行,行二五字
　　大连博存二卷:卷七—八　　国图存四卷:卷三—六
　　北大□817·59/4910。存三卷:卷四—六。清孙原湘题记
四库全书存目丛书集部21别集类　齐鲁书社,1997年
续修四库全书史部475册　上海古籍出版社,2002年
元刻本存卷三至八
元代史料丛刊续编元代文集1　黄山书社,2018年
　　明刻本　尊经阁458

翁森(元至元间建安洲书院于仙居县崇教里)

一瓢稿賸稿一卷
　　仙居丛书第一集　浙江人民美术出版社,2013年

于石(1250～?)

紫岩于先生诗选三卷元吴师道选
　　清康熙间刻本　台"故宫"
　　清乾隆三十七年(1772)赵辑宁抄本　国图清赵辑宁跋
　　清沈廷芳旧藏本　南京
　　清嘉庆十四年(1809)鲍正言抄本　上海鲍廷博录,沈庭芳跋
　　清刘氏嘉荫簃抄本　上海

清抄本　　北大　　上海　　南京清丁丙跋
　　清道光二十三年(1843)金华王氏冰壶山馆刻本　　天津
　　续金华丛书集部　　民国十三年(1924)永康胡宗楙梦选廎刻本

紫岩诗选三卷
　　四库全书(汪如藻家藏本)
　　　　文渊阁四库全书 1189 册　　台湾商务印书馆影印,1983—1987 年
　　　　文渊阁四库全书 1189 册　　上海古籍出版社,2011 年
　　　　文渊阁四库全书　　北京出版社,2008 年
　　　　文津阁四库全书 397 册　　商务印书馆影印,2005 年
　　　　文津阁四库全书　　广陵书社,线装,2012 年
　　　　文澜阁四库全书 1225 册　　杭州出版社,2015 年

紫岩诗选二卷
　　宋元人诗集　　清法式善存素堂抄本　　国图

紫岩诗选三卷**附录**一卷
　　清道光十年(1830)徐孟球抄本　　南京清丁丙跋

紫岩诗选三卷**补遗**一卷
　　清天福山房抄本　　南京
　　清光绪十五年(1889)于国华留耕堂刻本　　国图傅增湘校并跋
南京　　复旦　　浙江

紫岩集
 元诗选二集丙集
  清康熙四十一年壬午(1702)顾嗣立秀野草堂刻本
  清嘉庆、光绪增修本
  中华书局标点本(上)408—424 页,1987 年

艾性夫(约元世祖至元中在世)

剩语四卷
 元刻本 标注
 雷氏刻本 标注

剩语二卷
 四库全书
  文渊阁四库全书 1194 册 台湾商务印书馆影印,1983—1987 年
  文渊阁四库全书 1194 册 上海古籍出版社,2011 年
  文渊阁四库全书 北京出版社,2008 年
  文津阁四库全书 399 册 商务印书馆影印,2005 年
  文津阁四库全书 广陵书社,线装,2012 年
  文津阁四库全书(典藏版)169 册 商务印书馆,2016 年
  文澜阁四库全书 1229 册 杭州出版社,2015 年
 四库全书珍本初集 商务印书馆,1933—1935 年
 四库提要著录丛书集部 106 册 北京出版社,2010 年
 清乾隆翰林院红格抄本 国图 12009

宋元人诗集　清法式善存素堂抄本　国图
　　清八千卷楼抄本　南京 1483。清丁丙跋

剩语
　元诗选补遗甲集
　　　清金山钱熙彦编道光间刻本　首都
　　　中华书局标点本 12—29 页,2002 年

方　夔

方时佐先生富山孏稿十九卷
　清抄本　上海　南京丁丙跋

青溪富山先生遗稿十卷
　清抄本　南京　国图存 1—5 卷

富山遗稿十卷
　四库全书(鲍士恭家藏本)
　　文渊阁四库全书 1189 册　台湾商务印书馆影印,1983—1987 年
　　文渊阁四库全书 1189 册　上海古籍出版社,2011 年
　　文渊阁四库全书　北京出版社,2008 年
　　文津阁四库全书 397 册　商务印书馆影印,2005 年
　　文津阁四库全书　广陵书社,线装,2012 年
　　文津阁四库全书(典藏版)166 册　商务印书馆,2016 年

文澜阁四库全书 1229 册　杭州出版社，2015 年
四库全书珍本初集　商务印书馆，1933—1935 年

富山懒稿
元诗选初集甲集
清康熙三十三年(1694)顾嗣立秀野草堂刻本
清嘉庆、光绪增修本
中华书局标点本(上)277—295 页，1987 年

王镃（宋亡为道士）

月洞诗一卷
明万历二十九年(1601)汤显祖序刻本　**内阁文库**
清裔孙王楠翻刻本

月洞吟一卷
宋百家诗存卷二十　清乾隆五至六年嘉善曹氏二六书堂刻本
四库全书（据鲍士恭家藏万历本）
文渊阁四库全书 1189 册　台湾商务印书馆影印，1983—1987 年
文渊阁四库全书 1189 册　上海古籍出版社，2011 年
文渊阁四库全书　北京出版社，2008 年
文津阁四库全书 397 册　商务印书馆影印，2005 年
文津阁四库全书　广陵书社，线装，2012 年
文澜阁四库全书 1225 册　杭州出版社，2015 年

两宋名贤小集(一百八卷本)壬集　宋陈思编，元陈世隆补，清抄本　南大

宋人集乙编　民国九年(1920)南城宜秋馆李之鼎辑刻本

民国初南城宜秋馆李之鼎抄本　国图傅增湘校并跋　上海李之鼎校

月洞诗集二卷

明万历间刻本　国图

清嘉庆十八年(1813)刻本　国图

清光绪二年(1876)元和潘氏刻本　国图　浙江

处州丛书　民国二十二年(1933)退补庐排印本

月洞诗集二卷附集二十一世祖皞如公诗十四首

清乾隆间刻本　科图

清嘉庆二十年(1815)刻本　国图　天津

清光绪十三年(1887)王人泰刻本　北大　南京

王月洞吟集三卷

宋人小集　清范希仁编，清古盐范氏也趣轩抄本　台"中图"

王性之诗集三卷

宋人小集　清范希仁编，清古盐范氏也趣轩抄本　台"中图"

何景福(？～1317？)

铁牛翁遗稿一卷（附其族祖宋何梦桂《潜斋文集》后）

    明成化二十一年(1485)何淳刻本　**南京**

    明万历何之纶刻本　**南京**

    明万历嘉兴岳元声刻本　**南图**草目

    明刻本　**尊经阁**

    明刻补写本　**静嘉堂**　二　一五　七　十

青溪何介夫诗集一卷

    清康熙三十年(1691)刻本　**华东师大** 259

铁牛翁遗稿一卷

    四库全书（附潜斋文集后）

        文渊阁四库全书 1188 册　台湾商务印书馆影印，1983—1987 年

        文渊阁四库全书 1188 册　上海古籍出版社，2011 年

        文渊阁四库全书　北京出版社，2008 年

        文津阁四库全书 397 册　商务印书馆影印，2005 年

        文津阁四库全书　广陵书社，线装，2012 年

        文澜阁四库全书 1223 册　杭州出版社，2015 年

铁牛翁遗稿一卷

    清何锺锡抄本　**南京**清丁丙跋

宋人集甲编　民国三年南城宜秋馆李之鼎辑刻本
丛书集成续编 167 册　台北新文丰出版公司，1988 年

铁牛翁遗稿

元诗选三集丙集
清康熙五十九年（1720）顾嗣立秀野草堂刻本
清嘉庆、光绪增修本
中华书局标点本 572—585 页，1987 年

罗公升（宋亡隐居以终）

宋贞士罗沧洲先生集五卷
清初抄本　南京
冰蘦阁丛抄　清冰蘦阁抄本　湖北
清抄本　上海清戈寅襄校并跋　南京清丁丙跋
宋集珍本丛刊 91 册　线装书局，2004 年
四库全书存目丛书集部 21 别集类　齐鲁书社，1997 年
续修四库全书集部 1321 册　上海古籍出版社，2002 年

沧洲先生集五卷
宋人小集三十二种　清初抄本　上海

沧洲诗集五卷
宋人小集十三卷　清扶摇馆抄本　台"中图"

宋贞士罗沧洲先生集四卷

 宋人小集六十八种　清金氏文瑞楼抄本　**国图**清宋宾王、钱天树校并跋

沧洲集一卷

 宋百家诗存卷二十　清乾隆五至六年嘉善曹氏二六书堂刻本

 四库全书

  文渊阁四库全书 1477 册　台湾商务印书馆影印，1983—1987 年

  文渊阁四库全书 1477 册　上海古籍出版社，2011 年

  文渊阁四库全书　北京出版社，2008 年

  文津阁四库全书 494 册　商务印书馆影印，2005 年

  文津阁四库全书　广陵书社，线装，2012 年

  文澜阁四库全书 1526 册　杭州出版社，2015 年

王旭（约 1264 年前后在世）

兰轩集十六卷

 四库全书（辑自《永乐大典》）

  文渊阁四库全书 1202 册　台湾商务印书馆影印，1983—1987 年

  文渊阁四库全书 1202 册　上海古籍出版社，2011 年

  文渊阁四库全书　北京出版社，2008 年

  文津阁四库全书 401 册　商务印书馆影印，2005 年

  文津阁四库全书　广陵书社，线装，2012 年

  文澜阁四库全书 1237 册　杭州出版社，2015 年

四库全书珍本初集　商务印书馆,1933—1935 年
清乾隆翰林院抄本　国图 5907
元史研究资料汇编 38 册　中华书局,2014 年
清绿格抄本　南京 3508

王布衣旭

元诗选癸集乙集

清嘉庆三年(1798)南沙席世臣扫叶山房刻本
清光绪十四年(1888)南沙席威扫叶山房补版重印本
中华书局标点本(上)166—168 页,2001 年

王炎午(1252～1324)

吾汶全稿 十卷 附文献录 一卷 从祀录 一卷
明刻本　首都　四川

吾汶稿 十卷
清初抄本　重庆 傅增湘校并跋
四库提要著录丛书集部 060 册　北京出版社,2010 年
清抄本　国图　北大　上海　华东师大　南京 清丁丙跋　湖北

吾汶稿 十卷
四库全书
文渊阁四库全书 1189 册　台湾商务印书馆影印,1983—1987 年

文渊阁四库全书 1189 册　上海古籍出版社，2011 年
文渊阁四库全书　北京出版社，2008 年
文津阁四库全书 397 册　商务印书馆影印，2005 年
文津阁四库全书　广陵书社，线装，2012 年
文澜阁四库全书 1225 册　杭州出版社，2015 年

吾汶稿十卷**补遗**一卷
　国粹丛书第二集　清光绪三十四年（1908）排印本

吾汶稿十卷附校勘记一卷张元济撰
　四部丛刊三编（据明抄本影印）　民国二十四—二十五年（1935—1936）商务印书馆影印本；1975 年台湾商务印书馆缩印；1986 年上海书店等缩印；2015 年中央编译出版社缩印

吾汶稿十卷**附录**一卷
　清抄本　**浙江**

王梅边集一卷
　清初曹氏古林蓝格抄本　**国图**清黄丕烈校并跋，戴光曾跋
　清嘉庆十六年（1811）戴光曾抄本　**南京**清戴光曾校并跋，清丁丙跋
　清抄本　**上海**
　宋集珍本丛刊 90 册　线装书局，2004 年

梅边集一卷补一卷　胡思敬辑
　豫章丛书吉州二义集（据曹氏静惕堂抄本刊）　民国九年（1920）

刻本

王鼎翁文集一卷
  说集 明抄本 科图

张仲寿(1252～1324)

畴斋文稿不分卷
  稿本 国图 9999
  北京图书馆古籍珍本丛刊 95 册 北京图书馆出版社,2000 年
  中华再造善本金元编集部 10 册 北京图书馆出版社,2006 年
  续修四库全书集部 1324 册 上海古籍出版社,2002 年
  四库提要著录丛书集部 256 册 北京出版社,2010 年

畴斋外录一卷
  武林往哲遗著 清光绪二十三年(1897)钱塘丁氏嘉惠堂刻本

张承旨仲寿
  元诗选癸集丙集
    清嘉庆三年(1798)南沙席世臣扫叶山房刻本
    清光绪十四年(1888)南沙席威扫叶山房补版重印本
    中华书局标点本(上)264 页,2001 年

韩信同（1252～1332）

韩氏遗书二卷

明万历重刻本　明闵文振辑

清抄本（九行二十二字）　**国图** CBMNo1576/676；776/837

原国立北平图书馆甲库善本丛书 689 册　国家图书馆出版社，2014 年

元史研究资料汇编补编 46 册　广西师范大学出版社，2020 年

清杜氏知圣教斋抄本　**上海**

古遗小集一卷

宋人小集十五种

两宋名贤小集（一百八卷本）癸集　宋陈思编，元陈世隆补，清抄本　**南大**

江湖小集　宋陈起编，清初抄本　**北大**

古遗先生韩氏信同

元诗选癸集戊集

清嘉庆三年（1798）南沙席世臣扫叶山房刻本

清光绪十四年（1888）南沙席威扫叶山房补版重印本

中华书局标点本（上）650 页，2001 年

陈栎（1252～1334）

陈定宇先生文集十六卷 别集一卷 附清陈嘉基编年表一卷

清康熙三十五年丙子(1696)陈嘉基辑刻本　北大　科图　历史所

元人文集珍本丛刊第四册　台湾新文丰出版公司　1985年

四库提要著录丛书集部109册　北京出版社，2010年

陈定宇先生文集十九卷

清刻本　山东

定宇集十六卷 别集一卷 附录清陈嘉基编年表一卷

四库全书

文渊阁四库全书1205册　台湾商务印书馆影印，1983—1987年

文渊阁四库全书1205册　上海古籍出版社，2011年

文渊阁四库全书　北京出版社，2008年

文津阁四库全书402册　商务印书馆影印，2005年

文津阁四库全书　广陵书社，线装，2012年

文澜阁四库全书1240册　杭州出版社，2015年

陈定宇先生文集十四卷

清汪氏裘杼楼抄本　国图

定宇集

元诗选初集丙集

清康熙三十三年(1694)顾嗣立秀野草堂刻本

清嘉庆、光绪增修本

中华书局标点本(上)834—836页,1987年

任士林(1253～1309)

松乡先生文集十卷

元至正四年(1344)浙江行中书省刻本　　标注续录：缪艺风藏元刊十卷本,十三行二十三字,前有赵孟頫撰书墓志及京兆杜本序

录"丁卯孟夏朔墙东老叟陆文圭叙"、"京兆杜本序"。案：此元刊元印本,每叶二十六行,每行二十三字,小黑口,卷中有"莲泾"朱文方印,"太原叔子藏书记"白文长印,"金星轺藏书记"朱文长印,"家在黄山白社之间"白文方印,"结社溪山"朱文方印,"元本"朱文腰圆印　**静嘉堂** 691　三　五　三七　皕

明永乐三年(1405)孙任勉刻本(书后有永乐三年国子祭酒胡俨序)

仪续：《松乡先生文集》十卷,次行题"句章任士林叔实",前有赵子昂撰《任叔实墓志铭》、陆文圭叙、杜本叙,卷十末摹刻"任氏私印"阳文方印,"任氏近思"阴文方印,"辟□世家"阴文方印。每叶二十六行,每行二十三字。是书有明泰昌时刊本,脱误甚多,此则其祖本也。卷中有"莲泾"朱文方印,"太原叔子藏书记"白文长印,"金星轺藏书记"朱文长印。任勉或即刊书之人,俟考。王闻远号莲泾,吴县人,编

有《孝慈堂书目》。金星轺，嘉兴人，编有《文瑞楼书目》，皆乾嘉间藏书家也。　**国图**标明初刻本　**哈佛燕京图书馆**

明泰昌元年（1620）裔孙任一鸣重刻本（书后有泰昌元年邬鸣雷序）　**静嘉堂** 691　**重庆**

清初抄本

大仓文库粹编名家钞校本 49 册　北京大学出版社，2020 年

清光绪十六年庚寅（1890）孙锵据明泰昌本修补本　**上海**清佚名校

元史研究资料汇编 8 册　中华书局，2014 年

清抄本　**南京** 3489。有"秀野草堂顾嗣立藏书印"　**南京** 1481。清丁丙跋

松乡文集十卷

四库全书

文渊阁四库全书 1196 册　台湾商务印书馆影印，1983—1987 年

文渊阁四库全书 1196 册　上海古籍出版社，2011 年

文渊阁四库全书　北京出版社，2008 年

文津阁四库全书 399 册　商务印书馆影印，2005 年

文津阁四库全书　广陵书社，线装，2012 年

文澜阁四库全书 1231 册　杭州出版社，2015 年

元松乡先生文集十卷

清抄本　**国图** 7719　**北大**李□3202

四库提要著录丛书集部 256 册　北京出版社，2010 年

清抄本（四库底本）　清王宗炎校并题跋　**上海**

松乡集
 元诗选二集丙集
  清康熙四十一年壬午(1702)顾嗣立秀野草堂刻本
  清嘉庆、光绪增修本
  中华书局标点本(上)398—407页,1987年

同恕(1254～1331)

榘庵集十五卷
四库全书(辑自《永乐大典》)
 文渊阁四库全书 1206 册　台湾商务印书馆影印,1983—1987年
 文渊阁四库全书 1206 册　上海古籍出版社,2011年
 文渊阁四库全书　北京出版社,2008年
 文津阁四库全书 403 册　商务印书馆影印,2005年
 文津阁四库全书　广陵书社,线装,2012年
 文澜阁四库全书 1241 册　杭州出版社,2015年
四库全书珍本初集　商务印书馆,1933—1935年
清乾隆翰林院红格抄本　**国图** 5912
元史研究资料汇编 49 册　中华书局,2014年

榘庵集十五卷**附录**一卷
 抄本　**静嘉堂** 695
 清八千卷楼红格抄本　**南京** 3522　**南京** 5178

榘庵集（合《还山遗稿》《勤斋集》为一册） 孙学功点校整理
关学文库 西北大学出版社，2015年

马臻（1254～?）

霞外诗集十卷
  元人十种诗本 明崇祯十一年（1638）汲古阁刻本
  民国十五年商务印书馆影印汲古阁本
  历代画家诗文集第三集 台湾学生书局影印，1973年
  四库提要著录丛书集部060册 北京出版社，2010年
  元史研究资料汇编 37册 中华书局，2014年
  四库全书（辑自《永乐大典》）
    文渊阁四库全书 台湾商务印书馆影印，1983—1987年
    文渊阁四库全书 1204册 上海古籍出版社，2011年
    文渊阁四库全书 北京出版社，2008年
    文津阁四库全书 402册 商务印书馆影印，2005年
    文津阁四库全书 广陵书社，线装，2012年
    文澜阁四库全书 1239册 杭州出版社，2015年
  清槐荫堂抄本 **上海**

霞外集
  元诗选初集壬集
    清康熙三十三年（1694）顾嗣立秀野草堂刻本
    清嘉庆、光绪增修本

中华书局标点本(下)2371—2408页,1987年

赵孟頫(1254~1322)

松雪斋文集十卷**外集**一卷**附录**一卷

元后至元五年己卯(1339)花溪沈璜伯玉家塾刻本　**天禄录外台"故宫"**444　**史语所**171　**国图**7720 存卷一——五、外集

仪续《元椠松雪斋集跋》:《松雪斋文集》十卷,目录一卷,外集一卷,附杨载撰行状、至顺三年谥文一卷。前有戴表元叙,下有"戴氏率初"阳文方印,后有至元后己卯何贞立跋,下有"长沙何贞立"阳文长印。卷十后有《花溪沈璜伯玉跋》,《行状》后有黄尧圃手跋,集为赵仲穆所编,文敏殁后十年尚未付梓。至元后己卯沈璜始从仲穆假本刻于家塾。案花溪在今归安县治东六十里,璜盖归安人,当与沈梦麟一家,与沈氏有连。独怪是集卷帙无多,仲穆不自梓行,必待璜为之刊,不可解也。　**静嘉堂**691

四部丛刊初编　1922年商务印书馆影印、1929年二次印、1936年缩印、1975年台湾商务印书馆缩印、1986年上海书店等缩印、2015年中央编译出版社缩印(据上本影印)

元代史料丛刊续编元代文集5　黄山书社,2018年

历代画家诗文集　台湾学生书局影印

四库提要著录丛书集部107册　北京出版社,2010年

元史研究资料汇编9册　中华书局,2014年

明天顺六年(1462)岳璇覆刻元本又续集一卷　**北大**李□2651

松雪斋集十卷**外集**一卷**附录**一卷
   明初刻本　**国图** 5096　**国图** 7099
   明万历崔邦亮刻大字本　**天津**外集二卷,王懿荣跋　**上海**
   清康熙清德堂重刻元沈氏本　傅增湘校并辑补书目　**国图** 425
   中国古籍珍本丛刊暨南大学图书馆卷 23 册　国家图书馆出版社,2018 年

赵文敏公松雪斋全集十卷**外集**一卷**续集**一卷**附录**一卷
   清康熙五十二年(1713)海上曹培廉城书室刻本
   清道光后翻刻康熙城书室刻本
   清光绪八年(1882)洞庭杨氏重修城书室刻本　章钰校、跋
   上海江左书局石印本
   民国五年(1916)上海同文图书馆石印本

松雪斋集十卷**外集**一卷
四库全书
   文渊阁四库全书 1196 册　台湾商务印书馆影印,1983—1987 年
   文渊阁四库全书 1196 册　上海古籍出版社,2011 年
   文渊阁四库全书　北京出版社,2008 年
   文津阁四库全书 399 册　商务印书馆影印,2005 年
   文津阁四库全书　广陵书社,线装,2012 年
   文澜阁四库全书 1231 册　杭州出版社,2015 年
摘藻堂四库全书荟要
   台湾世界书局影印本　1985 年

吉林出版集团影印本　2005年［402　集五五］

赵孟頫集　任道斌点校
　两浙作家文丛　浙江古籍出版社，1986年

赵孟頫文集　任道斌点校
　上海书画出版社，2010年

松雪斋集　黄天美点校
　中国古代书画家诗文集丛书　西泠印社出版社，2010年

赵孟頫集　钱伟强点校
　浙江文丛　浙江古籍出版社，2012年

松雪斋文集　钱伟强点校
　艺文丛刊　浙江人民美术出版社，2019年

松雪斋文集二卷
　明正德六年辛未（1511）知乌程县方选刻本
标注：方选字汝阳，号子弓，浮梁县人，正德三年进士。黑口，四周双边，十行二十一字。不全，入存目。　　**国图**6271　**上海**

松雪斋集二卷
　明万历四十二年（1614）杭州江元祚校刻本　**南京**1479
　　四库全书存目丛书集部21别集类　齐鲁书社，1997年

新刊赵松雪文集四卷**外集**一卷
　　明万历间唐廷仁刻本　　国图 12613　**上海**

松雪集拾遗一卷附赵待制遗稿补遗、温仲圭诗一卷**老铁梅花梦**（杨维桢）
　　清鲍廷博辑抄本　　**静嘉堂**十万卷楼

松雪遗稿一卷　　清萧龙江辑
　　清康熙五十七年（1718）抄本
　　清道光间抄本　　**国图**

松雪斋题跋　　钱伟强、顾大朋注
　　艺文丛刊　浙江人民美术出版社，2017 年

赵子昂诗集七卷
　　元至正元年辛巳（1341）建安虞氏务本堂刻本
　　仪续：《元椠赵子昂诗集跋》：《赵子昂诗集》七卷，题宜黄后学谭伯润伯玉编集。
　　标注：七卷皆诗，为宜黄谭润所编，十一行二十一字，与花溪沈氏本颇有异同，诗亦多十数首。　　国图 11413。傅增湘跋　**静嘉堂** 691
　　中华再造善本金元编集部 2 册　　北京图书馆出版社，2002 年
　　日本南北朝刻本　　五山版　　**国会** WA6—22

松雪斋诗集七卷
　　宋元诗四十三家集二百八卷　　明潘是仁编，明万历四十三年

(1615)刻本　　国图　上海　山东　山东博物馆　浙江

宋元诗六十一家集二百七三卷〔或名《宋元诗集》(台"中图")；《宋元名家诗集》(《澹生堂》)；《宋元名家诗选》(《千顷堂》、《明史》)；《宋元名公诗集》(《东洋文库目·京都人文、汇定宋元名公诗集》)〕　明万历四十三年(1615)潘是仁编刻天启二年(1622)重修本　国图　甘肃　青海

松雪斋集
元诗选初集丙集
清康熙三十三年(1694)顾嗣立秀野草堂刻本
清嘉庆、光绪增修本
中华书局标点本(上)543—586页,1987年

陈宜甫(1255~1299)

秋岩诗集不分卷
清翰林院抄本(四库底本)　　浙图乙编二辑。丁丙跋

陈秋岩诗集二卷
四库全书(辑自《永乐大典》)
文渊阁四库全书1202册　台湾商务印书馆影印,1983—1987年
文渊阁四库全书1202册　上海古籍出版社,2011年
文渊阁四库全书　北京出版社,2008年
文津阁四库全书401册　商务印书馆影印,2005年

文津阁四库全书　广陵书社,线装,2012年
文澜阁四库全书 1237册　杭州出版社,2015年
四库全书珍本初集　商务印书馆,1933—1935年

秋岩诗集二卷
宋元人诗集　清法式善存素堂抄本　国图
清抄本　国图 5906

秋岩集
元诗选补遗乙集
清金山钱熙彦编道光间刻本　首都
中华书局标点本 162—171页,2002年

徐瑞(1255～1325)

松巢漫稿三卷
鄱阳五先生合集　清史简辑,清康熙间锺陵罗文达刻本　台"中图"
四库全书
文渊阁四库全书 1476册　台湾商务印书馆影印,1983—1987年
文渊阁四库全书 1476册　上海古籍出版社,2011年
文渊阁四库全书　北京出版社,2008年
文津阁四库全书 493册　商务印书馆影印,2005年
文津阁四库全书　广陵书社,线装,2012年
文澜阁四库全书 1525册　杭州出版社,2015年

松巢漫稿三卷 附校勘记 民国魏元旷撰 校勘续记 民国胡思敬撰

豫章丛书鄱阳五家集　民国八年(1919)据文澜阁四库本刻本

丛书集成续编113册　台北新文丰出版公司,1988年

徐 兟

仰山集一卷(徐瑞松巢漫稿附)

鄱阳五先生合集　清史简辑　清康熙间锺陵罗文达刻本　台"中图"

鄱阳五家集

四库全书

文渊阁四库全书 1476册　台湾商务印书馆影印,1983—1987年

文渊阁四库全书 1476册　上海古籍出版社,2011年

文渊阁四库全书　北京出版社,2008年

文津阁四库全书 493册　商务印书馆影印,2005年

文津阁四库全书　广陵书社,线装,2012年

文澜阁四库全书 1525册　杭州出版社,2015年

仰山遗稿一卷

豫章丛书鄱阳五家集　民国八年(1919)南昌胡思敬辑刊

曹伯启(1255～1333)

汉泉曹文贞公诗集十卷 后录一卷

元至元四年(1338)子曹复亨刻本　　国图 3720、7725

北京图书馆古籍珍本丛刊 94 册　　北京图书馆出版社,2000 年

中华再造善本金元编集部 4 册　　北京图书馆出版社,2006 年

四库提要著录丛书集部 029 册　　北京出版社,2010 年

影写元刻本　　舘 98　　宋宾王跋　又黄荛圃旧藏：文林郎江南诸道行御史台管勾男复亨类集,国子生浚仪胡益编类。

曹文贞公《汉泉漫稿》,其子复亨所编,有张梦臣(起岩)、欧阳原功(玄)、苏伯修(天爵)、吕仲实(思诚)序及吴闲闲(全节)后序,附以神道碑、画象赞、祭文、哀辞、挽章甚备,其为完书无疑,然止诗九卷、乐府一卷,《传》之有诗文十卷,盖未足信。……乾隆辛亥(1791)四月假黄孝廉荛圃藏本读,其后嘉定钱大昕识。　静嘉堂 693

曹文贞诗集一卷 后录一卷

四库全书

文渊阁四库全书 1202 册　　台湾商务印书馆影印,1983—1987 年

文渊阁四库全书 1202 册　　上海古籍出版社,2011 年

文渊阁四库全书　　北京出版社,2008 年

文津阁四库全书 401 册　　商务印书馆影印,2005 年

文津阁四库全书　　广陵书社,线装,2012 年

文澜阁四库全书 1237 册　　杭州出版社,2015 年

汉泉漫稿五卷

    涵芬楼秘笈第十集（据金侃手抄本），1926 年

汉泉漫稿

    元诗选初集丙集

        清康熙三十三年(1694)顾嗣立秀野草堂刻本

        清嘉庆、光绪增修本

        中华书局标点本（上）776—789 页，1987 年

吕　浦

竹溪稿六卷

    太平吕氏文集　清道光二十三年(1843)吕观光活字本　暨大 D24

竹溪稿二卷

    续金华丛书集部　民国十三年(1924)永康胡宗楙梦选廔刻本
活字排印本

    元史研究资料汇编 57 册　中华书局，2014 年

释圆至(1256～1298)

筠溪牧潜集不分卷

    元大德刻本　皕 96 标明七卷　录"三年己亥十月初九日丙辰紫阳方回万里

序","大德三年(1299)洪乔祖拜手敬跋"。案：此元刻元印本，每叶二十二行，每行二十一字，卷中有"天树印"白文方印，"曾藏钱梦庐家"朱文长印。

仪续《元椠牧潜集跋》：《筠溪牧潜集》一卷。次行题"高安释圆至"，前有大德三年(1299)方回序，以手书上版，下有"西斋"阳文长印，"方万里父"阳文方印，"虚谷书院"阳文方印。后有"大德三年天目云松子洪乔祖跋"。其书不分卷，以类各为起讫，诗一、铭二、碑记三、序四、书五、杂著六、榜疏七。故乔祖跋只云一卷也。每页二十四行，每行二十一字。元大德刊本至明刻始分为七卷。《四库》本即以明刻著录，此则元刻祖本也。前后有"钱天树印"白文方印，"曾藏钱梦庐家"朱文长印。　国图 8506。杨绍和跋　静嘉堂 691　一　五　三七　酾

北京图书馆古籍珍本丛刊 91 册　北京图书馆出版社，2000 年

中华再造善本金元编集部 1 册　北京图书馆出版社，2005 年

木活字刊本　**静嘉堂** 692 一　五〇　五二　竹

和刻本中国古逸书丛刊 65　凤凰出版社，2012 年

筠溪牧潜集 七卷

明崇祯十二年(1639)虞山毛氏汲古阁刻本　国图　上海　北大李□4886　□230.8/6010.1　南京 4821　南京 4992。焦循跋

牧潜集 七卷

四库全书

文渊阁四库全书 1198 册　台湾商务印书馆影印，1983—1987 年

文渊阁四库全书 1198 册　上海古籍出版社，2011 年

文渊阁四库全书　北京出版社，2008 年

文津阁四库全书 400 册　商务印书馆影印，2005 年

文津阁四库全书　广陵书社,线装,2012年
文津阁四库全书(典藏版)145册　商务印书馆,2016年
文澜阁四库全书 1233册　杭州出版社,2015年
武林往哲遗著后编　光绪二十五年(1899)钱塘丁氏南昌刻本
禅门逸书初编第六册　台北明文书局影印本,1981年

筠溪牧潜集

元诗选初集壬集

清康熙三十三年(1694)顾氏秀野草堂刻本

清嘉庆、光绪增修本

中华书局标点本(下)2451—2455页,1987年

缪　鉴

苔石效颦集一卷附一卷

云自在龛丛书第三集　清光绪十七年(1891)江阴缪荃荪刻本

清末刻朱印本　国图

丛书集成续编 107册　台北新文丰出版公司,1988年

效颦集

元诗选三集丙集

清康熙五十九年(1720)顾嗣立秀野草堂刻本

清嘉庆、光绪增修本

中华书局标点本 173—176页,1987年

陆文圭(1252～1336)

墙东类稿二十卷

  四库全书(辑自《永乐大典》)

    文渊阁四库全书 1194 册　台湾商务印书馆影印,1983—1987 年

    文渊阁四库全书 1194 册　上海古籍出版社,2011 年

    文渊阁四库全书　北京出版社,2008 年

    文津阁四库全书 399 册　商务印书馆影印,2005 年

    文津阁四库全书　广陵书社,线装,2012 年

    文津阁四库全书(典藏版)170 册　商务印书馆,2016 年

    文澜阁四库全书 1229 册　杭州出版社,2015 年

  清乾隆翰林院抄本　**国图** 5898

  元史研究资料汇编第 12、13 册　中华书局,2014 年

墙东类稿二十卷**补遗文**一卷**补遗诗**一卷　清陆炜辑

  江阴陆氏世德堂刻本　清道光十九年(1839)据文渊阁四库本刻

  江阴叶氏刻本

墙东类稿二十卷**补遗**一卷**附校勘记**民国金武祥撰一卷

  常州先哲遗书第一集　光绪二十二年(1896)盛宣怀重刻本

  元人文集珍本丛刊第四册　台湾新文丰出版公司,1985 年

  丛书集成续编 133 册　台北新文丰出版公司,1988 年

墙东类稿
　　元诗选补遗甲集
　　　　清金山钱熙彦编道光间刻本　　首都
　　　　中华书局标点本 33—35 页，2002 年

冯子振（1257～1314）

冯海粟梅花百咏诗
　　明嘉靖三十二年（1553）朱宸涝刻梅花百咏诗本　　国图 4463

冯海粟梅花百咏一卷
　　梅花百咏　　明王化醇编，明刻本　　国图

梅花百咏一卷附中峰祖集一卷释明本撰　　明夏洪基辑
　　清乾隆三十七年（1772）释实懿刻本　　上海　　南京

梅花百咏一卷附录一卷释明本撰
　　四库全书
　　　　文渊阁四库全书 1366 册　　台湾商务印书馆影印，1983—1987 年
　　　　文渊阁四库全书 1366 册　　上海古籍出版社，2011 年
　　　　文渊阁四库全书　　北京出版社，2008 年
　　　　文津阁四库全书 457 册　　商务印书馆影印，2005 年
　　　　文津阁四库全书　　广陵书社，线装，2012 年
　　　　文澜阁四库全书 1409 册　　杭州出版社，2015 年

禅门逸书初编 6 册　台北明文书局，1981 年

海粟诗钞一卷（附词四首、赋一首）
　　攸舆诗钞　清道光十年（1830）刻本　国图

海粟集辑存　王毅辑校
　　湖湘文库甲编 28　岳麓书社，2009 年

海粟诗
　　元诗选三集丙集
　　　　清康熙五十九年（1720）顾嗣立秀野草堂刻本
　　　　清嘉庆、光绪增修本
　　　　中华书局标点本 126—140 页，1987 年

郭豫亨（？～1311 后）

梅花字字香前集一卷后集一卷
　　元至大四年自序刊本　杨绍和跋　国图 8514
　　古逸丛书三编　中华书局，1984 年影印
　　中华再造善本金元编集部 1 册　北京图书馆出版社，2002 年
　　四库提要著录丛书集部 254 册　北京出版社，2010 年
　　四库全书（据盐官吴氏抄本）
　　　　文渊阁四库全书 1205 册　台湾商务印书馆影印，1983—1987 年
　　　　文渊阁四库全书 1205 册　上海古籍出版社，2011 年

文渊阁四库全书　　北京出版社，2008 年
　　文津阁四库全书 402 册　商务印书馆影印，2005 年
　　文津阁四库全书　　广陵书社，线装，2012 年
　　文澜阁四库全书 1240 册　杭州出版社，2015 年
　　清刻朱印本　　国图
　　三间草堂集录　　清陆香圃抄本　　重庆

梅花字字香前集一卷**后集**一卷**校讹**一卷胡珽撰
　　琳琅秘室丛书第四集
　　　　清咸丰三年(1853)仁和胡氏活字排印本
　　　　清光绪十四年(1888)会稽董氏木活字本(增董金鉴撰续校一卷)
　　丛书集成初编文学类［琳琅］2275 册
　　丛书集成新编 71 册　　新文丰出版公司，1985 年

梅花字字香
　　元诗选二集己集
　　　　清康熙四十一年壬午(1702)顾嗣立秀野草堂刻本
　　　　清嘉庆、光绪增修本
　　　　中华书局标点本(下)917—920 页，1987 年

吴存(1257～1339)

乐庵遗稿二卷
　　鄱阳五先生合集　　清史简辑，康熙锺陵罗文达刻本　　台"中图"

鄱阳五家集

四库全书

 文渊阁四库全书 1476 册　台湾商务印书馆影印，1983—1987 年

 文渊阁四库全书 1476 册　上海古籍出版社，2011 年

 文渊阁四库全书　北京出版社，2008 年

 文津阁四库全书 402 册　商务印书馆影印，2005 年

 文津阁四库全书　广陵书社，线装，2012 年

 文澜阁四库全书 1525 册　杭州出版社，2015 年

乐庵遗稿二卷**附校勘记**民国魏元旷撰一卷**校勘续记**民国胡思敬撰一卷

 豫章丛书鄱阳五家集　民国八年（1919）胡思敬南昌刻本

 元史研究资料汇编 50 册　中华书局，2014 年

乐庵遗稿一卷

 清乾隆五年（1740）刻本　　国图

叶　懋

仅存诗一卷（叶兰寓庵诗集附）

 鄱阳五先生合集　清史简辑，康熙间罗文达刻本　台"中图"

四库全书

 文渊阁四库全书 1476 册　台湾商务印书馆影印，1983—1987 年

 文渊阁四库全书 1476 册　上海古籍出版社，2011 年

文渊阁四库全书　北京出版社,2008年
文津阁四库全书 493 册　商务印书馆影印,2005年
文津阁四库全书　广陵书社,线装,2012年
文澜阁四库全书 1525 册　杭州出版社,2015年

叶德新先生仅存诗二卷
清风堂刻本（寓庵集 2 册附）　南京

叶德新先生仅存集诗一卷**附校勘记**一卷民国胡思敬撰
豫章丛书鄱阳五家集　民国八年（1919）南昌辑刻本

刘将孙（1257～?）

养吾斋集三十二卷
四库全书（辑自《永乐大典》）
　　文渊阁四库全书 1199 册　台湾商务印书馆影印,1983—1987年
　　文渊阁四库全书 1199 册　上海古籍出版社,2011年
　　文渊阁四库全书　北京出版社,2008年
　　文津阁四库全书 400 册　商务印书馆影印,2005年
　　文津阁四库全书　广陵书社,线装,2012年
　　文澜阁四库全书 1234 册　杭州出版社,2015年
四库全书珍本初集　商务印书馆,1933—1935年
清乾隆翰林院红格抄本　**国图** 5902
元史研究资料汇编 25 册　中华书局,2014年

219

清孔氏寿云簵抄微波榭补抄本　**浙江**
清抄本（存卷六——一七）　**北大**李274

刘将孙集　李鸣、沈静校点
　元代别集丛刊　吉林文史出版社,2009年

养吾斋诗余一卷
　丛书集成续编208册　台北新文丰出版公司,1988年

刘主簿将孙（须溪集附）
　元诗选三集甲集
　　清康熙五十九年（1720）顾嗣立秀野草堂刻本
　　清嘉庆、光绪增修本
　　中华书局标点本62—63页,1987年

邓文原（1258～1328）

巴西邓先生文集五卷
　旧抄本　**皕**95　**静嘉堂**690

巴西邓先生文集一卷
　明初刻本　爱日精庐
　明抄本　杨循吉跋　**国图**4279
　清抄本　有"汪鱼亭藏阅书"一印　**南京**1533

清刘氏味精书屋抄本　翁心存跋，翁同龢校　**国图** 3946
北京图书馆古籍珍本丛刊 92 册　北京图书馆出版社，2000 年
元代史料丛刊续编元代文集 9　黄山书社，2018 年

素履斋稿二卷　清鲍廷博、鲍正言辑校
　稿本　**国图** 7098

巴西邓先生文集一卷
　三间草堂集录　清陆香圃抄本　**重庆**

巴西文集一卷
　清抄本　**国图** 3945。黄丕烈校跋并录明杨循吉、清钱大昕题识
　抄本　**北大**李□490 傅增湘校并跋　**国图** 7718　**社科院历史所**
南京 6309

巴西文集不分卷
　清乾隆四十年（1775）鲍氏抄本　**北大**□817·59/1707。张廷济手校
　清鲍氏知不足斋抄本　**北大**□817·59/1707·1

巴西集二卷
　四库全书（辑自《永乐大典》）
　　文渊阁四库全书 1195 册　台湾商务印书馆影印，1983—1987 年
　　文渊阁四库全书 1195 册　上海古籍出版社，2011 年
　　文渊阁四库全书　北京出版社，2008 年

文津阁四库全书 399 册　商务印书馆影印，2005 年
文津阁四库全书　广陵书社，线装，2012 年
文澜阁四库全书 1230 册　杭州出版社，2015 年

邓文肃公巴西集 二卷
清光绪二十五年（1899）四川绵阳吴氏刻本　川大　国图　天津

履素斋稿 一卷
三间草堂集录　清陆香圃抄本　重庆

巴西邓先生文集 一卷 补遗 一卷　清鲍廷博辑
清嘉庆鲍氏知不足斋抄本　上海 鲍廷博校并抄补书目

邓文原集　罗琴整理
中国艺术文献丛刊　浙江人民美术出版社，2016 年
艺术文献集成　浙江人民美术出版社，2019 年

巴西诗集 一卷
元人十二家小集 3 册　清抄本　南京 2019

履素斋稿
元诗选二集丙集
清康熙四十一年壬午（1702）顾嗣立秀野草堂刻本
清嘉庆、光绪增修本
中华书局标点本（上）273—298 页，1987 年

陈孚(1259～1309)

陈刚中诗集三卷（观光稿、交州稿、玉堂稿各一卷）**附录**一卷
  明洪武十一年戊午（1378）浙江布政司刻本（洪武壬午1402——建文四年——钱唐皇甫暕序）
  影抄明洪武本　**京都大学人文科学研究所** 740
  明天顺四年庚辰（1460）沈琮重刻本　**国图** 9078
  明抄本（无附录）　**北大**李□128。黄丕烈跋
  清抄本　**国图**
原国立北平图书馆甲库善本丛书 684 册　国家图书馆出版社，2014 年
元史研究资料汇编补编 41 册　广西师范大学出版社，2020 年
  清初抄本　**上海**
  清汪氏摛藻堂抄本　**上海**
  清八千卷楼抄本　**南京** 1516。孙峻校并跋，丁丙跋
托跋廑丛刻　民国刻本
元史研究资料汇编 27 册　中华书局，2014 年

陈笏斋诗集六卷
  宋元诗四十三家集二百八卷　明潘是仁编，明万历四十三年（1615）刻本　**国图**　**上海**　**山东**　**山东博物馆**　**浙江**
  宋元诗六十一家集二百七三卷〔或名《宋元诗集》（台"中图"）；《宋元名家诗集》（《澹生堂》）；《宋元名家诗选》（《千顷堂》、《明史》）；《宋

元名公诗集》《〈东洋文库目・京都人文、汇定宋元名公诗集〉》〕　明万历四十三年(1615)潘是仁编刻天启二年(1622)重修本　**国图**　**甘肃**　**青海**

陈刚中诗集三卷(观光稿、交州稿、玉堂稿各一卷)附录一卷
　四库全书
　　文渊阁四库全书　台湾商务印书馆影印,1983—1987年
　　文渊阁四库全书1202册　上海古籍出版社,2011年
　　文渊阁四库全书　北京出版社,2008年
　　文津阁四库全书401册　商务印书馆影印,2005年
　　文津阁四库全书　广陵书社,线装,2012年
　　文澜阁四库全书1237册　杭州出版社,2015年
　四库全书珍本初集　商务印书馆,1933—1935年

观光稿　交州稿　玉堂稿
　元诗选二集丙集
　　清康熙四十一年壬午(1702)顾嗣立秀野草堂刻本
　　清嘉庆、光绪增修本
　　中华书局标点本(上)212—264页,1987年

陈深(1260～1344)

宁极斋稿一卷(与慎独斋稿合抄)
　清初曹氏倦圃抄本　**国图**

清初抄本　**上海**　**南京**丁丙跋

清抄本(四库底本)　**科图**

四库全书

 文渊阁四库全书 1189 册　台湾商务印书馆影印，1983—1987 年

 文渊阁四库全书 1189 册　上海古籍出版社，2011 年

 文渊阁四库全书　北京出版社，2008 年

 文津阁四库全书 397 册　商务印书馆影印，2005 年

 文津阁四库全书　广陵书社，线装，2012 年

 文澜阁四库全书 1225 册　杭州出版社，2015 年

四库提要著录丛书集部 251 册　北京出版社，2010 年

清乾隆三十年(1765)鲍廷博家抄本　**国图**鲍廷博、劳权校并跋

宋集珍本丛刊 91 册　线装书局，2004 年

丛书集成续编 133 册　台北新文丰出版公司，1988 年

 清抄本　**国图**　**上海**　**中山**

宁极斋稿 一卷

 明抄本　**南京**

 清抄本　**国图**　**南京**　**上海**

 天尺楼丛钞　民国刘世珩辑天尺楼抄本　**上海**

 宋人集乙编　民国四年(1915)南城宜秋馆李之鼎辑刻本

 元人十二家小集第四册　旧抄本　**南京** 201

宁极斋稿

 元诗选初集甲集

  清康熙三十三年(1694)顾嗣立秀野草堂刻本

清嘉庆、光绪增修本

中华书局标点本(上)302—308页,1987年

蒲道源(1260～1336)

顺斋先生闲居丛稿二十六卷附录一卷

元至正十年(1350)子蒲机刻本　**上海　静嘉堂**　一二五五五陌

仪续:《元椠闲居丛稿跋》;《顺斋先生闲居丛稿》二十六卷,次行题曰"男蒲机类编,门生薛懿校正",前摹至正十年前史官金华黄溍手书序,下有"金华"二字阳文连珠印,"黄氏晋卿"白文方印,后附其弟道铨诔及墓石文。每页十八行,每行十四字,字画娟秀,体兼欧、褚,必是名手书以上版者。卷一、卷二赋及古诗,卷三五律,卷四至六七律,卷七、八绝句,卷九铭、箴、赞、解、说、乐语、春帖、疏,卷十题跋,卷十一斋醮文、祝词、致语、上梁文、诗联,卷十二乐府,卷十三经旨、策,卷十四传记,卷十五制、表、笺,卷十六碑,卷十七书,卷十八至二十序,卷二十一字说、序,卷二十二祝文,卷二十三祭文、表、辞,卷二十四、五墓志铭、墓表,卷二十六行实。　案:道源二子,枢早世,机,中戊午第,仕文水县尹,西大行台辟为掾,见墓石文。　**台"故宫"**存一—十三卷　**国图** 12397。存十四—二十六卷

中华再造善本(影上海本)　北京图书馆出版社,2005年

四库提要著录丛书集部348册　北京出版社,2010年

元史研究资料汇编补编 46—48册　广西师范大学出版社,2020年

明抄本　**国图** 3722

清传抄元本　　北大李□8633

标注：蓝格抄本，大字，九行十一字，爱日精庐旧藏，影元抄。

北平图书馆旧藏清抄本　　台"中图"

元人文集珍本汇刊　　台"中图"编印，1970年

原国立北平图书馆甲库善本丛书 688册　　国家图书馆出版社，2014年

顺斋蒲先生集二十六卷

明南监板

顺斋先生闲居丛稿二十六卷

明山阴祁氏澹生堂抄本（四库底本）　　上海翁同龢题签

清刻本　　上海

闲居丛稿二十六卷

四库全书

　　文渊阁四库全书 1210册　　台湾商务印书馆影印，1983—1987年

　　文渊阁四库全书 1210册　　上海古籍出版社，2011年

　　文渊阁四库全书　　北京出版社，2008年

　　文津阁四库全书 404册　　商务印书馆影印，2005年

　　文津阁四库全书　　广陵书社，线装，2012年

　　文澜阁四库全书 1245册　　杭州出版社，2015年

闲居丛稿

元诗选初集丙集

清康熙三十三年（1694）顾嗣立秀野草堂刻本

清嘉庆、光绪增修本

中华书局标点本（上）817—827 页，1987 年

宋无（1260～1340）

翠寒集 三卷

明刻本　北大 李□72

翠寒集 一卷

元人十种诗　明崇祯十一年（1638）汲古阁刻本　国图 2023。傅增湘校并跋　科图（四库底本）

民国十五年商务印书馆影印汲古阁本

明抄本　国图 2752。明陆嘉颖、朱之赤，清翁同书、翁同龢跋

清雍正间抄本　国图

四库全书

　文渊阁四库全书 1208 册　台湾商务印书馆影印，1983—1987 年

　文渊阁四库全书 1208 册　上海古籍出版社，2011 年

　文渊阁四库全书　北京出版社，2008 年

　文津阁四库全书 403 册　商务印书馆影印，2005 年

　文津阁四库全书　广陵书社，线装，2012 年

　文澜阁四库全书 1343 册　杭州出版社，2015 年

江湖小集　宋陈起编　清初抄本　北大

宋元人诗集　清法式善存素堂抄本　国图

两宋名贤小集（一百八卷本）壬集　宋陈思编，元陈世隆补，清

宋 无

抄本　**南大**

翠寒集

　元诗选初集戊集

　　清康熙三十三年(1694)顾嗣立秀野草堂刻本

　　清嘉庆、光绪增修本

　　中华书局标点本(中)1259—1291 页,1987 年

啽呓集一卷

　　明成化十九年癸卯(1483)张习序刻本

　　菡108：标"明初刊本"。吴郡宋无子虚撰。子虚名无,啽呓名集者,取《列御寇》所谓寐声。……甲午庐陵邓光荐序。自序：至元游兆困敦岁……书于商丘之通于斋。张习识成化癸卯。　　**南京** 1527。丁丙跋,有朱卧庵收藏印、世美堂老卧诸印　　**静嘉堂** 697。一　一五　三三十　**内阁文库** 343a。枫一　集一五　六

　　明嘉靖五年(1526)赵章序刻本　　**南京**丁丙跋　　**台"中图"**

　　四库全书存目丛书集部 23 别集类　　齐鲁书社,1997 年

　元人十种诗

　　明崇祯十一年汲古阁刻本

　　民国十五年商务印书馆影印汲古阁本

　　清抄本　　**国图** 4338

啽呓集

　元诗选初集戊集(翠寒集附)

　　清康熙三十三年(1694)顾嗣立秀野草堂刻本

清嘉庆、光绪增修本
中华书局标点本（中）1291—1296 页，1987 年

鲸背吟集 一卷

宋人百家 偏录家第五十帙　明刻本　**湖北大学**

宋元小集　清绿格精抄本　**台"中图"**

清抄本（与《方叔渊遗稿》合订一册）　**南京** 1565。丁丙跋

旧抄本　**皕** 103 案：《简明目录》云："旧本题朱晞颜撰。"《提要》云："旧本题朱名世撰写。"此本为长洲顾湘舟旧藏，亦题朱名世撰，与《提要》合，岂《简明》所据又别一本欤？何与《提要》参差也？

四库全书

文渊阁四库全书 1214 册　台湾商务印书馆影印，1983—1987 年

文渊阁四库全书 1214 册　上海古籍出版社，2011 年

文渊阁四库全书　北京出版社，2008 年

文津阁四库全书 405 册　商务印书馆影印，2005 年

文津阁四库全书　广陵书社，线装，2012 年

文澜阁四库全书 1249 册　杭州出版社，2015 年

宋元人诗集　清法式善存素堂抄本　**国图**

清抄本

原国立北平图书馆甲库善本丛书 688 册　国家图书馆出版社，2014 年

元史研究资料汇编补编 46 册　广西师范大学出版社，2020 年

鲸背吟集　明陶宗仪辑

说郛 卷五十七　明抄本　**上海**

鲸背吟集二卷附《海道经》（题朱晞颜撰）　明陶宗仪辑，张宗祥重校

　　说郛卷五十七　　民国十六年（1927）商务印书馆铅印本

鲸背吟集一卷附一卷

　　抄本　北大

鲸背吟

　　元诗选初集戊集翠寒集附

　　　　清康熙三十三年（1694）顾嗣立秀野草堂刻本

　　　　清嘉庆、光绪增修本

　　　　中华书局标点本（中）1296—1300 页，1987 年

　　标注：旧本题元朱晞颜撰，与作《瓢泉吟稿》之朱晞颜又别一人。或宋无初名朱晞颜，亦莫能详也。

　　杨濂《元诗文献辨伪》（《文学遗产》2009 年第 3 期）：《元诗选》宋无小传，以及《四库全书总目》卷一六七《鲸背吟》提要，都提到《鲸背吟》的作者是朱晞颜。《鲸背吟》是选录明人曹学佺《石仓历代诗选》中朱晞颜诗伪题宋无而来。

朱晞颜

瓢泉吟稿五卷

　　四库全书（辑自《永乐大典》）

　　　　文渊阁四库全书 1213 册　　台湾商务印书馆影印，1983—1987 年

文渊阁四库全书 1213 册　上海古籍出版社,2011 年

文渊阁四库全书　北京出版社,2008 年

文津阁四库全书 405 册　商务印书馆影印,2005 年

文津阁四库全书　广陵书社,线装,2012 年

文澜阁四库全书 1239 册　杭州出版社,2015 年

四库全书珍本初集

清乾隆翰林院红格抄本　**国图** 5915

清八千卷楼蓝格抄本　**南京** 3526

瓢泉吟稿

元诗选补遗戊集

清金山钱熙彦编道光间刻本　**首都**

中华书局标点本 449—464 页,2002 年

刘岳申(1260～?)

申斋刘先生文集 十五卷

元萧洵刻本　标注:门人萧洵德瑜校正,番易费振震远编次。

清陆香圃三间草堂绿格抄本　**国图** 6199

抄本　劳季言校本　**皕** 98　**静嘉堂** 694　二 一五 二二 十

清劳氏丹铅精舍抄本

元代珍本文集汇刊　台北"中图"编印,1970 年

原国立北平图书馆甲库善本丛书 685 册　国家图书馆出版社,2014 年

元史研究资料汇编 36 册　中华书局,2014 年

元史研究资料汇编补编 48—49 册　广西师范大学出版社,2020 年

清抄本　国图 3602。有"铁琴铜剑楼""北京图书馆藏"等印,题"清康熙抄本"　国图 3520　上海　南京　杭大

四库提要著录丛书集部 109 册　北京出版社,2010 年

申斋集十五卷

四库全书

文渊阁四库全书 1204 册　台湾商务印书馆影印,1983—1987 年

文渊阁四库全书 1204 册　上海古籍出版社,2011 年

文渊阁四库全书　北京出版社,2008 年

文津阁四库全书 402 册　商务印书馆影印,2005 年

文津阁四库全书　广陵书社,线装,2012 年

文澜阁四库全书 1239 册　杭州出版社,2015 年

清道光间南海孔氏岳云楼抄本　上海

汪炎昶(1261～1338)

古逸民先生集二卷附录一卷

清法式善存素堂黑格抄本　国图

宛委别藏　故宫藏阮元辑抄本

选印宛委别藏

商务印书馆,1935 年

台湾商务印书馆影印,1981 年

江苏古籍出版社影印,1988 年

续修四库全书集部 1321 册　上海古籍出版社,2002 年

袁易(1262～1306)

静春堂诗集八卷

明抄本　**上海**存一至四卷,序一册配清抄本。清黄丕烈校并跋

静春堂诗集四卷

四库全书

文渊阁四库全书 1206 册　台湾商务印书馆影印,1983—1987 年

文渊阁四库全书 1206 册　上海古籍出版社,2011 年

文渊阁四库全书　北京出版社,2008 年

文津阁四库全书 403 册　商务印书馆影印,2005 年

文津阁四库全书　广陵书社,线装,2012 年

文澜阁四库全书 1241 册　杭州出版社,2015 年

静春堂诗集四卷附录三卷

知不足斋丛书第二十八集

清道光三年(1823)长塘鲍氏刻本

民国十年(1921)上海古书流通处景印本

丛书集成初编 文学类［知不足］2267 册
丛书集成新编 71 册　新文丰出版公司，1985 年
元史研究资料汇编 41 册　中华书局，2014 年

静春堂诗集 四卷 **附录** 一卷
　清抄本　清黄丕烈校并跋，周星诒跋　**国图** 3947
　清同治六年（1867）李之郇抄本　**南京** 李之郇跋并录黄丕烈题识

静春堂集
　元诗选初集 甲集
　　清康熙三十三年（1694）顾嗣立秀野草堂刻本
　　清嘉庆、光绪增修本
　　中华书局标点本（上）310—319 页，1987 年

洪焱祖（1262～1328）

杏庭摘稿 一卷
　旧抄本　**䜭** 102　宋濂序，至正九年危素序
　四库全书（据抄本）
　　文渊阁四库全书 1212 册　台湾商务印书馆影印，1983—1987 年
　　文渊阁四库全书 1212 册　上海古籍出版社，2011 年
　　文渊阁四库全书　北京出版社，2008 年
　　文津阁四库全书 405 册　商务印书馆影印，2005 年
　　文津阁四库全书　广陵书社，线装，2012 年

文澜阁四库全书 1247 册　杭州出版社，2015 年

清初抄本

四库提要著录丛书集部 348 册　北京出版社，2010 年

洪氏晦木斋丛书　光绪六年（1880）揖石山房（或作杉直槐清馆）刻本　**国图** 447。傅增湘校跋并辑佚文佚诗目　**南京**　**清华**

元史研究资料汇编 25 册　中华书局，2014 年

宋元人诗集　清法式善存素堂抄本　**国图**

清抄本　**国图** 1196　**国图** 11722。与《郴江百咏》合一册

清黑格抄本　**南京** 3529

杏亭摘稿

元诗选补遗戊集

清金山钱熙彦编道光间刻本　**首都**

中华书局标点本，2002 年

王　实

东吴小稿一卷

1941 年据无锡华氏藏手稿传录本　**上海** 414853

合众图书馆丛书第一集　民国三十四年（1945）石印本

东吴小稿　上海图书馆整理

合众图书馆丛书　上海科学技术文献出版社，2016 年

释明本(1263～1323)

中峰和尚冯海粟梅花诗一卷
梅花百咏诗　明嘉靖三十三年(1554)朱宸涝重刻本　　南京 4463

中峰禅师梅花百咏七言绝句一卷
梅花百咏　明王化醇编，明刻本

中峰禅师梅花百咏一卷

夷门广牍(明刻本、景明刻本)
清嘉庆九年(1804)重刻本　　南京 93301
丛书集成初编文学类　　［夷门］2266 册
丛书集成新编 71 册　新文丰出版公司，1985 年

中峰祖集一卷
梅花百咏附　明夏洪基辑　清乾隆三十七年(1772)释实懿刻本　上海　南京

梅花百咏一卷附录一卷
四库全书
文渊阁四库全书 1366 册　台湾商务印书馆影印，1983—1987 年

文渊阁四库全书 1366 册　上海古籍出版社，2011 年
文渊阁四库全书　北京出版社，2008 年
文津阁四库全书 457 册　商务印书馆影印，2005 年
文津阁四库全书　广陵书社，线装，2012 年
文澜阁四库全书 1409 册　杭州出版社，2015 年

梅花百咏 一卷

集梅花诗　清光绪中张吴曼辑张汝翼刻本　上海

中峰净土诗 一卷

民国九年（1920）排印本　上海 376109

梅花百咏 不分卷

禅门逸书初编 6 册　台北明文书局影印四库全书抄本，1981 年

元天目中峰和尚四居诗 一卷

清汪氏摘藻堂抄本　上海

中峰广录　梅花百咏

元诗选二集壬集

清康熙四十一年壬午（1702）顾嗣立秀野草堂刻本
清嘉庆、光绪增修本
中华书局标点本（下）1368—1381 页，1987 年

方澜（1263～1339）

方叔渊遗稿 一卷
  晨风阁丛书 宣统元年（1909）番禺沈氏刻本
  清抄本（与鲸背吟集合订） 丁丙跋 **南京** 1565
  清董氏丛碧庐抄本 罗振玉题记 **辽宁**
  清抄本 **北大** 李□600
  清初抄本（四库底本） **科图**
  四库提要著录丛书集部 251 册 北京出版社，2010 年

方澜诗 一卷
  元四家诗 清初槜李曹氏抄 **台"中图"** 1297

方叔渊先生遗稿 一卷
  元人十二家小集 3 册 旧抄本 **南京** 2019

方先生遗稿 一卷
  清抄本 **上海**

叔渊遗稿
  元诗选初集己集
    清康熙三十三年（1694）顾嗣立秀野草堂刻本
    清嘉庆、光绪增修本

中华书局标点本(中)1653—1657 页,1987 年

何中(1265～1332)

知非堂稿十一卷

  清抄本 国图 436。傅增湘校补并跋

  北京图书馆古籍珍本丛刊 94 册 北京图书馆出版社,2000 年

  四库提要著录丛书集部 30 册 北京出版社,2010 年

  元代史料丛刊续编元代文集 24 黄山书社,2018 年

何太虚先生集十卷(**知非堂稿**六卷**知非堂外稿**四卷)附**文献外录**一卷明何溎编**通书问**一卷**通鉴纲目测海**三卷**鸡肋集**一卷

  清康熙五十八年(1719)何氏家刻本

    上海 353697—353699。三册。第一册为何希之先生《鸡肋集》

    静嘉堂 695 五 三〇 四三 守 **南京** **山西文物局**

知非堂稿六卷

  清康熙五十八年(1719)家刻本 **上海**

  四库全书(据抄本)

    文渊阁四库全书 1205 册 台湾商务印书馆影印,1983—1987 年

    文渊阁四库全书 1205 册 上海古籍出版社,2011 年

    文渊阁四库全书 北京出版社,2008 年

    文津阁四库全书 402 册 商务印书馆影印,2005 年

    文津阁四库全书 广陵书社,线装,2012 年

文澜阁四库全书 1240 册　杭州出版社，2015 年

清同治间刻足本

旧抄本　菡 99　元临川何中太虚著，后学孙何贱雅言编集，赵郡管时中校正。吴澄序至顺二年、延祐庚申何中序，王士禎跋

清初曹氏倦圃抄本　国图

清抄本　国图 9923。黄廷鉴题款

清抄本

大仓文库粹编名家钞校本 49 册　北京大学出版社，2020 年

知非堂稿

元诗选二集丙集

清康熙四十一年壬午（1702）顾嗣立秀野草堂刻本

清嘉庆、光绪增修本

中华书局标点本（上）351—397 页，1987 年

王士熙（约 1265～1343）

王陌庵诗集二卷

宋元诗四十三家集二百八卷　明潘是仁编，明万历四十三年（1615）刻本　国图　上海　山东　山东博物馆　浙江

宋元诗六十一家集二百七十三卷〔或名《宋元诗集》（台"中图"）；《宋元名家诗集》（《澹生堂》）；《宋元名家诗选》（《千顷堂》、《明史》）；《宋元名公诗集》（《东洋文库目·京都人文、汇定宋元名公诗集》）〕　明万历四十三年（1615）潘是仁编刻天启二年（1622）重修本　国图　甘

肃　青海

江亭集

　　元诗选二集戊集

　　　　清康熙四十一年壬午(1702)顾嗣立秀野草堂刻本

　　　　清嘉庆、光绪增修本

　　　　中华书局标点本(上)537—557页,1987年

袁桷(1266～1327)

清容居士集五十卷**目录**二卷

　　元刻元印本　**皕** 98　仪续:《元椠元印清容集跋》:目录二卷,后附王瓒所撰谥议、苏天爵所撰墓志铭,每叶二十行,每行十六字,字皆赵体(有赵子昂笔意,元版中上乘也),与元刊《玉海》相似,当为同时所刊。上海郁氏宜稼堂刊本之祖也。卷五十后有"永乐丙申(1416)冬十月八日畏斋王肆识"手跋言:"予得此书,虫鼠损伤,于暇日补治。"则中间抄补皆明初人笔也。是书抄帙尚多,刊本流传极罕。余又藏旧抄本,为爱日精庐张月霄旧藏,后录王肆跋,当从此本抄出,恐世无二本矣。　**静嘉堂** 694

　　元刻本　**国图** 7726。卷二七—二九、三七—三九、四七—五〇配清抄本

　　四部丛刊初编　1922年商务印书馆影印、1929年二次印、1936年缩印、1975年台湾商务印书馆缩印、1986年上海书店等缩印、2015年中央编译出版社缩印(据上本影印)

　　中华再造善本金元编　集部32册　北京图书馆出版社、

2006年

    四库提要著录丛书集部253、254册　北京出版社,2010年

    元代史料丛刊初编元人文集下卷　黄山书社,2012年

    元史研究资料汇编32—35册　中华书局,2014年

明嘉靖宁波府刻本

四库全书

    文渊阁四库全书1203册　台湾商务印书馆影印,1983—1987年

    文渊阁四库全书1203册　上海古籍出版社,2011年

    文渊阁四库全书　北京出版社,2008年

    文津阁四库全书402册　商务印书馆影印,2005年

    文津阁四库全书　广陵书社,线装,2012年

    文澜阁四库全书1238册　杭州出版社,2015年

清容居士集五十卷附札记一卷清郁松年撰

    宜稼堂丛书　清道光二十年(1840)上海郁氏刻本

    丛书集成初编文学类[宜稼]2063—2075册

    丛书集成新编65册　新文丰出版公司,1985年

    四部备要集部

袁桷集上下册　李军、施贤明、张欣校点

    元代别集丛刊　吉林文史出版社,2010年

袁桷集校注六册　杨亮笺释

    中国古典文学基本丛书　中华书局,2012年

清容居士集(全四册) 王颋点校
 浙江文丛 浙江古籍出版社,2015 年

清容居士集
 元诗选初集丙集
  清康熙三十三年(1694)顾嗣立秀野草堂刻本
  清嘉庆、光绪增修本
  中华书局标点本(上)593—668 页,1987 年

释道惠(约 1266—1330)

庐山外集四卷
 元延祐(应作泰定)序刻本(卷三至四配清抄本)　北大
 日本宽文三年(1663)长尾平兵卫刻本　北大　台湾大学　尊经阁 459　国会 205　内阁文库 342　东洋文库
 和刻本中国古逸书丛刊 57　凤凰出版社,2012 年

龚璛(1266～1331)

存悔斋诗一卷
 元至正五年(1345)俞桢抄稿本　国图 4408。元俞桢、明张丑、清黄丕烈、张鸣珂、王颂蔚、龚易图、叶昌炽跋,傅以礼、魏锡曾题款
 中华再造善本金元编集部 1 册　北京图书馆出版社,2005 年

存悔斋诗一卷 补遗一卷　明朱存理辑
　　明末汲古阁抄本　**国图** 4281。毛晋跋，毛扆校补并跋
　　明抄本　**祇** 96 汲古阁旧藏　**静嘉堂** 692
　　三间草堂集录　清陆香圃抄本　**重庆**
　　清知不足斋鲍廷博校抄本　**国图** 12244

存悔斋稿一卷 补遗一卷　明朱存理辑
　　四库全书（据抄本）
　　　　文渊阁四库全书 1199 册　台湾商务印书馆影印，1983—1987 年
　　　　文渊阁四库全书 1199 册　上海古籍出版社，2011 年
　　　　文渊阁四库全书　北京出版社，2008 年
　　　　文津阁四库全书 400 册　商务印书馆影印，2005 年
　　　　文津阁四库全书　广陵书社，线装，2012 年
　　　　文澜阁四库全书 1234 册　杭州出版社，2015 年

存悔斋稿一卷明朱存理辑 补遗清鲍廷博辑一卷
　　清抄本　**国图** 11507。徐时栋跋

存悔斋稿一卷
　　清初抄本　**重庆**
　　清嘉庆元年（1796）高邮夏长源望壶山房刻本　**南京**

存悔斋诗一卷 补遗一卷 续补遗一卷 民国陈庆年辑 附录一卷
　　横山草堂丛书第一集
　　元史研究资料汇编 15 册　中华书局，2014 年

存悔斋稿
元诗选二集甲集
清康熙四十一年壬午(1702)顾嗣立秀野草堂刻本
清嘉庆、光绪增修本
中华书局标点本(上)61—74页,1987年

韩性(1266～1341)

清河集 七卷
清抄本　**湖南**

五云漫稿 一卷
元诗选二集己集
清康熙四十一年壬午(1702)顾嗣立秀野草堂刻本
清嘉庆、光绪增修本
中华书局标点本(下)871—877页,1987年

谭景星(1267～?)

村西集(诗六卷文十卷)
元皇庆元年(1312)序刻本(缺文一、四、五卷)　**书陵部** 37(毛)四四○四　四五
江户写本　**内阁文库** 缺文一、四、五卷

西翁近稿十一卷（文八卷诗三卷）

元延祐七年庚申（1320）黄常跋刻本　**书陵部** 37（毛）一 四〇四三七

江户写本　**内阁文库** 342b

日本宫内厅书陵部藏宋元版汉籍影印丛书第 2 辑　安平秋等编，线装书局，2003 年

日本宫内厅书陵部藏宋元版汉籍选刊 152 册　安平秋主编，上海古籍出版社，2012 年

刘诜（1268～1350）

桂隐文集四卷**诗集**四卷

明嘉靖四十二年（1563）族孙志孔刻本（仅有诗集）　丁丙跋　**南京** 1478

大仓文库粹编四库进呈本 16 册　北京大学出版社，2020 年

刘文敏先生诗集四卷

旧抄朱校本　[原北平图]　台"中图"975

原国立北平图书馆甲库善本丛书 681 册　国家图书馆出版社，2014 年

元史研究资料汇编补编 50 册　广西师范大学出版社，2020 年

桂隐文集四卷**诗集**四卷

明抄本又附录一卷

四库提要著录丛书集部 107 册　北京出版社，2010 年
　　清抄嘉靖刻本又附录一卷　**南京** 1480。丁丙跋，有"璜川吴氏收藏图书"一印

桂隐诗集四卷
　　明末刻本　**南京**丁丙跋

桂隐文集四卷诗集四卷附录一卷
　四库全书
　　　文渊阁四库全书 1195 册　台湾商务印书馆影印，1983—1987 年
　　　文渊阁四库全书 1195 册　上海古籍出版社，2011 年
　　　文渊阁四库全书　北京出版社，2008 年
　　　文津阁四库全书 399 册　商务印书馆影印，2005 年
　　　文津阁四库全书　广陵书社，线装，2012 年
　　　文澜阁四库全书 1230 册　杭州出版社，2015 年
　　清抄本　**南京**丁丙跋　**上海**　**杭大**

桂隐文集四卷附录一卷诗集四卷
　　抄本　**史语所** 171

桂隐存稿八卷
　　抄本　**台"中图"** 976

桂隐先生集八卷附录一卷
　　抄本

元人文集珍本丛刊 5册　台湾新文丰出版公司,1985年

桂隐文集四卷**附录**一卷
　　清抄本　北大李□5337

刘桂隐先生文集四卷
　　清同治六年(1867)刻本　江西 K225/07186

桂隐集一卷
　元诗选二集己集
　　清康熙四十一年壬午(1702)顾嗣立秀野草堂刻本
　　清嘉庆、光绪增修本
　　中华书局标点本(下)764—836页,1987年

安熙(1269~1311)

默庵安先生文集六卷
　　清康熙三十二年(1693)金侃抄本　国图 8511。金侃跋

默庵安先生文集五卷**附录**一卷
　　旧抄本　䀝 97　二部
　　清抄本
　　元人文集珍本丛刊 5册　台湾新文丰出版公司,1985年
　　原国立北平图书馆甲库善本丛书 682册　国家图书馆出版社,

2014 年
  元史研究资料汇编 29 册 中华书局,2014 年
  清经鉏堂抄本(无附录) **复旦**
  清道光十一年(1831)刘氏味经书屋抄本 **国图** 8512。刘喜海跋
  清道光李氏木犀轩抄本 明苏天爵辑 **北大**李 1075
  清抄本 **南京** 1497 丁丙跋 **南京** 3494

默庵集 五卷
四库全书
  文渊阁四库全书 1199 册 台湾商务印书馆影印,1983—1987 年
  文渊阁四库全书 1199 册 上海古籍出版社,2011 年
  文渊阁四库全书 北京出版社,2008 年
  文津阁四库全书 400 册 商务印书馆影印,2005 年
  文津阁四库全书 广陵书社、线装,2012 年
  文澜阁四库全书 1234 册 杭州出版社,2015 年

安默庵先生文集 五卷
  畿辅丛书 清光绪五年(1879)定州王氏谦德堂刻本
  丛书集成文学类[畿辅]2079

默庵集
元诗选初集 丙集
  清康熙三十三年(1694)顾嗣立秀野草堂刻本
  清嘉庆、光绪增修本
  中华书局标点本(上)828—833 页,1987 年

元明善(1269～1322)

清河集 七卷 附录 一卷

 藕香零拾　缪荃荪辑,清光绪二十一年(1895)刻本
 元人文集珍本丛刊 5册　台湾新文丰出版公司,1985年
 丛书集成续编 108册　台北新文丰出版公司,1988年
 续修四库全书集部第 1323册　上海古籍出版社,2002年
 元代史料丛刊初编 元人文集下卷　黄山书社,2012年

清河集

 元诗选二集丙集

  清康熙四十一年壬午(1702)顾嗣立秀野草堂刻本
  清嘉庆、光绪增修本
  中华书局标点本(上)304—308页,1987年

贡奎(1269～1329)

贡文靖公云林诗集 六卷 附录 一卷

 明洪熙元年(1425)陈巑刻本
 明弘治三年庚戌(1490)贡钦刻本(黑口,双边,九行十八字)
菡 99；汲古阁旧藏。临川吴澄幼清序、陈巑刊、跋、序,洪熙元年；范吉跋弘治庚戌。　**静嘉堂** 695　二　一五　二四　十　**国图** 3613　社科院文学所明

徐燉跋　　台"故宫"　台"中图"
　　北京图书馆古籍珍本丛刊 96 册　　北京图书馆出版社，2000 年

贡文靖公云林诗集十卷**附录**一卷
　　明弘治六年癸丑（1493）曾孙元礼刻本
　　明万历十一年（1583）贡靖国刻本　　国图 12228
　　北京图书馆古籍珍本丛刊 93 册　　北京图书馆出版社，2000 年
　　四库提要著录丛书集部 30 册　　北京出版社，2010 年

贡文靖公云林诗集十卷**附录**一卷
　　清乾隆四十一年（1776）宣城贡氏刻本　　国图　　天津

云林集十卷
　　四库全书
　　　　文渊阁四库全书 1205 册　　台湾商务印书馆影印，1983—1987 年
　　　　文渊阁四库全书 1205 册　　上海古籍出版社，2011 年
　　　　文渊阁四库全书　　北京出版社，2008 年
　　　　文津阁四库全书 402 册　　商务印书馆影印，2005 年
　　　　文津阁四库全书　　广陵书社，线装，2012 年
　　　　文澜阁四库全书 1240 册　　杭州出版社，2015 年

贡奎集　邱居里、赵文友校点
　　元代别集丛刊贡氏三家集　　吉林文史出版社，2010 年

云林集
 元诗选初集丙集
  清康熙三十三年(1694)顾嗣立秀野草堂刻本
  清嘉庆、光绪增修本
  中华书局标点本(上)722—749页,1987年

唐元(1269～1349)

筠轩集八卷**文稿**五卷
 唐氏三先生集 明正德十三年(1518)程敏政辑张芹刻本 国图
 北京图书馆古籍珍本丛刊 115册 北京图书馆出版社,2000年

筠轩集十三卷
 四库全书
  文渊阁四库全书 1213册 台湾商务印书馆影印,1983—1987年
  文渊阁四库全书 1213册 上海古籍出版社,2011年
  文渊阁四库全书 北京出版社,2008年
  文津阁四库全书 405册 商务印书馆影印,2005年
  文津阁四库全书 广陵书社,线装,2012年
  文澜阁四库全书 1248册 杭州出版社,2015年

筠轩集八卷
 宋元人诗集八十二种 清法式善存素堂抄本 **国图**9300

黄公望(1269~1354)

大痴道人集

虞山黄氏五集　清道光刻本

一峰道人诗钞 一卷

清抄本　上海

一峰道人遗集 不分卷

抄本　社科院文学所

黄公望集　毛小庆点校

艺文丛刊　浙江人民美术出版社,2016年

大痴道人集

元诗选二集 戊集

清康熙四十一年壬午(1702)顾嗣立秀野草堂刻本

清嘉庆、光绪增修本

中华书局标点本 735—746 页,1987 年

邵伯诚

秋堂邵先生集□卷

元刻本　国图 2179。存四卷：卷二—五。

罗鹭《元刻孤本〈秋堂邵先生集〉作者考》(《文献》2021 年第 2 期)：此书作者字伯诚，号秋堂，山西泽州人。生于元太宗七年(1235)，至元七年(1270)贡生，在中书省兵、刑部任职十余年，至元二十一年辞职后，游宦于江西、浙江、山东等地，负责赋税、盐业等吏事。

张养浩(1270~1329)

张文忠公云庄归田类稿二十八卷

元元统三年(1335)序刻元印本

仪续：《元椠归田类稿跋》：前有孛术鲁翀《归田类稿序》，次目录，卷一赋、卷二拟雅、卷三至卷五古诗，卷六至卷九律诗，卷十绝句，卷十一书，卷十二、十三序，卷十四至十六记，卷十七至二十碑铭，卷二十一表、铭、碣铭、圹铭，卷二十二志铭，卷二十三表、传、书、疏、露布、操，卷二十四文词赞，卷二十五至二十七三事忠告，卷二十八经筵余旨。附录则画像、倪中撰记、刘耳撰赞、张起岩撰神道碑、黄溍撰祠堂碑也。每叶二十行，每行十八字，版心有字数。元元统刊本。《四库》所收以明刻二十七卷本为本，而别采《永乐大典》所载补其遗缺，釐为二十四卷，似当时未见元刻。

此本据字术鲁翀序，书为养浩所自编，与十三卷所载自序九百余首四十卷之数不合。愚谓自序是初退休时作，当在至治中，此或天历以后所定，有所弃取耳。卷中有"周春"二字白文方印，"松霭"二字朱文方印，"松霭藏书"朱文方印，海宁周苊兮旧藏也。

＊后附画像记，至正甲午（十四年，1354）倪中撰；赞，刘耳撰；神道碑铭，张起岩撰；祠堂碑铭，撰人阙……元统三年龙集乙亥（1335）二月甲寅朔中奉大夫江浙等处行中书省参知政事字术鲁翀序。

案：此元刊元印本，每叶二十行，每行十八字，版心有字数，小黑口。卷中有"松霭藏书"朱文方印，"嘉兴李聘"朱文方印，"周春"白文方印。伏读《四库全书提要》……云云，则元刊之罕见可知。愚谓三十八卷者，三乃二之讹字，今此二十八卷，犹是元时刻本，完善无缺，翀序即冠卷端，则非别有三十八卷本明矣。焦氏（竑）所见，当亦即此本脱"二"字耳。

静嘉堂 689　四　五　二六　酉

元至正十四年（1354）刻本　　**北大** □810・59/1183、李□73。有抄配，附录一卷

中华再造善本金元编集部 10 册　北京图书馆出版社，2006 年

元史研究资料汇编补编 51—52 册　广西师范大学出版社，2020 年

四库提要著录丛书集部 347 册　北京出版社，2010 年

山东文献集成第四辑 26　山东大学出版社，2011 年

元元统三年序刻明修本　**台"中图"**974

张文忠公文集 二八卷 附录 一卷

清影抄元本　清陆心源补序并跋　**武汉**

清初抄本　　上海

清乾隆四十一年(1776)邵晋涵家抄本

中国古籍珍本丛刊广东省立中山图书馆卷 43 册　　国家图书馆出版社,2015 年　中山

张文忠公文集二十七卷

　　明季刻本

归田类稿二十四卷

　　四库全书(从《永乐大典》校补)

　　　　文渊阁四库全书 1192 册　台湾商务印书馆影印,1983—1987 年

　　　　文渊阁四库全书 1192 册　上海古籍出版社,2011 年

　　　　文渊阁四库全书　北京出版社,2008 年

　　　　文津阁四库全书 398 册　商务印书馆影印,2005 年

　　　　文津阁四库全书　广陵书社,线装,2012 年

　　　　文澜阁四库全书 1228 册　杭州出版社,2015 年

张文忠公云庄归田类稿二十卷**附录**一卷

　　清振绮堂抄本

　　清乾隆五十五年(1790)历城周书昌、毛堃刻本(据振绮堂抄本)　国图 422。傅增湘校补并跋

张养浩集　李鸣、马振奎校点

　　元代别集丛刊　吉林文史出版社,2008 年

张养浩诗文选 薛祥生、孔繁信校点
  济南历代名家诗文选 济南出版社，2009年

云庄类稿
  元诗选初集丙集
    清康熙三十三年（1694）顾嗣立秀野草堂刻本
    清嘉庆、光绪增修本
    中华书局标点本（上）750—775页，1987年

许谦（1270～1337）

许白云先生文集 四卷
  明成化二年丙戌（1466）张瑄、陈相刻本　**国图** 7102。附录一卷 **南京** 7465
  四部丛刊续编（据上本影印，出版者误作正统本）　民国二十三年（1934）上海商务印书馆影印　1975年台湾商务印书馆缩印、1986年上海书店等缩印、2015年中央编译出版社缩印
  元史研究资料汇编 14册　中华书局，2014年
  元代史料丛刊续编 元代文集20　黄山书社，2018年
  明正德十三年戊寅（1518）陈絅跋刻本　**国图** 2548。邓邦述跋
  明嘉靖胡琏刻本　**山东博物馆**
  明刻蓝印本　**国图** 11192
  明万历元年（1573）张冀刻本
  明祁氏澹生堂抄本（卷三—四配清抄本）　清丁丙跋　**南**

京 1499
  清乌丝栏抄本　　国图
  原国立北平图书馆甲库善本丛书 682 册　国家图书馆出版社，2014 年
  清抄本　　国图 8510。补遗、附录各一卷　戈襄、韩应陛跋
  元史研究资料汇编补编 39 册　广西师范大学出版社，2020 年
  清抄本　　南京 1496

白云集 四卷
  四库全书
   文渊阁四库全书 1199 册　台湾商务印书馆影印，1983—1987 年
   文渊阁四库全书 1199 册　上海古籍出版社，2011 年
   文渊阁四库全书　北京出版社，2008 年
   文津阁四库全书 400 册　商务印书馆影印，2005 年
   文津阁四库全书　广陵书社，线装，2012 年
   文澜阁四库全书 1234 册　杭州出版社，2015 年

白云先生许文懿公诗集 四卷 附录 一卷
  率祖堂丛书　清雍正十年（1732）婺源东藕塘贤祠义学刻本
国图 文 263.46/183　上海 380886—89

白云集 四卷 首 一卷
  金华丛书 集部　光绪元年（1875）永康胡氏退补斋刻本
  丛书集成初编 文学类［金华］2080 册
  丛书集成新编 66 册　新文丰出版公司，1985 年

白云集四卷附录题赠
　丁氏八千卷楼丛刻　　清丁丙家刻本

许谦集（上中下册）　蒋金德注释
　浙江文丛　浙江古籍出版社，2015年

白云先生集
　元诗选初集己集
　　清康熙三十三年（1694）顾嗣立秀野草堂刻本
　　清嘉庆、光绪增修本
　　中华书局标点本（中）1657—1665页，1987年

柳贯（1270～1342）

柳待制文集二十卷附录一卷
　元至正十年浦江学官刻递修本（十二行二十字，刊印精工）　上海卷十四、十五配清抄本　国图存卷十一—十五
　四部丛刊初编　1922年商务印书馆影印、1929年二次印、1936年缩印、1975年台湾商务印书馆缩印、1986年上海书店等缩印、2015年中央编译出版社缩印（据至正本影印）
　中华再造善本（影上海本）10册　北京图书馆出版社　2006年
　四库提要著录丛书集部256册　北京出版社，2010年
　元代史料丛刊初编元人文集下卷38—39　黄山书社，2012年
　元史研究资料汇编51、52册　中华书局，2014年

元史研究资料汇编补编 52—54 册　广西师范大学出版社，2020 年

明天顺七年癸未（1463）张和、欧阳溥刻本　国图 4283　上海

清顺治十一年甲午（1654）范养民、张以迈刻本　上海 善 813262—8

清顺治十一年范养民等刻康熙五十、六十一年补刻本　国图 443。傅增湘校　上海 006960　北大　科图

清嘉庆十九年（1814）柳氏爱竹居木活字本　浙江 814·5/4777

清道光二十一年（1841）重刻本

续金华丛书集部　民国十三年（1924）永康胡宗楙梦选廔刻本

清抄本

原国立北平图书馆甲库善本丛书 687 册　国家图书馆出版社，2014 年

柳待制文集 十八卷

明万历间刻本　山东

柳文肃公集 二十卷

清康熙间尊经阁刻本　南京

待制集 二十卷 附录 一卷

四库全书

文渊阁四库全书 1210 册　台湾商务印书馆影印，1983—1987 年

文渊阁四库全书 1210 册　上海古籍出版社，2011 年

文渊阁四库全书　北京出版社，2008 年

文津阁四库全书 404 册　商务印书馆影印,2005 年

文津阁四库全书　广陵书社,线装,2012 年

文澜阁四库全书 1245 册　杭州出版社,2015 年

摘藻堂四库全书荟要

台湾世界书局影印本,1985 年

吉林出版集团影印本,2005 年[405　集五八]

重刻柳待制文集二十卷附录一卷

清光绪九年(1883)刻本　　国图

柳贯诗文集(精装全一册)　柳遵杰点校,浙江古籍出版社,2004 年

柳初阳诗集三卷

宋元诗六十一家集二百七三卷〔或名《宋元诗集》(台"中图");《宋元名家诗集》(《澹生堂》);《宋元名家诗选》(《千顷堂》、《明史》);《宋元名公诗集》(《东洋文库目·京都人文、汇定宋元名公诗集》)〕　明万历四十三年(1615)潘是仁编刻天启二年(1622)重修本　国图　甘肃　青海

柳贯上京纪行诗一卷

明洪武刻本　故宫天禄现存书

故宫博物院图书馆影印本,民国十九年(1930)印

柳贯集　魏崇武、钟彦飞点校

浙江文丛　浙江古籍出版社,2014 年

待制集

 元诗选初集丁集

  清康熙三十三年(1694)顾嗣立秀野草堂刻本

  清嘉庆、光绪增修本

  中华书局标点本(中)1126—1168 页,1987 年

潘音(1270～1355)

待清轩遗稿一卷

 清初抄本　　上海

 清康熙间刻本　　台"故宫"

 江湖小集　　宋陈起编,清初抄本　　北大

 两宋名贤小集　　宋陈思编,元陈世隆补,清抄本　　国图　　南京

 宋人集甲编　　民国四年(1915)南城宜秋馆李之鼎辑刻本

 赤城遗书汇刊　　民国四年(1915)太平金氏木活字排印本

 清嘉庆三年(1798)鲍氏知不足斋抄本　　首都

 清抄本　　国图　　北大　　科图

 宋集珍本丛刊 88 册　　线装书局,2004 年

 丛书集成续编 167 册　　台北新文丰出版公司,1988 年

待清轩遗稿一卷 **读书录存遗**一卷

 清抄本　　国图

 戴机父所辑书　　清戴范云辑,稿本　　上海

待清轩遗稿一卷 **待清轩读书录**一卷
  唐宋元三朝名贤小集　清赵典编,清乾隆嘉庆间赵之玉星凤阁抄本　湖南

待清轩遗稿
  元诗选初集庚集
   清康熙三十三年(1694)顾嗣立秀野草堂刻本
   清嘉庆、光绪增修本
   中华书局标点本(下)1968—1972页,1987年

杨载(1271~1323)

翰林杨仲弘诗集八卷
  元刊本　双鉴楼善本书目
  明嘉靖十五年丙申(1536)辽藩朱宠瀼博文堂刻本(致和元年六月一日临江范梈序,嘉靖丙申翁原汇跋)　**国图** 1528　**南京** 11195　丁丙跋　**南京** 12257
  四部丛刊初编　1922年商务印书馆影印、1929年二次印、1936年缩印、1975年台湾商务印书馆缩印、1986年上海书店等缩印、2015年中央编译出版社缩印(据上本影印)
  四库提要著录丛书集部111册　北京出版社,2010年
  日本延宝八年(1680)刻本　**内阁文库** 342b、312—310
  和刻本四部丛刊 95册　人民出版社、西南师范大学出版社,2014年

清王氏孝慈堂抄本　王闻远校并跋　国图 3606

杨仲弘诗八卷

　　元诗四大家集　明崇祯虞山毛氏汲古阁刻本　北大 李□8371。李盛铎据元刻本前四卷校并题记

　　四库全书存目丛书集部 375 总集类　齐鲁书社，1997 年

杨仲弘集八卷

　　四库全书

　　　　文渊阁四库全书 1208 册　台湾商务印书馆影印，1983—1987 年

　　　　文渊阁四库全书 1208 册　上海古籍出版社，2011 年

　　　　文渊阁四库全书　北京出版社，2008 年

　　　　文津阁四库全书 403 册　商务印书馆影印，2005 年

　　　　文津阁四库全书　广陵书社，线装，2012 年

　　　　文澜阁四库全书 1243 册　杭州出版社，2015 年

　　摘藻堂四库全书荟要

　　　　台湾世界书局影印本，1985 年

　　　　吉林出版集团影印本，2005 年［404　集五七］

　　浦城遗书　清嘉庆十六年（1811）浦城祝昌泰留香室刻本　国图 440。傅增湘校并跋

　　丛书集成续编 168 册　台北新文丰出版公司，1988 年

杨浦城诗集四卷

　　宋元诗四十二家集二百八卷　明潘是仁编　明万历四十三年（1615）刻本　国图　上海　山东　山东博物馆　浙江

宋元诗六十一家集二百七三卷〔或名《宋元诗集》(台"中图");《宋元名家诗集》(《澹生堂》);《宋元名家诗选》(《千顷堂》、《明史》);《宋元名公诗集》(《东洋文库目·京都人文、汇定宋元名公诗集》)〕 明万历四十三年(1615)潘是仁编刻天启二年(1622)重修本　**国图　甘肃　青海**

杨仲弘诗法一卷
　　名家诗法　明嘉靖二十四年(1545)结缘囊刻本　**清华　辽宁**

仲弘集
　　元诗选初集丁集
　　　　清康熙三十三年(1694)顾嗣立秀野草堂刻本
　　　　清嘉庆、光绪增修本
　　　　中华书局标点本(中)935—979页,1987年

程端礼(1271～1345)

畏斋集六卷
　　四库全书(辑自《永乐大典》)
　　　　文渊阁四库全书 1199 册　台湾商务印书馆影印,1983—1987年
　　　　文渊阁四库全书 1199 册　上海古籍出版社,2011年
　　　　文渊阁四库全书　北京出版社,2008年
　　　　文津阁四库全书 400 册　商务印书馆影印,2005年

文津阁四库全书　广陵书社,线装,2012 年
　　文澜阁四库全书 1234 册　杭州出版社,2015 年
四明丛书第一集
清乾隆间翰林院红格抄本　国图 5905
四库提要著录丛书集部 256 册　北京出版社,2010 年
元史研究资料汇编 28 册　中华书局,2014 年
丛书集成续编 109 册　台北新文丰出版公司,1988 年
元代史料丛刊续编元代文集 12　黄山书社,2018 年
清抄本　南京 3503　国图

畏斋集四卷
　　宋元人诗集　清法式善存素堂抄本　国图

畏斋集
　　元诗选补遗乙集
　　　清金山钱熙彦编道光间刻本　首都
　　中华书局标点本 145—161 页,2002 年

薛汉(？～1324)

薛象峰诗集二卷
　　宋元诗四十二种二百八卷　明潘是仁编　明万历四十三年(1615)刻本　国图　上海　山东　山东博物馆　浙江
　　宋元诗六十一家集二百七三卷〔或名《宋元诗集》(台"中图");《宋

元名家诗集》《澹生堂》);《宋元名家诗选》《千顷堂》、《明史》);《宋元名公诗集》《东洋文库目·京都人文、汇定宋元名公诗集》)〕 明万历四十三年(1615)潘是仁编刻天启二年(1622)重修本 **国图 甘肃 青海**

宗海集
元诗选二集己集
清康熙四十一年壬午(1702)顾嗣立秀野草堂刻本
清嘉庆、光绪增修本
中华书局标点本(下)878—887页,1987年

黄　庚

月屋樵吟 四卷
明成化十三年(1477)张泰刻本 **浙江临海县博物馆** 231。十行二四字。清王芬校并跋

明抄本 **山东博物馆** 明赵琦美校并跋

李木斋抄本 **北大** 李□8646

傅增湘家抄本 **国图** 423。傅增湘校补并跋

月屋樵吟 四卷 拾遗 一卷
叶氏荫玉阁丛书　清光绪临海叶氏木活字本 **南京** 87381

戴机父所辑书　清戴范云辑稿本 **上海**

月屋漫稿四卷

 清抄本 国图 6654

月屋漫稿一卷

 清康熙十二年癸丑(1673)王乃昭抄本 国图 8504。李盛铎跋
 大仓文库粹编名家钞校本 49 册 北京大学出版社,2020 年
 抄本 **静嘉堂**
 清道光二十三年(1843)劳氏丹铅精舍抄本
 原国立北平图书馆甲库善本丛书 680 册 国家图书馆出版社,2014 年
 清抄本
 四库提要著录丛书集部 106 册 北京出版社,2010 年
 抄本(有"京师图书馆收藏之印""丹铅精舍"二印)
 元史研究资料汇编补编 55 册 广西师范大学出版社,2020 年

月屋漫稿不分卷

 清汪森裘杼楼黑格抄本 十行行二十一字 国图 11412
 四库全书
  文渊阁四库全书 1193 册 台湾商务印书馆影印,1983—1987 年
  文渊阁四库全书 1193 册 上海古籍出版社,2011 年
  文渊阁四库全书 北京出版社,2008 年
  文津阁四库全书 398 册 商务印书馆影印,2005 年
  文津阁四库全书 广陵书社,线装,2012 年
  文澜阁四库全书 1229 册 杭州出版社,2015 年
 清传抄四库全书本

原国立北平图书馆甲库善本丛书 680、681 册　国家图书馆出版社,2014 年

月屋漫稿

元诗选初集甲集

清康熙三十三年(1694)顾嗣立秀野草堂刻本

清嘉庆、光绪增修本

中华书局标点本(上)251—276 页,1987 年

杨濂《元诗文献辨伪》(《文学遗产》2009 年第 3 期):《月屋漫稿》与《月屋樵吟》存诗数量一样,除却个别此有彼无的情况,绝大部分相同,二者应是同一书。不过,《月屋漫稿》与《月屋樵吟》所收诗篇顺序不同,前者则同于《屏岩小稿》,此三书应是同一部诗集。其中,有近二十首见于林景熙《霁山集》,数首与释英《白云集》重出,再考虑到天台人黄庚在宋元之际已八十上下,显然不可能在泰定丁卯(1327)"自序"《月屋漫稿》(或《月屋樵吟》)。总之,《月屋漫稿》与《月屋樵吟》都是伪题书名、虚拟作者,与《屏岩小稿》皆为明人据元诗文献组合重编的伪书,甚至收入了个别张观光的佚诗。

吾丘衍(1272～1311)

竹素山房诗集 三卷 附录 一卷

抄本　䌓96　有杭世骏、鲍廷博跋。鲍氏别缮洁本进呈为四库底本

四库全书(据抄本)

文渊阁四库全书 1195 册　台湾商务印书馆影印,1983—1987 年

文渊阁四库全书 1195 册　上海古籍出版社，2011 年
文渊阁四库全书　北京出版社，2008 年
文津阁四库全书 399 册　商务印书馆影印，2005 年
文津阁四库全书　广陵书社，线装，2012 年
文澜阁四库全书 1230 册　杭州出版社，2015 年
清抄本　北大李□31

竹素山房诗集三卷

道光二十三年刻本

衢州文献集成 170 册　国家图书馆出版社，2015 年

竹素山房诗集三卷补遗一卷附录一卷

清抄本　清鲍廷博校　南京

武林往哲遗著　清光绪二十一年（1895）钱塘丁氏嘉惠堂刻本

丛书集成续编 167 册　台北新文丰出版公司，1988 年

元史研究资料汇编 8 册　中华书局，2014 年

唐宋元三朝名贤小集　清赵典编，清乾隆嘉庆间赵之玉星凤阁抄本　湖南

竹素山房诗一卷

清卧云山房传抄明嘉靖间刻本　国图

闲居录一卷

说集　明抄本　科图

闲居集一卷

乾隆四十二年竹素山房刻本

中国古籍珍本丛刊天津图书馆卷第 38 册　国家图书馆出版社,2013 年

竹素山房诗

元诗选二集甲集

清康熙四十一年壬午(1702)顾嗣立秀野草堂刻本

清嘉庆、光绪增修本

中华书局标点本(上)81—84 页,1987 年

丁复(？～1312 后)

桧亭稿九卷

元至正十年(1350)刻元印本　**皕** 101　仪续:《元椠桧亭集跋》:次行题天台丁复仲容父,前有至元五年己卯中山李桓序,六年庚辰永嘉李孝光序,四年临川危素序,十年庚寅上元杨翮序。后有十年江夏谕立跋。　每叶二十行,每行二十字。每篇下注明前集、续集,前集其婿饶介编,续集门人李谨之编,此则至正十年南台御史张惟远合刻于集庆学宫者,有"闽中徐惟起藏书印"朱文长印,"徐兴公"白文方印,"晋安徐兴公家藏书印"朱文方长印及"萨守印"白文方印、"萨德相藏书印"朱文长印两印,面题"丁桧亭集徐氏汗竹巢珍藏本元板"十四字,亦兴公手书也。　**静嘉堂** 697 二　五　四七　皕

清影抄元至正本　**南京** 1537。丁丙跋

丁 复

清抄本　**国图** 5410

清抄本　**国图** 8519。陆心源校并跋

四库提要著录丛书集部 111 册　北京出版社,2010 年

桧亭集 九卷
四库全书

　　文渊阁四库全书 1208 册　台湾商务印书馆影印,1983—1987 年

　　文渊阁四库全书 1208 册　上海古籍出版社,2011 年

　　文渊阁四库全书　北京出版社,2008 年

　　文津阁四库全书 403 册　商务印书馆影印,2005 年

　　文津阁四库全书　广陵书社,线装,2012 年

　　文澜阁四库全书 1343 册　杭州出版社,2015 年

桧亭稿 九卷 拾遗 一卷

　　清抄本　**南京**清丁立诚校,丁丙跋

　　台州丛书己集　民国八年(1919)黄岩杨晨辑石印本

桧亭稿
元诗选二集 己集

　　清康熙四十一年壬午(1702)顾嗣立秀野草堂刻本

　　清嘉庆、光绪增修本

　　中华书局标点本(下)837—870 页,1987 年

范梈（1272～1330）

范德机诗集 七卷

　　元后至元六年庚辰（1340）益友书堂刻本　临川葛雛仲穆编次，儒学学正孙存吾如山校刊　山东博物馆　国图 4282　南京 1525　丁丙跋

中华再造善本 金元编集部四册　北京图书馆出版社，2006 年

四库提要著录丛书 集部 255 册　北京出版社，2010 年

　　日本室町（1336—1573）刻本　书陵部 36

　　日本延文六年（1361）覆元刻本（妙葩）　内阁文库 343a、别 54—2

　　傅氏双鉴楼藏影抄元刻本（11 行 20 字）

四部丛刊初编　1922 年商务印书馆影印、1929 年二次印、1936 年缩印、1975 年台湾商务印书馆缩印、1986 年上海书店等缩印、2015 年中央编译出版社缩印（据傅抄本影印）

　　明抄本　国图 8516。何大成校并补目，何煌、周叔弢跋

范锦江诗集 五卷

　　宋元诗四十二家集 二百八卷　明潘是仁编，明万历四十三年（1615）刻本　国图　上海　山东　山东博物馆　浙江

　　宋元诗六十一家集 二百七三卷〔或名《宋元诗集》（台"中图"）；《宋元名家诗集》《澹生堂》；《宋元名家诗选》《千顷堂》、《明史》；《宋元名公诗集》《东洋文库目·京都人文、汇定宋元名公诗集》）〕　明万历四十三年（1615）潘是仁编刻天启二年（1622）重修本　国图　甘

范梈

肃　青海

范德机诗七卷
　　元诗四大家集　明崇祯虞山毛氏汲古阁刻本　　北大李□1228
　　四库全书存目丛书集部 375 总集类　齐鲁书社,1997 年

范德机诗集十卷
　　清康熙三十年(1691)金侃抄本　　国图 8517。金侃跋
　　北京图书馆古籍珍本丛刊 94 册　北京图书馆出版社,2000 年

选校范文白公诗集六卷明杨翚、方叙辑**续选**三卷
　　清初抄本　　国图 11896
　　四库全书存目丛书集部 22 别集类　齐鲁书社,1997 年

范德机诗集七卷
　四库全书
　　文渊阁四库全书 1208 册　台湾商务印书馆影印,1983—1987 年
　　文渊阁四库全书 1208 册　上海古籍出版社,2011 年
　　文渊阁四库全书　北京出版社,2008 年
　　文津阁四库全书 403 册　商务印书馆影印,2005 年
　　文津阁四库全书　广陵书社,线装,2012 年
　　文澜阁四库全书 1343 册　杭州出版社,2015 年

范德机诗集七卷**校勘记**一卷胡思敬撰
　　豫章丛书元二大家集　民国九年(1920)刻本

丛书集成续编 168 册　台北新文丰出版公司，1988 年

范德机木天禁语一卷**诗学禁脔**一卷
　　名家诗法　明嘉靖二十四年(1545)结缘囊刻本　**清华**　**辽宁**

德机集
　　元诗选初集丁集
　　　　清康熙三十三年(1694)顾嗣立秀野草堂刻本
　　　　清嘉庆、光绪增修本
　　　　中华书局标点本(中)980—1040 页，1987 年

虞集(1272～1348)

　　道园学古录五十卷
　　　　元至元元年(1335)建宁刻本
　　　　元至正刻大字本
　　　　明景泰七年(1456)郑逵、黄仕达翻元刻本　**皕** 100　成化新正叶盛识，郑逵序景泰七年。半叶十三行，行二三字，黑口，四周双边。后跋有云："郑令既得印本于淮云中，即以元纸黏版刻之。"　**天津**清张金吾跋，朱昂之题款　**国图** 10333。卷十五—十七配嘉靖本　**国图** 9925。卷十八—二十三配清抄本
　　　　四部丛刊初编　1922 年商务印书馆影印、1929 年二次印、1936 年缩印、1975 年台湾商务印书馆缩印、1986 年上海书店等缩印、2015 年中央编译出版社缩印(据明刻本)

虞 集

元代史料丛刊初编元人文集上卷 27—30　黄山书社,2012 年

国学基本丛书　商务印书馆

原国立北平图书馆甲库善本丛书 686 册　国家图书馆出版社,2014 年

元史研究资料汇编 43、44、45 册　中华书局,2014 年

明嘉靖四年(1525)陶谐、虞茂刻本　**皕** 100　案:景泰、嘉靖两刻行款皆同,惟景泰本目录后有补遗目,嘉靖本则以补遗目散入条类,令人往往以景泰刊为元刊,其误始于吴兔床《拜经楼题跋记》。

国图 7107　又 13520　**北大**李□843　**南京**

清乾隆四十一年丙申(1776)崇仁陈兆履赐书堂刻本

清乾隆原刻嘉庆乙亥(1815)陈廷贵勤约堂补刻本

四库全书

　　文渊阁四库全书 1207 册　台湾商务印书馆影印,1983—1987 年

　　文渊阁四库全书 1207 册　上海古籍出版社,2011 年

　　文渊阁四库全书　北京出版社,2008 年

　　文津阁四库全书 403 册　商务印书馆影印,2005 年

　　文津阁四库全书　广陵书社,线装,2012 年

　　文澜阁四库全书 1242 册　杭州出版社,2015 年

摘藻堂四库全书荟要

　　台湾世界书局影印本,1985 年

　　吉林出版集团影印本,2005 年[403　集五六]

四部备要集部

道园学古录十八卷**类集**一卷**增刻**一卷

　　清康熙间刻雍正二年(1724)左印晢增刻本　　**天津**　**上海**

山东
    清康熙间刻雍正间裘思通补刻本　**香港中大**

元蜀郡虞文靖公道园学古录
    中华文史丛书第1辑第5册　华文书局，1969年

雍虞先生道园类稿 五十卷
    元至正五年（1345）临川郡［抚州路儒学］刻本　**国图** 11414。清耿文光跋、傅增湘跋　卷十七—二〇配抄本　**国图** 5498　存三十八卷（一—二〇、二五—二七、三三—四三、四七—五〇）　**上海**　存十一卷：十七—十八、二七、二九—三二、四二—四五

    中华再造善本金元编集部36册　北京图书馆出版社，2006年
    四库提要著录丛书集部109、110册　北京出版社，2010年
    明初叶复元至正五年抚州路儒学刻本　**台"中图"**
    元人文集珍本丛刊（标为明初覆刻本）5、6册　台湾新文丰出版公司，1985年
    元代史料丛刊初编元人文集下卷31—37　黄山书社，2012年
    明初传抄元刻本　**北大**李□6069。存卷一—十五，二七—三一，四〇—四五
    清抄本（有补遗一卷）　**南京** 1523

道园类稿 不分卷
    清抄本　**天津**

虞道园类稿选 一卷
    明葛端调编次诸家文集-古文正集

虞集

明崇祯九年（1636）永怀堂自刻本　　清华　武大　安徽

道园遗稿六卷 从孙堪编 **鸣鹤遗音**一卷 元金天瑞辑

元至正二十四年甲辰（1364）金伯祥[天瑞]序刻本　**皕**100　虞克用（堪）积其所得凡七百余篇，皆板行，二集所无者遂分类编次为六卷，附以乐府，题曰《道园遗稿》。至正己亥眉山杨椿序，至正二十四年甲辰渤海金天瑞识，至正二十年黄溍序。　静嘉堂　三　五　四六　皕

清抄本　上海

道园遗稿六卷　　从孙堪编

元至正二十四年（1364）金伯祥[天瑞]刻本　国图11194。傅增湘跋　北大李□8340　上海

涉园陶氏影元刻本

北京图书馆古籍珍本丛刊 94册　北京图书馆出版社，2000年

中华再造善本金元编集部三册　北京图书馆出版社，2005年

四库提要著录丛书集部254册　北京出版社，2010年

元史研究资料汇编补编 55册　广西师范大学出版社，2020年

清影元抄本　国图6234。清翁方纲批校并跋

原国立北平图书馆甲库善本丛书 686册　国家图书馆出版社，2014年

元史研究资料汇编 45册　中华书局，2014年

道园遗稿六卷

四库全书

文渊阁四库全书 1207册　台湾商务印书馆影印，1983—1987年

文渊阁四库全书 1207 册　　上海古籍出版社，2011 年
　　文渊阁四库全书　　北京出版社，2008 年
　　文津阁四库全书 403 册　　商务印书馆影印，2005 年
　　文津阁四库全书　　广陵书社，线装，2012 年
　　文澜阁四库全书 1242 册　　杭州出版社，2015 年

摘藻堂四库全书荟要
　　台湾世界书局影印本，1985 年
　　吉林出版集团影印本，2005 年[403　集五六]

道园集不分卷
　　清康熙四十九年(1710)左印哲崇仁官署刻本　　南京
　　四库全书存目丛书集部 22 别集类　　齐鲁书社，1997 年

新编翰林珠玉六卷
　　元儒学正孙存吾如山家塾刻本　　䤋 100：黄荛圃旧藏。复翁甲戌正月五日记。案：此元刊元印本，每叶二十二行，每行二十字，大黑口，卷中有"黄丕烈印"白文方印，"复翁"白文方印。　　静嘉堂　四　五　四　七　䤋　　内阁文库(元刊、补写、补配)毛　四　别五八　三　台"中图"
　　明洪武古杭余氏勤德书堂刻本　　尊经阁　明刻综录
　　清末民国初影宋精刻蓝印本　　国图　南大 424·1—570

翰林珠玉六卷
　　清抄本　　南京 1532。丁丙跋
　　清抄本　　南京 1526。吴焯、丁丙跋。有"绣谷熏习""蝉华"二印
　　清抄本　　国图 3605。季锡畴校并跋

清抄本　北大李□816

唐宋元三朝名贤小集　清赵典编，清乾隆嘉庆间赵之玉星凤阁抄本　湖南

虞文靖公道园全集诗八卷**诗遗稿**八卷**文**四十四卷　清孙澍、孙鉁辑

古棠书屋丛书　清道光十七年(1837)鹅溪孙氏刻本　上海

民国元年(1912)存古书局补刻古棠书屋本

丛书集成续编 134 册　台北新文丰出版公司, 1988 年

虞道园全集六十卷(**道园诗稿**八卷**诗遗稿**八卷**在朝文稿**十七卷**应制文录**六卷**归田文稿**十四卷**方外文稿**七卷)

清光绪元年(1875)陵阳书局重刻本

虞文靖公文集

清雍正二年甲辰(1724)裘思适刻本

虞集全集上下册　王颋点校

天津古籍出版社, 2007 年

虞集诗文选注　钱伟强、顾大朋选注

浙江古籍出版社, 2014 年

道园文补钞不分卷

清抄本　上海清翁方纲校

虞伯生文钞一卷

八代文抄　明李宾辑，明末刻本　华东师大集253

元明十四家文归
　　清阙名辑刻本
　　清影元抄本　　华东师大

虞道园文选二卷　　清刘肇虞选评
　　元明八大家古文选　　清乾隆二十九年（1764）步月楼刻本　国图

虞道园先生文选八卷　　清李祖陶选
　　金元明八大家文选　　清道光二十五年（1845）刻本

虞道园集选一卷　　林纾选评
　　林氏选评名家文集　　上海

伯生诗续编（又题伯生诗后）三卷 **题叶氏四爱堂诗**一卷 虞集、吴全节撰
　　元至元六年庚辰（1340）刘氏日新堂刻本　　国图10720。清黄丕烈、叶昌炽、王国维跋　北大李□8881
　　中华再造善本金元编集部二册　　北京图书馆出版社，2005年
　　闽刻珍本丛刊第50册　　人民出版社、鹭江出版社，2009年
　　云窗丛刻　　民国三年（1914）上虞罗氏日本影印本第十册
　　四库全书存目丛书集部22别集类　　齐鲁书社，1997年
　　元四大家集　　民国十一年（1922）上海古书流通处影印士礼居旧藏元本
　　北京图书馆古籍珍本丛刊94册　　北京图书馆出版社，2000年

虞邵庵诗集七卷

　　宋元诗四十三家集二百八卷　　明潘是仁编,明万历四十三年(1615)刻本　　国图　上海　山东　山东博物馆　浙江

　　宋元诗六十一家集二百七三卷〔或名《宋元诗集》(台"中图");《宋元名家诗集》(《澹生堂》);《宋元名家诗选》(《千顷堂》、《明史》);《宋元名公诗集》(《东洋文库目·京都人文、汇定宋元名公诗集》)〕　明万历四十三年(1615)潘是仁编刻天启二年(1622)重修本　国图　甘肃　青海

虞伯生诗八卷补遗一卷

　　元诗四大家集　　明崇祯虞山毛氏汲古阁刻本

　　四库全书存目丛书集部375总集类　　齐鲁书社,1997年

虞伯生七律钞一卷　　清顾有孝等辑

　　五朝名家七律英华　　清康熙刻本

　　石研斋七律钞选　　清灰格抄本　　国图

虞文靖公诗集十卷附**虞文靖公年谱**一卷　　清翁方纲编

　　清嘉庆十一年(1806)南城曾燠赏雨茆屋淮南刻本　　国图　上海316447—52　南京

虞集诗一卷

　　历朝二十五家诗录　　光绪刻本

道园学古录　道园遗稿
　　元诗选初集丁集
　　　　清康熙三十三年(1694)顾嗣立秀野草堂刻本
　　　　清嘉庆、光绪增修本
　　　　中华书局标点本(中)843—934页,1987年

道园子
　　评点百二十子　明归有光评点,民国十四年(1925)上海会文堂石印本

释清珙(1272～1352)

石屋禅师山居诗一卷**石屋和尚住嘉兴当湖福源禅寺语录**元释至柔辑**石屋和尚塔铭**一卷元释元旭撰
　　明弘治二年(1489)林竹坡刻本　复旦　南京

石房禅师山居诗一卷**偈赞**一卷**语录**一卷
　　明万历新安吴明春刻本　南京 5797

石屋禅师山居诗六卷
　　宋元诗四十三家集二百八卷　明潘是仁编　明万历四十三年(1615)刻本　国图　上海　山东　山东博物馆　浙江
　　宋元诗六十一家集二百七三卷〔或名《宋元诗集》(台"中图");《宋元名家诗集》(《澹生堂》);《宋元名家诗选》(《千顷堂》、《明史》);《宋

元名公诗集》《《东洋文库目·京都人文、汇定宋元名公诗集》）〕 **明万历四十三年(1615)潘是仁编刻天启二年(1622)重修本国图 甘肃青海**

  禅门逸书初编 6 册　台北明文书局影印本，1981 年

  续修四库全书集部第 1324 册　上海古籍出版社，2002 年

  清汪氏摘藻堂抄本　**上海**

石屋禅师山居诗 一卷

  清初抄本　**国图**

福源石屋珙禅师山居诗 一卷

  清光绪十一年(1885)江北刻经处刻本　**上海** 383196　**国图** 与楚日永明智觉寿禅师山居诗合刻

山居诗

  元诗选初集壬集

    清康熙三十三年(1694)顾嗣立秀野草堂刻本

    清嘉庆、光绪增修本

    中华书局标点本（下）2500—2504 页，1987 年

释　益

岳林堂禅师山居诗 一卷

  清汪氏摘藻堂抄本　**上海**

栯堂山居诗

元诗选二集壬集

    清康熙四十一年壬午(1702)顾嗣立秀野草堂刻本

    清嘉庆、光绪增修本

    中华书局标点本(下)1391—1393 页,1987 年

萨都剌(约 1272～1355)

雁门集八卷

    元至正八年(1348)刊本　标注:张金吾有汲古阁旧藏本

    明成化二十年(1484)张习刻本　**国图** 4284

    四库提要著录丛书集部 060 册　北京出版社,2010 年

    历代画家诗文集　台湾学生书局影印

    清钱氏述古堂抄本

    原国立北平图书馆甲库善本丛书 688 册　国家图书馆出版社,2014 年

    回族典藏全书 150—152 册　甘肃文化出版社、宁夏人民出版社,2008 年(据清木刻本与手抄本二种影印)

萨天锡诗集五卷

    明弘治十六年癸亥(1503)李举刻本　**国图** 7733　又 4897　**南京** 1551。丁丙跋　**山东**

    明弘治李举刻嘉靖十五年(1536)张邦教重修本　**国图** 14966

    四部丛刊初编　分前后集 1922 年商务印书馆影印、1929 年二

次印、1936 年缩印、1975 年台湾商务印书馆缩印、1986 年上海书店缩印、2015 年中央编译出版社缩印(据上本影印)

回族典藏全书 149 册二卷　甘肃文化出版社、宁夏人民出版社,2008 年(据明木刻本影印)

新芳萨天锡杂诗妙选稿全集 一卷

日本五山期刊本　**东洋文库** 36

明历三年(1657)刻本　**内阁文库** 林　一　三一二　三〇　五

和刻本四部丛刊 94 册　人民出版社、西南师范大学出版社,2014 年

元禄七年(1694)大阪油屋与兵卫刊本　**书陵部**

日本明治三十八年(1905)民友社铅印本　岛田翰据永和刻本并校定　**北大李** 8527　**李** 3137　**国图**

清抄本　**国图**

萨天锡诗集 八卷

宋元诗六十一家集 二百七三卷〔或名《宋元诗集》(台"中图");《宋元名家诗集》(《澹生堂》);《宋元名家诗选》(《千顷堂》、《明史》);《宋元名公诗集》(《东洋文库目·京都人文、汇定宋元名公诗集》)〕　明万历四十三年(1615)潘是仁编刻天启二年(1622)重修本　**国图**　**甘肃**　**青海**

萨天锡诗集 不分卷

历代画家诗文集　台湾学生书局影印(据明晋安谢氏小草斋抄本)

萨天锡诗集三卷**集外诗**一卷
  元人十种诗 明崇祯十一年(1638)汲古阁刻本 **国图** 8528。
毛绥万校并跋，沈岩校跋并录何焯题识 **上海**
  民国十五年商务印书馆影印汲古阁本

萨天锡诗集六卷
  明祁氏澹生堂抄本 **国图**蓝格，存卷一—二 **北大**存卷三—六

雁门集六卷
  清康熙十九年庚申(1680)八世孙希亮半野轩重刻本 **上海** 010050 **复旦** **国图** **南京**
  清乾隆五十年(1785)刻本 **国图** **南京**
  清光绪三年(1877)闽中庆远堂刻本 **山东**

雁门集三卷**集外诗**一卷
  四库全书
    文渊阁四库全书 1212 册 台湾商务印书馆影印，1983—1987 年
    文渊阁四库全书 1212 册 上海古籍出版社，2011 年
    文渊阁四库全书 北京出版社，2008 年
    文津阁四库全书 405 册 商务印书馆影印，2005 年
    文津阁四库全书 广陵书社，线装，2012 年
    文澜阁四库全书 1247 册 杭州出版社，2015 年
  摘藻堂四库全书荟要
    台湾世界书局影印本 1985 年
    吉林出版集团影印本 2005 年[406 集五九]

雁门集十四卷**补遗**一卷**雁门集倡和录**一卷**别录**一卷　清萨龙光编注

　　清嘉庆十二年(1807)萨龙光侯官刻本　　国图　北大　浙江
　　续修四库全书集部 1324 册　　上海古籍出版社,2002 年
　　清嘉庆萨龙光刻光绪三年(1877)重修本　　华东师大　南京

雁门集六卷**诗余**一卷**补遗**一卷**雁门集倡和录**一卷**别录**一卷
　　清宣统二年庚戌(1910)萨嘉曦侯官刻本　　天津朱印

雁门集编注增补二十卷　　清萨龙光编注　萨君陆增补
　　民国二十五年(1936)稿本(剪贴民国四年刻本)　　国图文 209.554/44

雁门集　殷孟伦、朱广祁点校
　　中国古典文学丛书　　上海古籍出版社,1982 年

萨都剌诗选　刘试骏、张迎胜、丁生俊选注
　　宁夏人民出版社,1982 年

萨都剌诗词选译　龙德寿译注
　　古代文史名著选译丛书　　凤凰出版社,2011 年

雁门集附天锡集
　　元诗选初集戊集
　　　　清康熙三十三年(1694)顾嗣立秀野草堂刻本

清嘉庆、光绪增修本

中华书局标点本（中）1185—1258 页，1987 年

董寿民（1266～1345）

元懒翁诗集 二卷

清嘉庆二十五年（1820）董占魁克念堂活字本　　国图 16300　　国图西谛书 10734

续修四库全书 集部 1323 册　　上海古籍出版社，2002 年

朱思本（1273～1333）

贞一斋诗文稿 二卷

吴匏庵（宽）手抄本　　皕 109：《挈经室外集》曰：《贞一斋诗文藁》二卷，元朱思本撰。思本字本初，豫章临川人，常学道于龙虎山中，贞一其号云。顾嗣立《元诗选》四集称：思本尝从吴全节居都下，博洽文雅见称于时，所著诗文稿世无刻本，仅存范梈至治三年、至治癸亥刘有庆、至治癸亥欧阳应丙、泰定二年虞集、柳贯天历纪元之岁及泰定四年玄教大宗师吴全节六序，俱诸人手书，藏吴中刘损抑夫家。此本乃丛书堂吴宽手抄，凡二卷，上卷为杂著文，下卷古近各体诗。思本好学远游，遍历名山大川几半天下，尝以昔人所刻《禹迹图》、《混一六合郡邑图》皆有乖谬，乃参阅《郡县》、《九域》、《一统》等志，考订古今，校量远近，成《舆地图》一书，计里开方之法，至思本而

始备。今文稿内有《舆地图自序》一篇可证也。大约思本之学,地理为长也。

丛书集成续编 135 册　台北新文丰出版公司,1988 年

贞一斋文一卷 诗稿一卷

宛委别藏　故宫藏阮元辑抄本
　选印宛委别藏
　　商务印书馆,1935 年
　　台湾商务印书馆影印,1981 年
　　江苏古籍出版社影印,1988 年
续修四库全书集部 1323 册　上海古籍出版社,2002 年
元代史料丛刊续编元代文集 21　黄山书社,2018 年

贞一斋杂著一卷 诗稿一卷

适园丛书第九集
元代史料丛刊续编元代文集 21　黄山书社,2018 年
　清抄本　**国图** 4280　**南京** 1511　**科图**

贞一斋杂著一卷

　清辨志书塾抄本（合闲居丛稿、水镜诗集为一册）　**上海**　清李兆洛跋

卢亘(1274～1314)

卢含雪诗集三卷

　　宋元诗四十三家集二百八卷　　明潘是仁编,明万历四十三年(1615)刻本　　国图　上海　山东　山东博物馆　浙江

　　宋元诗六十一家集二百七三卷〔或名《宋元诗集》(台"中图");《宋元名家诗集》(《澹生堂》);《宋元名家诗选》(《千顷堂》、《明史》);《宋元名公诗集》(《东洋文库目·京都人文、汇定宋元名公诗集》)〕　明万历四十三年(1615)潘是仁编刻天启二年(1622)重修本　　国图　甘肃　青海

彦威集

　　元诗选二集丙集

　　　　清康熙四十一年壬午(1702)顾嗣立秀野草堂刻本

　　　　清嘉庆、光绪增修本

　　　　中华书局标点本(上)325—331页,1987年

揭傒斯(1274～1344)

揭文安公文集九卷**诗集**三卷**诗续集**二卷

　　旧抄本　甾100：揭曼硕傒斯著。诗集门生前进士燮理溥化校录。

又一部（王莲泾旧藏，有程钜夫题识）

清抄本　**南京**清丁丙跋

揭文安公全集十四卷**附补遗**一卷

乌程蒋氏密韵楼藏孔荭谷旧抄本

四部丛刊初编　1922年商务印书馆影印、1929年二次印、1936年缩印、1975年台湾商务印书馆缩印、1986年上海书店等缩印、2015年中央编译出版社缩印（据上本影印）

四库提要著录丛书集部030册　北京出版社，2010年

揭文安公文集十卷

明正德十五年（1520）揭富文刻本　**国图**2184。存卷诗一——六，傅增湘跋

明抄本　**国图**3608。王闻远校并跋

揭文安公文集六卷

明刻本　**皕**100　九世孙富文序

揭文安公文集九卷**补遗**一卷

清初抄本　**上海**清宋宾王校并跋，莫棠跋，佚名校

揭文安公诗集六卷**补遗**一卷**文粹**二卷　清揭大举辑释，揭鏸编

清乾隆三十四年（1769）揭大举刻本　**南京**

文安集十四卷补遗一卷

四库全书

文渊阁四库全书 1208 册　台湾商务印书馆影印，1983—1987 年

文渊阁四库全书 1208 册　上海古籍出版社，2011 年

文渊阁四库全书　北京出版社，2008 年

文津阁四库全书 403 册　商务印书馆影印，2005 年

文津阁四库全书　广陵书社，线装，2012 年

文澜阁四库全书 1343 册　杭州出版社，2015 年

摘藻堂四库全书荟要

台湾世界书局影印本，1985 年

吉林出版集团影印本　2005 年[404　集五七]

揭文安公诗集八卷诗续集一卷文集九卷补遗一卷附校勘记一卷

豫章丛书元二大家集　民国九年（1920）胡思敬辑校刻本　**国图** 441。傅增湘校跋并录何焯批识

丛书集成续编 135 册　台北新文丰出版公司，1988 年

元代史料丛刊续编元代文集 17—19　黄山书社，2018 年

揭文安公文粹一卷　明杨士奇选

明天顺五年（1461）沈琮广州府学刻本　**国图** 8518。清何焯批校并跋，傅增湘跋；3610。清张蓉镜、季锡畴、王振声跋　**南京**清丁丙跋　**福建**　**上海**　**山东大学**

揭文安公文粹二卷

元刻本[黄目]

清乾隆三十四年己丑(1769)重刻沈氏本　**南京** 87400
粤雅堂丛书初编第二集　清咸丰元年(1851)南海伍氏刻本
丛书集成初编文学类　［粤雅］2416 册

揭文安公文粹 六卷
半亩园丛书　清同治十一年(1872)吴氏安徽藩署敬义斋刻本
国图 441。傅增湘校跋并录何焯批识

揭曼硕文选 一卷　清刘肇虞选评
元明八大家古文选　清乾隆二十九年(1764)步月楼刻本
四库全书存目丛书集部 22 别集类　齐鲁书社,1997 年

揭曼硕诗集 三卷
元至元六年庚辰(1340)日新书堂刻本　**福建**　**国图** 2180。傅增湘抄补缺叶并跋
中华再造善本金元编　集部二册　北京图书馆出版社,2005 年
明印溪草堂抄本
大仓文库粹编四库进呈本第 17 册　北京大学出版社,2020 年
日本南北朝刻本　内阁文库毛　一　集一五　五

元音独步揭文安公诗集 二卷 拾遗 一卷
明正德十六年(1521)建莱次川子序刻本(后附梁寅揭文安公事迹一篇,次川跋语次之,十行十九字)
清刘氏味经书屋抄本　**国图** 5409
清抄本　**国图** 10334 陈墫校并跋　**南京**

揭秋宜诗集五卷

　　宋元诗四十三家集二百八卷　明潘是仁编,明万历四十三年(1615)刻本　　国图　上海　山东　山东博物馆　浙江

　　宋元诗六十一家集二百七三卷〔或名《宋元诗集》(台"中图");《宋元名家诗集》(《澹生堂》);《宋元名家诗选》(《千顷堂》、《明史》);《宋元名公诗集》(《东洋文库目·京都人文、汇定宋元名公诗集》)〕　明万历四十三年(1615)潘是仁编刻天启二年(1622)重修本　　国图　甘肃　青海

揭曼硕诗三卷

　　元诗四大家集　明崇祯虞山毛氏汲古阁刻本

　　四库全书存目丛书集部375总集类　齐鲁书社,1997年

　　丛书集成新编71册　新文丰出版公司,1985年

揭曼硕诗集四卷

　　元六家诗集　清吴县金侃手抄本　台"中图"

揭曼硕诗三卷

　　海山仙馆丛书　道光二十七年(1847)刻本

　　丛书集成初编文学类　〔海山〕2268册

揭傒斯全集　李梦生点校

　　中国古典文学丛书　上海古籍出版社,1985年

秋宜集

 元诗选初集丁集

  清康熙三十三年(1694)顾嗣立秀野草堂刻本

  清嘉庆、光绪增修本

  中华书局标点本(中)1041—1084页,1987年

胡　棣

伯友诗集一卷

 清康熙庚寅(1710)《胡氏宗谱》附

  江西省进贤县三里乡健武村藏

 清光绪庚寅(1890)《胡氏宗谱》附

  江西省进贤县二塘乡官溪村、大鹄源村藏

 余辉《新发现元人胡棣〈伯友诗集〉考论》(《元史及民族与边疆研究集刊第三十七辑》,上海古籍出版社,2020年):此书作者胡棣,字伯友,元末为江西儒学提举。

王结(1275～1336)

文忠集六卷

 四库全书(辑自《永乐大典》)

  文渊阁四库全书1206册　台湾商务印书馆影印,1983—1987年

  文渊阁四库全书1206册　上海古籍出版社,2011年

文渊阁四库全书　北京出版社，2008年
文津阁四库全书 403册　商务印书馆影印，2005年
文津阁四库全书　广陵书社，线装，2012年
文澜阁四库全书 1241册　杭州出版社，2015年
四库全书珍本初集集部别集类　商务印书馆，1933—1935年
清乾隆翰林院红格抄本　**国图** 5910
元史研究资料汇编 60册　中华书局，2014年
清丁氏八千卷楼黑格抄本　**南京** 3517

王左丞结

元诗选癸集癸之丙
　清嘉庆三年(1798)南沙席世臣扫叶山房刻本
　清光绪十四年(1888)南沙席威扫叶山房补版重印本
　中华书局标点本(上)259—261页，2001年

周权(1275～1343)

此山先生诗集十卷
　元至正刻本(十一行十九字)　陈旅校选，欧阳玄批点
　清翻元刻本　**上海** 006962
　元四大家集　民国十一年(1922)上海古书流通处影印本
　择是居丛书初集　民国十五年(1926)吴兴张钧衡序刻本
　元史研究资料汇编 29册　中华书局，2014年
　清抄本(又题咏一卷)　**南京**

周权

此山集十卷
　处州丛书　民国二十二年(1933)退补庐排印

周此山先生诗集四卷
　明天顺刻本　国图 12327
　四库提要著录丛书集部 109 册　北京出版社，2010 年
　明抄本　杭大
　括苍丛书第二集
　清抄本　国图 5407。查慎行跋；3721。黄丕烈校跋并题诗

此山诗集四卷补遗一卷
　清抄本　北大　南大 425—180

此山集四卷
　四库全书
　　文渊阁四库全书 1204 册　台湾商务印书馆影印，1983—1987 年
　　文渊阁四库全书 1204 册　上海古籍出版社，2011 年
　　文渊阁四库全书　北京出版社，2008 年
　　文津阁四库全书 402 册　商务印书馆影印，2005 年
　　文津阁四库全书　广陵书社，线装，2012 年
　　文澜阁四库全书 1238 册　杭州出版社，2015 年

此山集
　元诗选初集己集
　　清康熙三十三年(1694)顾嗣立秀野草堂刻本

清嘉庆、光绪增修本

中华书局标点本(中)1580—1605页,1987年

揭祐民(泰定年间为邵武经历)

揭希韦诗 一卷

三元人诗　民国四明张氏约园抄本　国图

吁里子集

元诗选二集丙集

清康熙四十一年壬午(1702)顾嗣立秀野草堂刻本

清嘉庆、光绪增修本

中华书局标点本(上)425—432页,1987年

杜本(1276～1350)

清江碧嶂集 一卷

明末虞山毛氏汲古阁刻本

沈韵斋抄汲古阁本　南京 6340

浙江鲍士恭家藏本(存目)

四库全书存目丛书集部 21　齐鲁书社,1997年(清抄汲古阁本)

历代画家诗文集第三集　台湾学生书局影印汲古阁本,1973年

清刻本　书陵部

元六家诗集　清吴县金侃手抄本　台"中图"
戴机父所辑书　清戴范云辑稿本　上海
清抄本　上海宋宾王校并跋,又一部　南京　中山

清江碧嶂集
元诗选初集己集
清康熙三十三年(1694)顾嗣立秀野草堂刻本
清嘉庆、光绪增修本
中华书局标点本(中)1646—1652页,1987年

陈德永

两峰惭集二卷
台州丛书己集　民国八年(1919)黄岩杨晨辑石印本

两峰惭草(诗集前题陈提举德永)
元诗选三集己集
清康熙四十一年壬午(1702)顾嗣立秀野草堂刻本
清嘉庆、光绪增修本
中华书局标点本(上)295—298页,1987年

黄溍(1277～1357)

金华黄先生文集 四十三卷

元刻元印本　䀢101 仪跋：卷《元椠足本黄文献集跋》：足本四十三卷，首行题曰"金华黄先生文集第几"，下题"初稿几""续稿几"，次行题"临川危素编次、番易刘耳校正"，间有题门人编次者，次行有题"日损斋续稿"者。卷一至卷三为初稿(则未第时作，监察御史临川危素所编次)，卷四至四十三为续稿(则皆登第后作，门人王生、宋生所编次也)。前有至正十五年贡师泰序，每页二十四行，每行二十四字，版心有字数小黑口，语涉元帝皆提行。元刊元印本初稿一、二诗，三赋、骚、答问、杂著、赞、碑记、序、题跋、书、祭文、传、行述。续稿一至三诗，四诏、制、表、笺、箴、铭、赞，五碑文、记，六至十二记，十三至十五序，十六序、说、启、公文，十七策题、劝农文、上梁文，十八、十九题跋，二十祝文、祠疏、祭文、行状，二十一至二十四神道碑，二十六、七墓碑，二十八至三十六墓志铭，三十七墓碣、墓记，三十八、九塔铭、道行碑，四十世谱、传。初稿、续稿总为四十三卷，四库未收，阮文达亦未进呈，《爱日精庐藏书志》虽著于录，仅得二十三卷，其流传之罕可知矣，校明张俭刊本约多一倍而赢。文献为朝廷所役，颂异端之宫，谀俗僧俗道之墓，张俭削之可也。郓王拜住神道碑、太保定国忠亮公碑第二碑、高昌郡公合剌普华神道碑、河西陇北道廉访使凯烈神道碑、武宣刘公神道碑、史惟良神道碑、礼部尚书干文传神道碑、司徒陈萍神道碑、马氏世谱，皆有关史乘，而亦削之，未免无知妄作矣，观其序似亦未见全本耳。是本先为王闻远所藏，卷首有"太原叔子藏书记"白文长印,"莲泾"二字朱文方印。嘉庆中归扬州汪孟慈,有"喜孙过目"朱文方印、"汪喜孙印"朱文方印。后归上海郁泰峰,有"郁松年印"白文方印、"泰峰"二字朱文方印。余从郁氏得之,至正距今五百余年,纸墨如新,完善无缺,诚皕宋楼中元板第一等也。　**静嘉堂** 697

二〇五四八　皕

元刻本　**国图** 3611。存23卷:卷一一十三,二二—三一。钱大昕、宗舜年跋　**国图** 2553。存8卷:卷八—十二,十四—十六。傅增湘补抄缺叶并跋

上海 四库底本,卷二一—四三配清抄本

元刻明修本(存二卷 31—32)　**国图** 6655

上海涵芬楼影印元刻本

四部丛刊初编　1922年商务印书馆初次影印采梁溪孙氏小绿天影元本,1929年二次印本、1936年缩印二次印本合瞿、宗氏、静嘉堂元刊本影印,增张元济撰札记一卷、1975年台湾商务印书馆缩印、1986年上海书店等缩印、2015年中央编译出版社缩印

中华再造善本 金元编集部(影上海本)20册　北京图书馆出版社,2005年

四库提要著录丛书 集部255册　北京出版社,2010年

元代史料丛刊初编 元人文集下卷40—43　黄山书社,2012年

元史研究资料汇编补编 55—59册　广西师范大学出版社,2020年

清影抄元本　清丁丙跋　**南京** 1542

续金华丛书 集部　民国十三年(1924)永康胡宗楙梦选廔刻本

续修四库全书 集部第1323册　上海古籍出版社,2002年

黄文献公集 二十三卷　元危素编

元刻本　清徐康跋　**国图** 10336

四部丛刊五编集部　李致忠编　中国书店，2020年
　　明正统三年戊午(1438)补刻本　**国图　上海**
　　大仓文库粹编精善刻本55—56册　北京大学出版社，2020年
　　清雍正元年蒋氏韵绿山房乌丝栏抄本
　　原国立北平图书馆甲库善本丛书686—687册　国家图书馆出版社，2014年
　　元史研究资料汇编46册　中华书局，2014年
　　清抄本（附录缺目）　丁丙校补并跋　**南京**1541

重刊黄文献公文集十卷　仙居张俭删编
　　明正德刻本
　　明嘉靖十年辛卯(1531)虞守愚刻本　**国图**4468。四册　**北大**NC5386/1328。六册（存卷一——六）　**天津　重庆**
　　　天禄现存书　一函八册　**台"故宫"**
　　明万历张维枢辑刻本　**国图**2928
　　明万历刻清康熙三十年(1691)王廷曾重修本　**国图　天津　南京**3506　**浙江图**甲补遗。清宋宾王校并跋
　　清康熙四十五年刻本　**国图**
　　清雍正十年黄氏日损斋刻本　**南京　山东**
　　清乾隆间刻本　**国图**

黄文献集十卷
　　四库全书（据张俭删本）
　　　文渊阁四库全书1209册　台湾商务印书馆影印，1983—1987年
　　　文渊阁四库全书1209册　上海古籍出版社，2011年

文渊阁四库全书　　北京出版社,2008年
　　文津阁四库全书404册　商务印书馆影印,2005年
　　文津阁四库全书　　广陵书社,线装,2012年
　　文澜阁四库全书1244册　杭州出版社,2015年

文献集十卷
　摘藻堂四库全书荟要
　　台湾世界书局影印本,1985年
　　吉林出版集团影印本,2005年[404　集五七]

黄文献公文集别录二卷
　　明嘉靖张大轮辑刻本
　　旧抄本　北大□810.59/4431

文献公全集十一卷
　　清雍正八年(1730)裔孙卿夔补刻本　上海467261—68

黄文献公全集十一卷**日损斋笔记**一卷**补遗**一卷　陈坡校订
　　清咸丰元年辛亥(1851)黄氏刻本　国图　北大　天津　南京

黄文献公文集十卷**补遗**一卷**附录**一卷
　　金华丛书集部　光绪二年(1876)金华胡氏武昌退补斋刻本

黄文献集十二卷
　　丛书集成初编文学类[金华]2081—2088册

黄溍全集　王颋点校
　　天津古籍出版社,2008 年

黄溍集　王颋点校
　　浙江文丛　浙江古籍出版社,2013 年

日损斋稿
　　元诗选初集丁集
　　　　清康熙三十三年(1694)顾嗣立秀野草堂刻本
　　　　清嘉庆、光绪增修本
　　　　中华书局标点本(中)1085—1125 页,1987 年

偰玉立(1290~1365)

偰玉立诗辑本不分卷
　　回族典藏全书 156 册　甘肃文化出版社、宁夏人民出版社,2008 年

世玉集
　　元诗选三集庚集
　　　　清康熙五十九年(1720)顾嗣立秀野草堂刻本
　　　　清嘉庆、光绪增修本
　　　　中华书局标点本 375—379 页,1987 年

瞻思(1277—1351)

瞻思佚文集不分卷
  回族典藏全书 160 册 甘肃文化出版社、宁夏人民出版社,2008 年

谢宗可(1330 年前后在世)

咏物诗一卷
  明天启二年(1622)朱之蕃刻本
  三家咏物诗(附明瞿宗佑、张劭两家)
  清康熙五十三年(1714)刻本 国图 天一阁 河南
  旧抄本 陌 106。汪泽民序
  四库全书(辑自《永乐大典》)
    文渊阁四库全书 1216 册 台湾商务印书馆影印,1983—1987 年
    文渊阁四库全书 1216 册 上海古籍出版社,2011 年
    文渊阁四库全书 北京出版社,2008 年
    文津阁四库全书 406 册 商务印书馆影印,2005 年
    文津阁四库全书 广陵书社,线装,2012 年
    文澜阁四库全书 1251 册 杭州出版社,2015 年

元谢宗可咏物诗 一卷

明蒋玢家抄本　　明蒋玢校补，蒋玢、郭柏苍跋　　北大 李□8320

四库提要著录丛书集部 257 册　北京出版社，2010 年

咏物诗 二卷

清乾隆五十六年辛亥（1791）冰丝馆刻本　　国图 文 269.225/465953　南京　四川

清抄本　南京 3539　浙江

何梦华旧抄本

标注：上下二卷，诗凡三百余首，前有至正癸巳汪泽民序。

咏物诗

元诗选初集 戊集

清康熙三十三年（1694）顾嗣立秀野草堂刻本

清嘉庆、光绪增修本

中华书局标点本（中）1500—1509 页，1987 年

卞思义（1338 年前后在世）

宜之集 一卷

抄本（北村诗集附）　社科院文学所

宜之集

元诗选三集 庚集

清康熙五十九年（1720）顾嗣立秀野草堂刻本

清嘉庆、光绪增修本

中华书局标点本 404—409 页,1987 年

释善住(1278~约 1330)

谷响集 不分卷

元刻本　　标注：　振绮堂藏。二册。

清抄本　　**浙江**　**天一阁**

谷响集 三卷

清抄本　　**国图** 8505

清蓝格抄本　　**南京** 3581

四库全书

文渊阁四库全书 1195 册　　台湾商务印书馆影印,1983—1987 年

文渊阁四库全书 1195 册　　上海古籍出版社,2011 年

文渊阁四库全书　　北京出版社,2008 年

文津阁四库全书 399 册　　商务印书馆影印,2005 年

文津阁四库全书　　广陵书社,线装,2012 年

文澜阁四库全书 1230 册　　杭州出版社,2015 年

禅门逸书初编 6 册　　台北明文书局影印本,1981 年

谷响集 二卷

清抄本　　**上海**

谷响集一卷

    清抄本   国图   科图

谷响集

    元诗选初集壬集

        清康熙三十三年(1694)顾嗣立秀野草堂刻本

        清嘉庆、光绪增修本

        中华书局标点本(下)2461—2481页,1987年

程端学(1278～1334)

积斋集五卷

    清抄本(四库底本)   国图 CBM   №470/629：733—876

    原国立北平图书馆甲库善本丛书 688册   国家图书馆出版社,2014年

    四库全书(辑自《永乐大典》)

        文渊阁四库全书 1212册   台湾商务印书馆影印,1983—1987年

        文渊阁四库全书 1212册   上海古籍出版社,2011年

        文渊阁四库全书   北京出版社,2008年

        文津阁四库全书 405册   商务印书馆影印,2005年

        文津阁四库全书   广陵书社,线装,2012年

        文澜阁四库全书 1247册   杭州出版社,2015年

    清乾隆翰林院抄本   国图 5914

    四库提要著录丛书集部 348册   北京出版社,2010年

元史研究资料汇编 52册　中华书局,2014年

四明丛书第一集　民国二十一年(1932)张寿镛约园辑刻本

元代史料丛刊续编元代文集 12　黄山书社,2018年

清钱塘丁氏八千卷楼蓝格抄本　**南京** 3525

积斋集_{五卷}

清末民初张氏约园抄本　社科院文学所

积斋集

元诗选补遗戊集

清金山钱熙彦编道光间刻本　**首都**

中华书局标点本 433—440 页,2002年

项炯(1278～1338)

项可立集_{一卷}

台州丛书己集　民国八年(1919)黄岩杨晨辑石印本

可立集

元诗选三集戊集

清康熙五十九年(1720)顾嗣立秀野草堂刻本

清嘉庆、光绪增修本

中华书局标点本 235—239 页,1987年

胡助（1278～1355）

纯白斋类稿 二十二卷 附录 二卷
　　明正德五年庚午（1510）六世孙胡淮刻本
　　抄本　　皕 104　　正德庚午杜储序
　　清康熙三十五年丙戌（1696）刻本

纯白斋类稿 二十二卷
　　四库全书
　　　　文渊阁四库全书 1214 册　　台湾商务印书馆影印，1983—1987 年
　　　　文渊阁四库全书 1214 册　　上海古籍出版社，2011 年
　　　　文渊阁四库全书　　北京出版社，2008 年
　　　　文津阁四库全书 405 册　　商务印书馆影印，2005 年
　　　　文津阁四库全书　　广陵书社，线装，2012 年
　　　　文澜阁四库全书 1249 册　　杭州出版社，2015 年
　　清抄本　　北大李□1992
　　四库提要著录丛书集部 111 册　　北京出版社，2010 年

纯白斋类稿 二十卷 首 一卷 附录 二卷
　　金华丛书集部　　同治十二年（1873）永康胡氏退补斋刻本
　　丛书集成初编文学类［金华］2089—2091 册
　　丛书集成新编 66 册　　新文丰出版公司，1985 年
　　元史研究资料汇编 55 册　　中华书局，2014 年

纯白类稿
  元诗选三集庚集
    清康熙五十九年（1720）顾嗣立秀野草堂刻本
    清嘉庆、光绪增修本
    中华书局标点本 369—374 页，1987 年

陈樵（1278～1365）

鹿皮子集四卷 杜储编
  明刻本（有大德丙寅（1306）庞龙序）

鹿皮子陈先生文集四卷 明卢联编
  明正德卢联刻本 **南京图书馆**草目
  影明抄本 **国图**
  原国立北平图书馆甲库善本丛书 689 册 国家图书馆出版社，2014 年
  旧抄本 **国图**傅沅叔（增湘）藏，有正德序 **清华**
  旧抄本 卢耕子友编辑 **茚** 106。周旋序正德戊寅 **静嘉堂** 702

元鹿皮子集四卷
  清康熙四十三年甲申（1704）董肇勋寓楼书室刻本 **国图** 458。朱霞跋，傅增湘校补并跋 **南京** 87420 **上海**
  四库提要著录丛书集部 061 册 北京出版社，2010 年

鹿皮子集四卷
　四库全书
　　文渊阁四库全书 1216 册　台湾商务印书馆影印，1983—1987 年
　　文渊阁四库全书 1216 册　上海古籍出版社，2011 年
　　文渊阁四库全书　北京出版社，2008 年
　　文津阁四库全书 406 册　商务印书馆影印，2005 年
　　文津阁四库全书　广陵书社，线装，2012 年
　　文澜阁四库全书 1251 册　杭州出版社，2015 年
　金华丛书集部　光绪元年(1875)永康胡氏武昌退补斋刻本
　元史研究资料汇编 61 册　中华书局，2014 年
　丛书集成初编文学类[金华]2100 册
　丛书集成新编 66 册　新文丰出版公司，1985 年

陈樵赋诗文注释　顾旭明校注
　郑州大学出版社，2017 年

鹿皮子集
　元诗选初集戊集
　　清康熙三十三年(1694)顾嗣立秀野草堂刻本
　　清嘉庆、光绪增修本
　　中华书局标点本(中)1479—1499 页，1987 年

陈泰（约 1279 至 1320 年在世）

所安遗集一卷
　明正德九年甲戌(1514)刻本　　甾 101　仪跋：《所安遗集跋》：

从钱塘丁松生大令所藏鲍渌饮校本过录,谭文卿中丞抚浙时即以鲍校本刊刻。余近得成化刊本以校此本,多得诗三十余首,元进士龙南令前翰林院庶吉士长沙陈泰志同著,间洁序正德八年一首,刘三吾像赞一首及小像,孙陈铨序成化丁未;陈章、陈瑶跋三首;周济题正德甲戌、蒋冕题跋各一首,因命写官照写补入。盖渌饮所见本前后缺十余叶,故脱落如此甚矣。成化距今四百年耳,刻本已不易得,况元刻乎?惜元帅移节陕甘,不及补刊耳。

澍按:仪跋因此本前有成化丁未孙陈铨序,故定为成化刊本,然另有正德八年阎结序及正德甲戌周济题,以出现最晚之年判断,改为正德九年甲戌刻本 静嘉堂 698 — 一五 二九 十

清初抄本 国图 8523

四库提要著录丛书集部 348 册 北京出版社,2010 年

四库全书

 文渊阁四库全书 1210 册 台湾商务印书馆影印,1983—1987 年

 文渊阁四库全书 1210 册 上海古籍出版社,2011 年

 文渊阁四库全书 北京出版社,2008 年

 文津阁四库全书 404 册 商务印书馆影印,2005 年

 文津阁四库全书 广陵书社,线装,2012 年

 文澜阁四库全书 1245 册 杭州出版社,2015 年

清抄本

原国立北平图书馆甲库善本丛书 688 册 国家图书馆出版社,2014 年

元史研究资料汇编补编 61 册 广西师范大学出版社,2020 年

 清嘉庆戴光曾抄本 国图

 清马思赞道古堂抄本 南京

清赵氏星凤阁抄本　赵辑宁校　**南京** 1548

宋元小集　清绿格精抄本　台"中图"

涵芬楼秘笈第十集（据旧抄本）　商务印书馆，1926年

所安遗集一卷**补录附录**一卷

清光绪六年庚辰（1880）武林节署谭锺麟写刻本　**国图** 445。傅增湘校补并跋

元人文集珍本丛刊 8 册　台湾新文丰出版公司，1985年

元史研究资料汇编 54 册（附录一卷）　中华书局，2014年

所安遗集一卷**附录**一卷

影抄明成化刻本　**南京** 5798

所安遗集

元诗选初集己集

清康熙三十三年（1694）顾嗣立秀野草堂刻本

清嘉庆、光绪增修本

中华书局标点本（中）1635—1645 页，1987年

马祖常（1279～1338）

石田先生文集十五卷**附录**一卷

元至元五年（1339）扬州路儒学刻本（卷二—三、十四—十五、附录配 1933 年徐宗浩抄本）　徐宗浩校跋并题诗　**国图** 8515

古逸丛书三编　1985 年中华书局影印

北京图书馆古籍珍本丛刊 94 册　北京图书馆出版社,2000 年

中华再造善本金元编集部 10 册　北京图书馆出版社,2006 年

马石田文集十五卷附录一卷

明弘治六年(1493)熊翀刻本　　国图 775.7105　　上海

元四大家集　民国十一年上海古书流通处影印　　国图

元人文集珍本丛刊 6 册　台湾新文丰出版公司,1985 年

元代史料丛刊初编元人文集上卷 25—26　黄山书社,2012 年

石田集十五卷

明刻本(四库底本)　　北大李□4839

四库提要著录丛书集部 254 册　北京出版社,2010 年

四库全书

　　文渊阁四库全书 1206 册　台湾商务印书馆影印,1983—1987 年

　　文渊阁四库全书 1206 册　上海古籍出版社,2011 年

　　文渊阁四库全书　北京出版社,2008 年

　　文津阁四库全书 403 册　商务印书馆影印,2005 年

　　文津阁四库全书　广陵书社,线装,2012 年

　　文澜阁四库全书 1241 册　杭州出版社,2015 年

摘藻堂四库全书荟要

　　台湾世界书局影印本,1985 年

　　吉林出版集团影印本,2005 年[402　集五五]

马文贞公石田集五卷
 中州名贤文表内集
  清康熙四十五年(1706)汪立名刻本
  清光绪三十年(1904)海虞邵氏刻本
 四库全书
  文渊阁四库全书 1373 册　台湾商务印书馆影印，1983—1987 年
  文渊阁四库全书 1373 册　上海古籍出版社，2011 年
  文渊阁四库全书　北京出版社，2008 年
  文津阁四库全书 459 册　商务印书馆影印，2005 年
  文津阁四库全书　广陵书社，线装，2012 年
  文澜阁四库全书 1416 册　杭州出版社，2015 年
 北京图书馆古籍珍本丛刊 116 册　北京图书馆出版社，2000 年
 中华文史丛书 7 册　台湾华文书局，1968 年

石田先生文集　李叔毅、傅瑛点校
 中州名家集　中州古籍出版社，1991 年

马祖常集　王媛校点
 元代别集丛刊　吉林文史出版社，2010 年

石田集五卷
 元六家诗集　清吴县金侃手抄本　台"中图"

马西如诗集三卷

宋元诗四十三家集二百八卷　明潘是仁编,明万历四十三年(1615)刻本　国图　上海　山东　山东博物馆　浙江

宋元诗六十一家集二百七三卷〔或名《宋元诗集》(台"中图");《宋元名家诗集》《澹生堂》;《宋元名家诗选》《千顷堂》、《明史》;《宋元名公诗集》《东洋文库目·京都人文、汇定宋元名公诗集》)〕　明万历四十三年(1615)潘是仁编刻天启二年(1622)重修本　国图　甘肃　青海

马祖常诗歌选注　周绍祖、王佑夫选注
　新疆人民出版社,1988年

石田集
　元诗选初集丙集
　　清康熙三十三年(1694)顾嗣立秀野草堂刻本
　　清嘉庆、光绪增修本
　　中华书局标点本(上)669—721页,1987年

孛术鲁翀(1279～1338)

菊潭集四卷
　藕香零拾　清缪荃荪辑　清光绪二十一年(1895)刻本
　元人文集珍本丛刊6册　台湾新文丰出版公司,1985年
　元代史料丛刊初编元人文集下卷51　黄山书社,2012年

孛术鲁文靖公遗文 二卷
中州名贤文表内集
清康熙四十五年(1706)汪立名刻本
清光绪三十年(1904)海虞邵氏刻本
四库全书
文渊阁四库全书 1373 册　台湾商务印书馆影印,1983—1987 年
文渊阁四库全书 1373 册　上海古籍出版社,2011 年
文渊阁四库全书　北京出版社,2008 年
文津阁四库全书 459 册　商务印书馆影印,2005 年
文津阁四库全书　广陵书社,线装,2012 年
文澜阁四库全书 1416 册　杭州出版社,2015 年
北京图书馆古籍珍本丛刊 116 册　北京图书馆出版社,2000 年
中华文史丛书 007　台湾华文书局,1968 年

菊潭集
元诗选二集乙集
清康熙四十一年壬午(1702)顾嗣立秀野草堂刻本
清嘉庆、光绪增修本
中华书局标点本(上)193—196 页,1987 年

曹文炳(1279～1348)

霞间稿 一卷
曹氏传芳录　清宣统元年(1909)曹希璨辑木活字排印本

曹一介

友竹稿一卷
    曹氏传芳录　清宣统元年(1909)曹希璨辑木活字排印本

曹徵君一介一首
    元诗选癸集己下/8下
        清嘉庆三年(1798)南沙席世臣扫叶山房刻本
        清光绪十四年(1888)南沙席威扫叶山房补版重印本
        中华书局标点本(上)841页,2001年

杨敬悳(？～1333→)

杨仲礼集一卷补一卷
    台州丛书己集　民国八年(1919)黄岩杨晨辑石印本

仲礼集
    元诗选二集丙集
        清康熙四十一年壬午(1702)顾嗣立秀野草堂刻本
        清嘉庆、光绪增修本
        中华书局标点本290—294页,1987年

张仲深（约后至元年间在世）

子渊诗集 六卷
四库全书
文渊阁四库全书 1215 册　台湾商务印书馆影印，1983—1987 年
文渊阁四库全书 1215 册　上海古籍出版社，2011 年
文渊阁四库全书　北京出版社，2008 年
文津阁四库全书 406 册　商务印书馆影印，2005 年
文津阁四库全书　广陵书社，线装，2012 年
文澜阁四库全书 1250 册　杭州出版社，2015 年

四库全书珍本初集集部别集类　商务印书馆，1933—1935 年

清乾隆翰林院红格抄本　国图 5916

宋元人诗集　清法式善存素堂抄本　国图

清八千卷楼黑格抄本（标注：依阁抄本）　南京 3534

陈镒（尝官松阳教授）

午溪集 十卷
四库全书
文渊阁四库全书 1215 册　台湾商务印书馆影印，1983—1987 年
文渊阁四库全书 1215 册　上海古籍出版社，2011 年
文渊阁四库全书　北京出版社，2008 年

文津阁四库全书 406 册　商务印书馆影印，2005 年
文津阁四库全书　广陵书社，线装，2012 年
文澜阁四库全书 1250 册　杭州出版社，2015 年
四库全书珍本初集 集部别集类　商务印书馆，1933—1935 年
清抄本　　北大 李□828。清徐时栋跋
清抄本　　南京 3537
处州丛书　民国二十二年（1933）退补庐排印本

午溪集一卷
宋元人诗集　清法式善存素堂抄本　　国图

午溪集
元诗选补遗己集
清金山钱熙彦编道光间刻本　　首都
中华书局标点本 584—613 页，2002 年

郭畀（1280～1335）

快雪斋小集一卷
元人十二家集第三册　旧抄本　　南京 2019

快雪斋集一卷补一卷**云山日记**二卷
横山草堂丛书第一集　民国三年（1914）丹徒陈庆年辑刻本
元史研究资料汇编 50 册　中华书局，2014 年［缺云山日记］

历代画家诗文集第三集　台湾学生书局影印，1973 年

郭畀诗一卷
清初檇李曹氏抄元四家诗　台"中图"1297

快雪斋集
元诗选二集丙集
清康熙四十一年壬午（1702）顾嗣立秀野草堂刻本
清嘉庆、光绪增修本
中华书局标点本（上）340—346 页，1987 年

释惟则（约 1280～1350）

师子林别录五卷（《云阳集》卷六《师子林诗序》）　其徒善遇编
元至正十二年壬辰（1352）刻本

师子林别录
元诗选二集丙集
清康熙四十一年壬午（1702）顾嗣立秀野草堂刻本
清嘉庆、光绪增修本
中华书局标点本（下）2511—2518 页，1987 年

吴镇(1280～1354)

梅花道人遗墨二卷　清钱棻辑

　　四库全书(据抄本)

　　　文渊阁四库全书 1215 册　台湾商务印书馆影印,1983—1987 年

　　　文渊阁四库全书 1215 册　上海古籍出版社,2011 年

　　　文渊阁四库全书　北京出版社,2008 年

　　　文津阁四库全书 406 册　商务印书馆影印,2005 年

　　　文津阁四库全书　广陵书社,线装,2012 年

　　　文澜阁四库全书 1250 册　杭州出版社,2015 年

　　清长洲顾氏艺海楼抄本　**上海**

梅花道人遗墨三卷**附录**一卷

　　清抄本　**国图** 6229

　　四库提要著录丛书集部 256 册　北京出版社,2010 年

梅花道人遗墨一卷　清葛元煦校订

　　清光绪二年(1876)仁和葛氏啸园巾箱本

　　元史研究资料汇编 60 册　中华书局,2014 年

　　啸园丛书第五辑　清光绪九年(1883)葛氏刻

　　美术丛书第三集第四辑,1920 年

梅道人遗墨不分卷 **梅花庵稿**一卷
  三间草堂集录　清陆香圃抄本　重庆
  抄本　科图

梅花庵稿七卷
  元人十二家小集第一至二册　旧抄本　南京 2019

梅花庵稿
  元诗选二集戊集
    清康熙四十一年壬午(1702)顾嗣立秀野草堂刻本
    清嘉庆、光绪增修本
    中华书局标点本(上)710—734页,1987年

李存（1281～1354）

番阳仲公李先生文集三十一卷
  明永乐三年乙酉(1405)李光刻本　䕶 103 旧刻本。前有墓志铭,危素撰,末附虞集答书一篇。卷首有"季振宜藏书"印记,洪武癸丑诸生宜黄涂畿序,徐旭序永乐三年,王和序永乐三年,邹济序永乐三年。　国图 3614
  北京图书馆古籍珍本丛刊 92 册　北京图书馆出版社,2000 年
  闽刻珍本丛刊 52 册　人民出版社、鹭江出版社,2009 年[存三十卷]
  四库提要著录丛书集部 32 册　北京出版社,2010 年
  元代史料丛刊续编元代文集 8　黄山书社,2018 年

俟庵集三十卷

抄本（一名番阳仲公李先生文集）　**静嘉堂** 699

四库全书

文渊阁四库全书 1213 册　台湾商务印书馆影印，1983—1987 年

文渊阁四库全书 1213 册　上海古籍出版社，2011 年

文渊阁四库全书　北京出版社，2008 年

文津阁四库全书 405 册　商务印书馆影印，2005 年

文津阁四库全书　广陵书社，线装，2012 年

文澜阁四库全书 1248 册　杭州出版社，2015 年

俟庵李先生文集三十一卷

清全氏鲒埼亭抄本　**国图** 5983

旧抄明谢缙刻本　**上海** T09774—76

清初抄本

大仓文库粹编名家钞校本 50 册　北京大学出版社，2020 年

俟庵集一卷

宋元人诗集　清法式善存素堂抄本　**国图**

俟庵集

元诗选初集己集

清康熙三十三年（1694）顾嗣立秀野草堂刻本

清嘉庆、光绪增修本

中华书局标点本（中）1666—1676 页，1987 年

洪希文（1282～1366）

续轩渠诗集 十卷 附录 一卷

明嘉靖十二年癸巳（1533）蔡宗兖刻本　䰟 99　至正壬辰易隐卓器之、戊辰洪希文，至正壬辰玉井林以抃，至正癸巳郡人南誉，至治辛酉郡人林以顺序，蔡宗兖序嘉靖壬辰、王凤灵序嘉靖壬辰、周祚序嘉靖壬辰、王琥跋嘉靖辛卯。……至正庚子闰五月门人刘宗传。……万夫长完者笃贯斋……至大戊申立夏聱翁七十八笔……延祐第五戊午……燕山阿鲁威书于莆阳。　静嘉堂 694　四　一五　二四　十

清洪氏晦木斋抄本　南京 7826。清佚名校

续轩渠集 十卷

四库全书

文渊阁四库全书 1205 册　台湾商务印书馆影印，1983—1987 年

文渊阁四库全书 1205 册　上海古籍出版社，2011 年

文渊阁四库全书　北京出版社，2008 年

文津阁四库全书 402 册　商务印书馆影印，2005 年

文津阁四库全书　广陵书社，线装，2012 年

文澜阁四库全书 1239 册　杭州出版社，2015 年

续轩渠集 十卷 附录 一卷 补遗 一卷

洪氏晦木斋丛书　清光绪六年（1880）杉直槐清馆刻本　国图傅

增湘校补并跋　**南京**

元史研究资料汇编 40 册　中华书局，2014 年

清洪氏揖石山房刻本　**清华**

续轩渠录

元诗选初集己集

清康熙三十三年(1694)顾嗣立秀野草堂刻本

清嘉庆、光绪增修本

中华书局标点本（中）1694—1709 页，1987 年

吴师道(1283～1344)

吴礼部文集二十卷**附录**一卷

元刻元印本　皕 102　仪续：《元椠吴礼部集跋》：前有吴先生小像及兰阴山人自赞。卷一赋、四言诗，卷二至卷五古诗，卷六、七律诗，卷八、九绝句，卷十杂著，卷十一书，卷十二、三记，卷十四、五序，卷十六至十八题跋，卷十九策问，卷二十移祭文、事述，共九百六十首。附录张枢撰墓表、杜本撰墓志铭，每叶三十二行，每行二十（四?）字。《四库提要》云："《吴礼部集》流传颇尠,此本乃新城王士禛写自昆山徐秉义家,因行于世。"则元刊之少可知。二十卷后有黄荛圃手跋(嘉庆三年戊午黄丕烈识)，中有"季振宜藏书"朱文方印（"江夏"朱文方印，"无双"白文方印）。

补邮：卷首序缺半叶，卷十四缺第八叶。现存诸抄本多从此本出。

元刻本　标注：吴门黄氏藏。
清抄本　国图 3613
北京图书馆古籍珍本丛刊 93 册　北京图书馆出版社，2000 年
四库提要著录丛书集部 31 册　北京出版社，2010 年
清抄本　南京 1554。丁丙跋。有"汪鱼亭藏阅书"印
续金华丛书集部　民国十三年（1924）永康胡宗楙梦选廎刻本

吴正传先生文集 二十卷 附录 一卷

明写本

补郘：棉纸蓝格，十三行二十二字，前至正六年黄溍序。本书卷十七后有"侍书洪寿录"小字一行。附录为墓表、墓志铭及元史本传。有康熙十七年杜楚跋，甲戌十月偶影居士跋，言从其后人吴勷假家藏稿本校之云云。又有友人姚华跋。钤有邵晋涵及鸣野山房藏印。见于文禄堂，余曾借归以校续金华丛书本，凡元本脱失处，此本均不脱。又改卷十四"送梁仲庸御史序"以下六篇互淆处，视传世元、明二本均有胜异处。

明刻本　静嘉堂　五　五　五六　舘
清抄本　台"中图"
元代珍本文集汇刊　台湾"中央图书馆"编印，1970 年
清抄本　国图　上海　南京清丁丙跋　社科院文学所

礼部集 二十卷

四库全书

文渊阁四库全书 1212 册　台湾商务印书馆影印，1983—1987 年
文渊阁四库全书 1212 册　上海古籍出版社，2011 年

文渊阁四库全书　　北京出版社，2008年
文津阁四库全书　405册　商务印书馆影印，2005年
文津阁四库全书　　广陵书社，线装，2012年
文澜阁四库全书　1247册　杭州出版社，2015年

摘藻堂四库全书荟要
　　台湾世界书局影印本，1985年
　　吉林出版集团影印本，2005年［406　集五九］

吴师道集（全二册）　邱居里、邢新欣点校
　　元代别集丛刊　吉林文史出版社，2008年
　　浙江文丛　浙江古籍出版社，2012年

礼部集
　　元诗选初集己集
　　　　清康熙三十三年（1694）顾嗣立秀野草堂刻本
　　　　清嘉庆、光绪增修本
　　　　中华书局标点本（中）1545—1579页，1987年

张雨（1283～1350）

句曲外史贞居先生诗集 五卷
　　明初刻本　国图 3726
　　清影抄明初刻本　国图 7739　静嘉堂 701（皕106。黄荛圃旧藏）
　　四部丛刊初编　1922年商务印书馆影印、1929年二次印、1936

年缩印、1975年台湾商务印书馆缩印、1986年上海书店等缩印、2015年中央编译出版社缩印(据影抄明初刻本影印)

句曲外史集三卷明陈应符编**附录**二卷闵元衢编
　　明嘉靖十三年甲午(1534)陈应符刻本

句曲张外史贞居先生诗集六卷
　　宋元诗六十一家集二百七三卷〔或名《宋元诗集》(台"中图");《宋元名家诗集》(《澹生堂》);《宋元名家诗选》(《千顷堂》、《明史》);《宋元名公诗集》(《东洋文库目·京都人文、汇定宋元名公诗集》)〕　明万历四十三年(1615)潘是仁编刻天启二年(1622)重修本　**国图**　**甘肃**　**青海**

句曲张外史[贞居先生]**诗集**四卷**词编**一卷
　　明柳金抄本　**国图** 3725

句曲外史贞居先生集七卷**词**一卷**杂文**一卷
　　明抄本　**国图** 3726。明何良俊辑补,清黄丕烈校并跋
　　清曹炎抄本　**南京** 清何元锡校。无词

句曲外史集三卷**补遗**三卷**张伯雨集外诗**明毛晋、冯武编一卷**附录**一卷
　　元人十种诗
　　　　明崇祯十一年毛氏汲古阁刻本
　　　　商务印书馆民国十五年影印汲古阁本

四库全书（辑自《永乐大典》）

文渊阁四库全书 1216 册　台湾商务印书馆影印，1983—1987 年

文渊阁四库全书 1216 册　上海古籍出版社，2011 年

文渊阁四库全书　北京出版社，2008 年

文津阁四库全书 406 册　商务印书馆影印，2005 年

文津阁四库全书　广陵书社，线装，2012 年

文澜阁四库全书 1251 册　杭州出版社，2015 年

清琅嬛馆抄本　**国图**诸家题识一卷

句曲外史贞居先生集七卷附录二卷

历代画家诗文集　台湾学生书局影印

句曲外史贞居先生诗集七卷

清吴城抄本　**南京**卷四—五抄配清抄本，吴城校

清抄本　**国图** 7740。清鲍廷博、鲍正言校补，张燕昌、张元济跋

厉樊榭旧藏抄本　**甶** 106。第七卷内诗余《茅山逢故人》至《跋定武兰亭》九页半是厉征君樊榭手补

清抄本　**北大**李□618。孙澄云校补、李木斋跋

贞居先生诗集七卷补遗二卷附录二卷

武林往哲遗著　清光绪二十三年（1897）钱塘丁氏嘉惠堂刻本

元史研究资料汇编 62 册　中华书局，2014 年

句曲外史集补遗三卷附录一卷　明闵元衢辑

明海虞毛氏汲古阁刻本　**北大**

四库提要著录丛书集部 257 册　北京出版社，2010 年

句曲外史集补遗不分卷
　　三间草堂集录　清陆香圃抄本　重庆

张雨集（全三册）　彭万隆点校
　　浙江文丛　浙江古籍出版社，2015 年

句曲外史集
　　元诗选初集壬集
　　　　清康熙三十三年（1694）顾嗣立秀野草堂刻本
　　　　清嘉庆、光绪增修本
　　　　中华书局标点本（下）2409—2450 页，1987 年

欧阳玄（1283～1357）

圭斋文集十六卷
　　元刻本　标注：路小洲有两部。
　　明成化七年辛卯（1471）刘釪刻本
　　补邵：十一行二十一字，黑口，四周双栏。卷首题"宗孙铭、镛编集""安成后学刘釪校正"。卷一赋、颂，卷二至四诗歌，卷五至十五文，卷十六为附录，诗文实止十五卷耳。末有成化七年刘釪刊书跋。卢址抱经楼有一帙，癸丑见，后在厂肆又见一帙。此本已印入四部丛刊初编中。**国图** 11556。清黄丕烈、潘祖荫跋　**国图** 7730　**北大**李□75

上海四库底本　南京 1540。卷——四配清抄本。丁丙跋　静嘉堂 694　皕 101 明刊本，宋濂序　书陵部 36

　　四部丛刊初编　1922 年商务印书馆影印、1929 年二次印、1936 年缩印、1975 年台湾商务印书馆缩印、1986 年上海书店缩印、2015 年中央编译出版社缩印（据明成化刻本影印）

　　四库提要著录丛书集部 111 册　北京出版社，2010 年

　　元代史料丛刊初编元人文集下卷 50　黄山书社，2012 年

　　元史研究资料汇编 50 册　中华书局，2014 年

　　明弘治重刻刊成化本三十卷　＊修德堂本

欧阳文公圭斋文集十五卷附录一卷

　　清乾隆十三年（1748）清洲绍文堂欧阳启运刻本　南京　山东

　　清道光十四年（1834）庐陵棣余山房欧阳杰重刻本　国图　南京

重编欧阳文公圭斋集十六卷首一卷末一卷

　　清道光二十六年（1846）新化南村草堂刻本

　　南村草堂集　清咸丰元年（1851）邓显鹤编撰自刻本

　　清湘乡彭洋中刻本　国图

圭斋集十五卷附录一卷

　　四库全书

　　　　文渊阁四库全书 1210 册　台湾商务印书馆影印，1983—1987 年

　　　　文渊阁四库全书 1210 册　上海古籍出版社，2011 年

　　　　文渊阁四库全书　北京出版社，2008 年

文津阁四库全书 404 册　商务印书馆影印，2005 年
文津阁四库全书　广陵书社，线装，2012 年
文澜阁四库全书 1244 册　杭州出版社，2015 年

摘藻堂四库全书荟要
台湾世界书局影印本，1985 年
吉林出版集团影印本，2005 年［406　集五九］

欧阳原功文钞十六卷
明刻本（与元裕之文钞合一册）　华东师大 247

欧阳元功文钞一卷
八代文抄　明李宾辑，明末刻本

欧阳玄集　明沈延嘉辑
列朝五十名家集

圭斋集补遗一卷　清缪荃孙辑补
抄本　国图文 268.76/186.2

欧阳玄集　魏崇武、刘建立校点
元代别集丛刊　吉林文史出版社，2009 年

欧阳玄全集上下册　汤锐注解
宋元文集系列　四川大学出版社，2010 年

欧阳玄集 陈书良、刘娟校点
    湖湘文库甲编 26 岳麓书社,2010 年

圭斋集
    元诗选初集丁集
        清康熙三十三年(1694)顾嗣立秀野草堂刻本
        清嘉庆、光绪增修本
        中华书局标点本(中)1169—1181 页,1987 年

释大訢(1284～1344)

蒲室集十五卷**蒲室集书问**一卷**蒲室集疏**一卷**中天竺禅寺语录**一卷又释廷俊等辑**笑隐和尚语录**不分卷
    元后至元间刻本 **国图** 7727 **尊经阁** 458
    中华再造善本金元编 集部 北京图书馆出版社,2005 年
    四库提要著录丛书集部 254 册 北京出版社,2010 年
    四部丛刊四编集部 154—155 张元济选目,中国书店,2016 年
    日本刻本 **上海** 336754—57
    中国古籍珍本丛刊 复旦大学图书馆卷 43 国家图书馆出版社,2018 年
    日本承应二年(1653)刻本 日本野口善敬解题 **内阁文库** 343b
    和刻本近世汉籍丛刊 台湾大化书局影印本

蒲室集十五卷

  四库全书

    文渊阁四库全书 1204 册　台湾商务印书馆影印，1983—1987 年

    文渊阁四库全书 1204 册　上海古籍出版社，2011 年

    文渊阁四库全书　北京出版社，2008 年

    文津阁四库全书 402 册　商务印书馆影印，2005 年

    文津阁四库全书　广陵书社，线装，2012 年

    文澜阁四库全书 1239 册　杭州出版社，2015 年

  三间草堂集录　清陆香圃抄本　**重庆**

  禅门逸书初编第六册　台北明文书局影印本，1981 年

蒲室集一卷

  宋元人诗集　清法式善存素堂抄本　**国图**

蒲室集

  元诗选初集壬集

    清康熙三十三年(1694)顾嗣立秀野草堂刻本

    清嘉庆、光绪增修本

    中华书局标点本(下)2482—2499 页，1987 年

李孝光(1285～1350)

五峰诗集十三卷

  明弘治十七年甲子(1504)钱杲序刻本

清抄本　**国图** 11200。清劳格校补并跋

补邵：八行二十字，前弘治甲子乐清令钱昊刊书序。咸丰壬子劳格据鲍廷博手定本校并跋，言补诗十六首，又言鲍本尚有补遗三卷，别录成帙云云。

李五峰集 不分卷

旧抄本　**甾** 104：李五峰先生诗文集十卷旧抄本二部，皆有钱昊序弘治甲子。**静嘉堂** 700

李五峰文集 不分卷

清抄本　**国图**　**中山**

清辨志书塾抄本　**杭大** 清孙衣言、孙诒让校

五峰集 五卷

八千卷楼旧藏清抄本　**南京** 1574。有清揆叙"谦牧堂藏书记""谦牧堂书画记"二印

李五峰先生集 六卷

明抄本　**山东**

李五峰诗集 六卷

清抄本　清刘喜海跋　**上海**

五峰集 六卷

四库全书

文渊阁四库全书 台湾商务印书馆影印，1983—1987 年
文渊阁四库全书 1215 册　上海古籍出版社，2011 年
文渊阁四库全书 北京出版社，2008 年
文津阁四库全书 406 册　商务印书馆影印，2005 年
文津阁四库全书 广陵书社，线装，2012 年
文澜阁四库全书 1250 册　杭州出版社，2015 年

五峰集六卷**文集**一卷**雁山十记**一卷**补遗**三卷　鲍廷博辑
　　清鲍廷博抄本　**中山**鲍廷博、劳格校

五峰集十卷
　　抄本　**静嘉堂** 700
　　清刻本　**东洋文库** 35

李五峰集十一卷
　　清抄本　补邸：钤"问礼堂""师竹堂"印。　**国图** 7118
　　四库提要著录丛书集部 111 册　北京出版社，2010 年

五峰集十卷**补遗**一卷　冒广生辑
　　永嘉诗人祠堂丛刻　民国四年（1915）如皋冒氏刻本
　　元史研究资料汇编 59 册　中华书局，2014 年

李孝光集校注十五卷　陈增杰校注
　　温州文献丛书　上海社会科学院出版社，2005 年

李孝光选集 陈增杰选注
敦煌文艺出版社,2014年

李孝光集校注(增订本全四册) 陈增杰校注
浙江文丛 浙江古籍出版社,2016年

李五峰诗集二卷
宋元诗六十一家集二百七三卷〔或名《宋元诗集》(台"中图");《宋元名家诗集》(《澹生堂》);《宋元名家诗选》(《千顷堂》、《明史》);《宋元名公诗集》(《东洋文库目·京都人文、汇定宋元名公诗集》)〕 明万历四十三年(1615)潘是仁编刻天启二年(1622)重修本 **国图** **甘肃** **青海**

五峰集
元诗选二集戊集
清康熙四十一年壬午(1702)顾嗣立秀野草堂刻本
清嘉庆、光绪增修本
中华书局标点本(上)572—649页,1987年

黄玠(1285～1364)

弁山小隐吟录二卷
元至正刻本 标注:有"莲泾吴岫藏"印 至正乙酉冬黄玠序。
清抄本 **南京** 1513。丁丙跋,有"汪鱼亭藏阅书"一印

清抄本　　**国图** 11193。鲍廷博校

四库馆底本　　**南京** 1506。丁丙跋,有翰林院典籍关防、朱学勤修伯甫、唐栖朱氏结一庐图书记诸印

四库全书

文渊阁四库全书 1205 册　　台湾商务印书馆影印,1983—1987 年

文渊阁四库全书 1205 册　　上海古籍出版社,2011 年

文渊阁四库全书　　北京出版社,2008 年

文津阁四库全书 402 册　　商务印书馆影印,2005 年

文津阁四库全书　　广陵书社,线装,2012 年

文澜阁四库全书 1239 册　　杭州出版社,2015 年

吴兴丛书　　民国十二年(1923)刘承幹嘉业堂刻本

元史研究资料汇编 37 册　　中华书局,2014 年

四明丛书第二集　　民国二十三年(1934)刻本

丛书集成续编 109 册　　台北新文丰出版公司,1988 年

弁山小隐吟录

元诗选补遗丙集

清道光间金山钱熙彦编刻本　　**首都**

中华书局标点本 194—233 页,2002 年

贯云石(1286～1324)

贯酸斋诗集二卷

宋元诗四十三家集二百八卷　　明潘是仁编,明万历四十三年

(1615)刻本　　国图　　上海　　山东　　山东博物馆　　浙江

宋元诗六十一家集 二百七三卷〔或名《宋元诗集》(台"中图");《宋元名家诗集》(《澹生堂》);《宋元名家诗选》(《千顷堂》、《明史》);《宋元名公诗集》(《东洋文库目·京都人文、汇定宋元名公诗集》)〕　明万历四十三年(1615)潘是仁编刻天启二年(1622)重修本　　国图　甘肃　青海

酸斋诗集 不分卷

回族典藏全书 154 册　甘肃文化出版社、宁夏人民出版社,2008 年

贯云石作品辑注　胥惠民、张玉声、杨镰辑注

新疆人民出版社,1986 年

酸斋集

元诗选二集 丙集

清康熙四十一年壬午(1702)顾嗣立秀野草堂刻本

清嘉庆、光绪增修本

中华书局标点本(上)265—272 页,1987 年

岑安卿(1286～1355)

栲栳山人诗集 三卷

明初刻本　　标注：姚若有。

清康熙间金侃抄本　　国图 11555

343

清康熙汪文柏摛藻堂精写本　**上海**

清乾隆四十七年(1782)罗山张廷枚宝墨斋刻本

标注：乃合邵二云藏本并汪本、岑氏后裔所藏本合校付梓，较邵本多七律二十八首。　**国图**清养斋题记　**北大**李□5166。劳权校补并跋

清乾隆五十四年(1789)岑振祖刻本　**国图**454。傅增湘校并跋

清嘉庆十六年(1811)延绿斋刻本　**上海**02167　**社科院文学所**

清同治间刻延绿斋印本　**国图**

戴机父所辑书　清戴范云辑稿本　**上海**

清抄本

原国立北平图书馆甲库善本丛书688册　国家图书馆出版社，2014年

元史研究资料汇编补编61册　广西师范大学出版社，2020年

栲栳山人集三卷

清初抄本　**社科院文学所**清周春、朱昌燕校

补邵：十三行二十四字。题"后学宋立僖重编"，从明宋立僖刊本抄出。钤有施闰章、江声、秦大士、翁方纲藏印。此即前条著录四库馆本周銮诒跋中所云之盛昱新得旧写本也（前多小序一首，后多七律半首，下缺二叶。又有宋立僖后序，然佚其下半云云。徐坊遗书）。

四库馆写本（钤有翰林院满汉文大官印及韩泰华玉雨堂印。有周銮诒跋，言为四库底本，盛昱所赠）

四库全书

　　文渊阁四库全书1215册　台湾商务印书馆影印，1983—1987年

　　文渊阁四库全书1215册　上海古籍出版社，2011年

　　文渊阁四库全书　北京出版社，2008年

文津阁四库全书 406 册　商务印书馆影印，2005 年
文津阁四库全书　广陵书社，线装，2012 年
文澜阁四库全书 1250 册　杭州出版社，2015 年

栲栳山人集
元诗选初集己集
清康熙四十一年壬午（1702）顾嗣立秀野草堂刻本
清嘉庆、光绪增修本
中华书局标点本（二）1680—1693 页，1987 年

许有壬（1287～1364）

圭塘小稿十三卷**别集**二卷弟有孚编**续集**一卷五世孙颙编**附录**一卷
明成化六年（1470）许颙刻本　**国图** 9080　**涵芬楼烬余书录**
皕 101 弟有孚编。屠维作噩弟有孚引。张耆书。至正庚子弟有孚序。朱禋跋成化改元。邱霁跋成化己丑。许颙跋成化庚寅　**静嘉堂** 698
北京图书馆古籍珍本丛刊 116 册　北京图书馆出版社，2000 年
中华文史丛书 7 册　台湾华文书局，1968 年
丛书集成续编 136 册　台北新文丰出版公司，1988 年
四库提要著录丛书集部 60 册　北京出版社，2010 年
四部丛刊五编集部　李致忠编，中国书店，2020 年
清娄东宋氏据明成化刻本抄本　**上海** T04505—06
四库全书
文渊阁四库全书 1211 册　台湾商务印书馆影印，1983—1987 年

文渊阁四库全书 1211 册　上海古籍出版社，2011 年
文渊阁四库全书　北京出版社，2008 年
文津阁四库全书 404 册　商务印书馆影印，2005 年
文津阁四库全书　广陵书社，线装，2012 年
文澜阁四库全书 1246 册　杭州出版社，2015 年

摘藻堂四库全书荟要
台湾世界书局影印本，1985 年
吉林出版集团影印本，2005 年［402　集五五］

圭塘小稿十三卷别集二卷别集附录一卷续集一卷续集附录一卷
三怡堂丛书　民国十二年（1923）河南官书局刻本
元史研究资料汇编 54 册　中华书局，2014 年

许文忠公圭塘小稿三卷
中州名贤文表
清康熙四十五年（1706）汪立名刊本
清光绪三十年（1904）海虞邵氏刊本

四库全书
文渊阁四库全书 1373 册　台湾商务印书馆影印，1983—1987 年
文渊阁四库全书 1373 册　上海古籍出版社，2011 年
文渊阁四库全书　北京出版社，2008 年
文津阁四库全书 459 册　商务印书馆影印，2005 年
文津阁四库全书　广陵书社，线装，2012 年
文澜阁四库全书 1416 册　杭州出版社，2015 年

圭塘小稿　圭塘欸乃
元诗选初集丙集
清康熙三十三年(1694)顾嗣立秀野草堂刻本
清嘉庆、光绪增修本
中华书局标点本(上)790—808页,1987年

至正集 八十一卷
明崇道堂蓝格抄本　　**上海**善 790759—68
清初抄本　　**国图**[西谛]12457
四库全书
文渊阁四库全书 1211册　台湾商务印书馆影印,1983—1987年
文渊阁四库全书 1211册　上海古籍出版社,2011年
文渊阁四库全书　北京出版社,2008年
文津阁四库全书 404册　商务印书馆影印,2005年
文津阁四库全书　广陵书社,线装,2012年
文澜阁四库全书 1246册　杭州出版社,2015年

清抄本　　**国图** 3612
北京图书馆古籍珍本丛刊 93册　北京图书馆出版社,2000年
清同治间抄本　丁丙跋　**南京** 1559
清宣统三年(1911)河南教育总会石印本　　**国图**　**北大**　**南京**　**湖北**
清宣统间聊城邹氏石印乾隆抄本　　**北大**
元人文集珍本丛刊 7册　台湾新文丰出版公司,1985年
元代史料丛刊初编 元人文集下卷 52—54　黄山书社,2012年

许有壬集(精装本)　傅瑛、雷近芳校点
中州名家集　中州古籍出版社,1998年

赵偕(　～1366)

赵宝峰先生文集二卷
　　明嘉靖二十二年癸卯(1543)赵文华刻本　**南京** 1369。丁丙跋。
书口上方有"宝云堂文艺"五字
　　四库全书存目丛书集部21别集类　齐鲁书社,1997年
　　续修四库全书集部1321册　上海古籍出版社,2002年
　　清鲍氏知不足斋抄本　**上海**
　　清抄本　**南京** 3459　　**国图**

赵宝峰先生文集二卷**附录**一卷
　　清光绪六年(1882)慈溪杨氏抄本　**天津**
　　四明丛书第七集
　　丛书集成续编 109册　台北新文丰出版公司,1988年
　　元代史料丛刊续编元代文集15　黄山书社,2018年

赵宝峰集二卷(据四明丛书本)
　　元人文集珍本丛刊 8册　台湾新文丰出版公司,1985年

宝峰集
　　元诗选初集己集

清康熙三十三年(1694)顾嗣立秀野草堂刻本
清嘉庆、光绪增修本
中华书局标点本(中)1677—1679页,1987年

杨翮（ ～1369）

佩玉斋类稿不分卷
　　元至正末刊本　　标注：竹汀以元刊不分卷本为佳。
　　影写元刊本　　䶜108。至元后丙子(1336)岁陈旅序。至正戊子(1348)虞集序。元统乙亥(1335)广信吴复兴识。至正戊子杨维桢序　　**静嘉堂**　一一五　四一　十

佩玉斋类稿十卷
　　四库全书（据抄本）
　　　　文渊阁四库全书1220册　台湾商务印书馆影印,1983—1987年
　　　　文渊阁四库全书1220册　上海古籍出版社,2011年
　　　　文渊阁四库全书　北京出版社,2008年
　　　　文津阁四库全书407册　商务印书馆影印,2005年
　　　　文津阁四库全书　广陵书社,线装,2012年
　　　　文澜阁四库全书1255册　杭州出版社,2015年
　　四库全书珍本初集集部别集类　商务印书馆,1933—1935年

佩玉斋类稿十三卷
　　清康熙间抄本　　**上海**

清抄本　国图　南京 1608。清丁丙跋

佩玉斋类稿十卷**补遗**一卷
清劳权抄校本　南京 1610。清劳权校并跋，丁丙跋

佩玉斋类稿十二卷
清道光间抄本　复旦 清诸成璋校并跋

佩玉斋类稿
  元诗选二集辛集
    清康熙四十一年壬午(1702)顾嗣立秀野草堂刻本
    清嘉庆、光绪增修本
    中华书局标点本(下)1325—1328页，1987年

郑洪(约至正初在世)

郑君举诗集一卷
  清抄本　国图
  民国三年(1914)李盛铎传录秦氏石研斋抄本　北大 李□8855

郑先生遗稿一卷
  清抄本　上海　南京市博物馆

素轩集

    元诗选二集辛集

        清康熙四十一年壬午（1702）顾嗣立秀野草堂刻本

        清嘉庆、光绪增修本

        中华书局标点本（下）1295—1307 页，1987 年

陈方（约至正初在世）

孤蓬倦客集一卷补一卷　　民国陈庆年辑补

横山草堂丛书第一集　　民国三年（1914）丹徒陈氏刻本

元史研究资料汇编 62 册　　中华书局，2014 年

孤蓬倦客稿

    元诗选三集庚集

        清康熙五十九年（1720）顾嗣立秀野草堂刻本

        清嘉庆、光绪增修本

        中华书局标点本 471—480 页，1987 年

郯韶（约至正初在世）

若溪渔唱一卷

    元人十二家小集第一册　　旧抄本　　南京 2019

云台集

元诗选二集辛集

清康熙四十一年壬午(1702)顾嗣立秀野草堂刻本

清嘉庆、光绪增修本

中华书局标点本(下)1124—1155页,1987年

袁士元(1306～1366?)

书林外集 七卷

元刻本　**南京**丁书乙、一二六。残存三卷。有"汪鱼亭藏阅书"一印

明正统间刻本　**国图**11422　**国图**12041。袁克文跋　**南京**　**福建**明徐延寿跋

丛书集成续编110册　台北新文丰出版公司,1988年

四库全书存目丛书集部23别集类　齐鲁书社,1997年

续修四库全书集部第1324册　上海古籍出版社,2002年

清乾隆三十五年知不足斋抄本　山东博物馆

存目：浙江鲍士恭家藏本。

涵芬楼秘笈第五集(据旧抄本)　商务印书馆,1923年

书林外集

元诗选初集己集

清康熙三十三年(1694)顾嗣立秀野草堂刻本

清嘉庆、光绪增修本

中华书局标点本(中)1710—1720页,1987年

周巽（约至正初在世）

性情集 六卷

  四库全书（辑自《永乐大典》）

    文渊阁四库全书 1221 册　台湾商务印书馆影印，1983—1987 年

    文渊阁四库全书 1221 册　上海古籍出版社，2011 年

    文渊阁四库全书　北京出版社，2008 年

    文津阁四库全书 408 册　商务印书馆影印，2005 年

    文津阁四库全书　广陵书社，线装，2012 年

    文津阁四库全书（典藏版）177 册　商务印书馆，2016 年

    文澜阁四库全书 1256 册　杭州出版社，2015 年

  四库全书珍本初集　商务印书馆，1933—1935 年

  清乾隆翰林院红格抄本　**国图** 5918

  清八千卷楼黑格抄本　**南京** 3559

性情集

  元诗选补遗 辛集

    清道光间金山钱熙彦编刻本　**首都**

    中华书局标点本 768—796 页，2002 年

钱藻馨

仙闺集二卷**首**一卷
　　申报馆丛书续集·纪丽类·屑玉丛谭初集　光绪间铅印本

黄枢（？～1377）

后圃存稿十卷
　　洪武癸亥(1383)戴比玉刻本
　　旧抄本　䀹110。洪武癸亥十六年(1383)门人李本立。洪武癸亥程叔春序。案：黄枢字子运，安徽休宁人，受业于赵东山。元季隐居讲学，明初征为校官，不就。是集藏书家罕见著录，四库所未收也。

后圃黄先生存集四卷**响明斋诗文附**一卷明黄维天撰
　　明嘉靖二十九年(1550)休宁古林山房黄遥刻本　国图11209
上海　南京图书馆草目
　　北京图书馆古籍珍本丛刊96册　北京图书馆出版社，2000年
　　续修四库全书集部1325册　上海古籍出版社，2002年
　　明别集丛刊第1辑11　黄山书社，2013年
　　四部丛刊五编集部　李致忠编，中国书店，2020年

后圃集四卷**响明斋诗文附录**一卷

　　清抄本　　南京1588。丁丙跋　　国图6298

金涓(1306～1382)

青村遗稿一卷

　　明嘉靖六世孙魁辑、七世孙江刻本

　　旧抄本　　皕107。黄期生序嘉靖三年。胡森跋。黄端序。黄宗明跋

　　清初抄本　　中山

　　中国古籍珍本丛刊广东省立中山图书馆卷44册　国家图书馆出版社,2015年

　　清康熙间金侃抄本　　国图8537

　　四库提要著录丛书集部061册　北京出版社,2010年

　　四库全书

　　　　文渊阁四库全书1217册　台湾商务印书馆影印,1983—1987年

　　　　文渊阁四库全书1217册　上海古籍出版社,2011年

　　　　文渊阁四库全书　北京出版社,2008年

　　　　文津阁四库全书406册　商务印书馆影印,2005年

　　　　文津阁四库全书　广陵书社,线装,2012年

　　　　文澜阁四库全书1252册　杭州出版社,2015年

　　李盛铎木犀轩蓝格抄本　　北大李□8847

青村遗稿一卷**附录**一卷

　　清抄本　　南京3533

金华丛书集部　清光绪二年(1876)永康胡氏退补斋刻本
丛书集成初编文学类［金华］2100 册
丛书集成新编 66 册　新文丰出版公司,1985 年

青村遗稿
元诗选二集辛集
清康熙四十一年壬午(1702)顾嗣立秀野草堂刻本
清嘉庆、光绪增修本
中华书局标点本(下)1263—1278 页,1987 年

甘复(约至正初在世)

山窗余稿一卷
明成化二十二年(1486)序刻本　**皕** 107。余干赵琥序成化癸卯。甘复先序成化丙午　**静嘉堂** 704　一　一五　三九　十
清康熙三十二年(1693)金侃抄本　**国图** 8543。金侃跋
清影抄明刻本　**上海**清黄丕烈校并跋,王同愈跋
清抄本(四库馆底本)　**南京** 1601。丁丙跋,有"翰林院印""半查之印""冷秋先知""唐栖朱氏结一庐图书之记"诸印

四库全书
文渊阁四库全书 1218 册　台湾商务印书馆影印,1983—1987 年
文渊阁四库全书 1218 册　上海古籍出版社,2011 年
文渊阁四库全书　北京出版社,2008 年
文津阁四库全书 407 册　商务印书馆影印,2005 年

文津阁四库全书　广陵书社,线装,2012 年
文澜阁四库全书 1253 册　杭州出版社,2015 年
清丁氏八千卷楼抄本　**南京** 3550

山窗余稿一卷**附校勘记**民国胡思敬校一卷
　豫章丛书四元人集　胡思敬辑刻,民国九年(1920)刻本　**国图** 467。傅增湘校并跋
　丛书集成续编 137 册　台北新文丰出版公司,1988 年
　元史研究资料汇编 63 册　中华书局,2014 年

山窗余稿
　元诗选二集辛集
　　清康熙四十一年壬午(1702)顾嗣立秀野草堂刻本
　　清嘉庆、光绪增修本
　　中华书局标点本(下)1320—1322 页,1987 年

李齐贤(1287~1367)

益斋乱稿十卷**拾遗**一卷
　明万历重刻本
　旧抄本　**甾** 110。后有墓志铭,李穑撰。前有小像、至正二十三年李穑序、金镥跋宣德壬子、李时发跋万历庚子。　案:……是集初刊于元季,再刻于宣德,三刻于万历。此本即从万历本传录。卷一至卷四诗,卷五至九文,卷十词曲。拾遗则有万历中其十一世孙时发所辑也。

抄万历刻本(朱笔校过) 南京丁书善甲七九
韩国文集丛刊第2辑 韩国民族文化推进会,1981年

益斋集十卷 拾遗一卷

粤雅堂丛书三编第二十三辑
丛书集成初编文学类[粤雅]2216—2217册
丛书集成新编69册 新文丰出版公司,1985年

[重编]李益斋先生集十卷附录二卷
民国十二年癸亥(1923)南通翰墨林书局排印本 南京 87433

益斋集

元诗选癸集戊上壬下
清嘉庆三年(1798)南沙席世臣扫叶山房刻本
清光绪十四年(1888)南沙席威扫叶山房补版重印本
中华书局标点本(上)498、(下)1567页,2001年

张翥(1287～1368)

蜕庵诗四卷

明初刻本 国图 7117
标注：洪武十年刊,前有宗泐序,十三行二十四字,傅增湘跋。
诵芬室丛刊初编 民国二十三年(1934)董康影明洪武本

四部丛刊续编　民国二十三年（1934）上海商务印书馆影印铁琴铜剑楼藏明刊本　1975年台湾商务印书馆缩印、1986年上海书店等缩印、2015年中央编译出版社缩印

元史研究资料汇编 60册　中华书局，2014年

清康熙陆漻家抄本　标注：影洪武本，极精雅，有黄丕烈、海源阁藏印，似即此书。王闻远、黄美镠校并跋　黄丕烈校跋并录许心扆题识　国图 8532

张蜕庵诗集四卷

宋元诗六十一家集二百七十三卷〔或名《宋元诗集》（台"中图"）；《宋元名家诗集》《澹生堂》）；《宋元名家诗选》（《千顷堂》、《明史》）；《宋元名公诗集》（《东洋文库目·京都人文、汇定宋元名公诗集》）〕　明万历四十三年（1615）潘是仁编刻天启二年（1622）重修本　国图　甘肃　青海

闽刻珍本丛刊 59册　人民出版社、鹭江出版社，2009年

蜕庵集四卷**蜕岩词**一卷

　　清抄本　国图 11198

蜕庵诗四卷**蜕岩词**二卷

　　清初抄本　国图 3949

蜕庵诗四卷**集外诗**一卷**蜕岩词**二卷**附录**一卷

　　清汪氏摘藻堂抄本　国图

蜕庵集五卷

  朱彝尊藏明初释大杼抄本　　国图 11566

  清抄本（四库底本）　　国图

  四库提要著录丛书集部 032 册　　北京出版社，2010 年

  清抄本

  大仓文库粹编名家钞校本 51 册　　北京大学出版社，2020 年

  四库全书

    文渊阁四库全书 1215 册　　台湾商务印书馆影印，1983—1987 年

    文渊阁四库全书 1215 册　　上海古籍出版社，2011 年

    文渊阁四库全书　　北京出版社，2008 年

    文津阁四库全书 406 册　　商务印书馆影印，2005 年

    文津阁四库全书　　广陵书社，线装，2012 年

    文渊阁四库全书 1250 册　　杭州出版社，2015 年

  三间草堂集录　　清陆香圃抄本　　重庆

蜕庵诗五卷**蜕岩词**二卷**附录**一卷

  清康熙金侃抄本　　国图 8531。郑文焯校。吴昌绶校、跋。厉鹗题识

蜕庵诗五卷**蜕岩词**二卷

  清鲍氏知不足斋抄本　　南京 3541。有"世守陈编之家""老屋三间""赐书万卷""歙西长塘鲍氏知不足斋藏书印"诸印。

  清抄本　　南京 1517。有"复旃"一印

  清抄配本　　南京 3542。有"汪鱼亭藏阁书"印

蜕庵诗不分卷**蜕岩词**一卷
　　清抄本　　国图

蜕庵诗五卷**补遗**一卷**附录**一卷
　　清鲍氏知不足斋抄本（清奚冈补佚诗）　**上海**

蜕庵集二卷**补遗**一卷　　清劳权辑
　　清抄本　　劳权校辑稿本　　国图 11199

蜕庵集
　　元诗选初集戊集
　　　　清康熙三十三年(1694)顾嗣立秀野草堂刻本
　　　　清嘉庆、光绪增修本
　　　　中华书局标点本(中)1332—1393 页，1987 年

王冕（1287～1359）

竹斋诗集三卷**续集**一卷**附录**一卷
　　清抄本　　国图□集义跋
　　四库提要著录丛书集部 261 册　　北京出版社，2010 年

竹斋集三卷**续集**一卷**附录**一卷
　　四库全书
　　　　文渊阁四库全书 1233 册　　台湾商务印书馆影印，1983—1987 年

文渊阁四库全书 1233 册　上海古籍出版社，2011 年
文渊阁四库全书　北京出版社，2008 年
文津阁四库全书 412 册　商务印书馆影印，2005 年
文津阁四库全书　广陵书社，线装，2012 年
文澜阁四库全书 1268 册　杭州出版社，2015 年

竹斋诗集 三卷 续集 一卷 补遗 一卷 附录 一卷
清抄本　**南京**
清抄本　**国图** 清鲍廷博校

竹斋诗集 四卷 附录 一卷
清嘉庆四年（1798）暨阳王氏刻本　**国图**　**复旦**　**南京**
清嘉庆邵武徐幹刻本　**国图**
邵武徐氏丛书二集　光绪刻本
丛书集成续编 168 册　台北新文丰出版公司，1988 年

王元章诗 一卷
戴鹿床手写宋元四家诗　稿本　**南京**

王冕集　寿勤泽点校注解
两浙作家文丛　浙江古籍出版社，1999 年
浙江文丛　浙江古籍出版社，2012 年

竹斋诗集 一卷
历代画家诗文集　台湾学生书局影印

王冕诗选 张堃选注

浙江历代名家诗选丛书 浙江文艺出版社,1984年

竹斋集

元诗选二集庚集

清康熙四十一年壬午(1702)顾嗣立秀野草堂刻本

清嘉庆、光绪增修本

中华书局标点本(下)929—962页,1987年

陈旅(1288～1343)

陈众仲文集 十三卷

元刊本　皕 102 十卷。士礼居旧藏。黄氏手跋曰：此《陈众仲文集》,明翻元本,嘉定钱少詹与元刻七卷本同以遗余者也。少詹有夹片在此本第十卷首,记云："自此而下皆余家本所无。《安雅堂集》凡十四卷,予家所藏乃元板,止有前七卷。此本周书昌所遗,则明初人翻刻,亦多漫漶。余家本有第六、第七,此本有第十至第十三,今合两本录之,尚阙第八、第九、第十四。"丕烈合此两刻,喜之甚,然众仲文未能卒读也。顷莘古主人购书禾中,得一十三卷本,所谓八九卷俱有,独阙十四卷尔。……吾见众仲文,自元迄明,而以此刻及明刻附之,盖存疑也。明刻末有庐陵杨士奇跋,云刻板在福州府学,不著岁月云。案：此元刊明印本,每叶二十行,每行二十字,大黑口,卷中有"士礼居珍藏"朱文长方印,"二酉堂藏书"白文方印。

元至正间刻明修本(存卷一—五,十一—十三)

仪续《元椠陈众仲集跋》：卷五题《安雅堂集》，前有至正九年张翥序，至正辛卯（1351）晋安林泉生序，卷七至十记，卷十一、二碑铭，卷十三铭、跋、解说、策问、赞、传，各体皆备，并无缺少。《提要》以《元史本传》"四"字为"三"字讹（其集见于本传者十四卷，此本仅十三卷……目次与焦竑《经籍志》相合，殆本传笔误），良是。前有黄荛圃手跋，卷末有"虞稷"二字白文方印，前有"士礼居"白文长印，"二酉堂藏书"白文方印，盖经黄虞稷千顷堂、黄荛圃百宋一廛收藏者。**静嘉堂** 699 四 五 五六 皕 **国图** 7114。存卷一——七，卷八至十三配清抄本。黄丕烈、钱天树、李兆洛、程恩泽、季锡畴、王振声跋，黄丕烈、钱大昕、瞿熙邦填补缺字。上海（卷存一——七） **国图** 8526。存卷一——四，诗 328 首全。沈麟跋并补录，吴骞、傅增湘跋

中华再造善本金元编集部 6 册　北京图书馆出版社，2005 年

安雅堂集十四卷

旧抄本　**皕** 102。有至正九年张翥序，至正辛卯夏同郡林泉生清源后序 **静嘉堂** 699

安雅堂集十三卷

明成化二年丙戌（1466）温州知府邵铜刻黑口本　标注
明祁氏澹生堂蓝格抄本　**国图** 12262
四库提要著录丛书集部 060 册　北京出版社，2010 年
清康熙间抄本　广东
清抄本　国图　南京
清瑞安孙氏玉海楼抄本　**温州**清孙衣言题跋
清抄本　有"瑞轩""延古堂李氏珍藏"等印

元史研究资料汇编 56 册　中华书局，2014 年

四库全书

文渊阁四库全书 1213 册　台湾商务印书馆影印，1983—1987 年

文渊阁四库全书 1213 册　上海古籍出版社，2011 年

文渊阁四库全书　北京出版社，2008 年

文津阁四库全书 405 册　商务印书馆影印，2005 年

文津阁四库全书　广陵书社，线装，2012 年

文澜阁四库全书 1248 册　杭州出版社，2015 年

摘藻堂四库全书荟要

台湾世界书局影印本，1985 年

吉林出版集团影印本，2005 年〔407　集六〇〕

安雅堂文集十三卷

清抄本　**上海**清王振声校并跋

元代珍本文集汇刊　台"中图"编印，1970 年

安雅堂文集五卷

清康熙三十年金侃抄本　**国图**清金侃跋

陈荔溪诗集三卷

宋元诗六十一家集二百七三卷〔或名《宋元诗集》(台"中图")；《宋元名家诗集》(《澹生堂》)；《宋元名家诗选》(《千顷堂》、《明史》)；《宋元名公诗集》(《东洋文库目·京都人文、汇定宋元名公诗集》)〕　明万历四十三年(1615)潘是仁编刻天启二年(1622)重修本　**国图　甘肃　青海**

安雅堂集
 元诗选初集戊集
  清康熙三十三年(1694)顾嗣立秀野草堂刻本
  清嘉庆、光绪增修本
  中华书局标点本(中)1301—1331页,1987年

黄镇成(1288～1362)

 秋声集十卷
  明洪武十一年(1378)黄钧刻本 国图 9461。张蓉镜抄补并跋,方若蘅、钱天树、李兆洛、祝麒跋、黄廷鉴、蒋宝龄、沈梧、程恩泽、朱昂之题款。标注:明洪武刊本十卷,实诗六卷、文二卷,无卷七、卷八,盖待续刊,观其子钧跋可见。
  元人文集珍本丛刊8册 台湾新文丰出版公司,1985年
  北京图书馆古籍珍本丛刊96册 北京图书馆出版社,2000年
  续修四库全书集部1323册 上海古籍出版社,2002年
  四库提要著录丛书集部31册 北京出版社,2010年
  四部丛刊四编集部152册 张元济选目,李致忠主编,中国书店,2016年
  清昭文张氏爱日精庐抄明洪武本 上海 765505。缺卷七、八

 昭武黄存斋先生秋声集十卷**附录**一卷明危素等撰
  明嘉靖十二年(1533)王锦刻本 上海 明刊综录 127
  大仓文库粹编精善刻本58册 北京大学出版社,2020年

秋声集 四卷

明何望海刻本　　国图 1785　　社科院文学所

标注：明何望海刊本四卷，不足。

旧抄本　　南京 1557。丁丙跋。有"董其昌""松友珍藏"二印

清顺治十一年（1654）萧雯刻本　　上海 407117。清佚名校　　国图 10672。蒲启源校跋并抄补缺叶　　国图 1572

樵川二家诗　　清康熙六十一年（1722）刻本

元六家诗集　　清吴县金侃手抄本　　台"中图"

四库全书

　　文渊阁四库全书 1212 册　　台湾商务印书馆影印，1983—1987 年

　　文渊阁四库全书 1212 册　　上海古籍出版社，2011 年

　　文渊阁四库全书　　北京出版社，2008 年

　　文津阁四库全书 405 册　　商务印书馆影印，2005 年

　　文津阁四库全书　　广陵书社，线装，2012 年

　　文澜阁四库全书 1247 册　　杭州出版社，2015 年

秋声集 三卷

樵川四家诗　　清咸丰三年（1853）周揆源辑刻本

樵川二家诗　　徐榦辑，清光绪七年（1881）邵武徐氏丛书初刻本

丛书集成续编 113 册　　台北新文丰出版公司，1988 年

秋声集

元诗选初集 庚集

　　清康熙三十三年（1694）顾嗣立秀野草堂刻本

　　清嘉庆、光绪增修本

中华书局标点本（下）1802—1818页，1987年

胡天游（1288～1368）

傲轩吟稿一卷

明弘治十二年（1499）七世孙荣昌、全湘刻本

旧抄本　皕106。邓山序弘治十二年

明嘉靖十四年（1535）八世孙休宁胡大器改编重刻本

清影写嘉靖重刻本　南京1586。丁丙跋

元六家诗集　清吴县金侃手抄本　台"中图"

四库全书（据知不足斋抄本）

文渊阁四库全书 1216册　台湾商务印书馆影印，1983—1987年

文渊阁四库全书 1216册　上海古籍出版社，2011年

文渊阁四库全书　北京出版社，2008年

文津阁四库全书 406册　商务印书馆影印，2005年

文津阁四库全书　广陵书社，线装，2012年

文澜阁四库全书 1251册　杭州出版社，2015年

四库全书珍本初集集部别集类　商务印书馆，1933—1935年

傲轩吟稿

元诗选初集庚集

清康熙三十三年（1694）顾嗣立秀野草堂刻本

清嘉庆、光绪增修本

中华书局标点本（下）1819—1831页，1987年

赵雍(1289～1369)

赵待制遗稿一卷

知不足斋丛书第二十三集

    清嘉庆十年(1805)长塘鲍氏刻本

    民国十年(1921)上海古书流通处景印本

丛书集成初编文学类[知不足]2091册

丛书集成新编 66册　新文丰出版公司,1985年

四库全书存目丛书集部21别集类　齐鲁书社,1997年

清道光十二年钱塘汪氏振绮堂写刻本　**国图　南京**

艺苑丛钞　清王棷编,稿本　**湖北**

赵仲穆遗稿一卷

[存目：两淮马裕家藏本]

清黑格抄本　**国图**

赵仲穆遗稿补遗一卷　清鲍廷博编

知不足斋抄本　**静嘉堂**　一　五　一　八　十

赵待制遗稿

元诗选初集丙集

    清康熙三十三年(1694)顾嗣立秀野草堂刻本

    清嘉庆、光绪增修本

中华书局标点本(上)586—588 页,1987 年

成廷珪(约 1289～1360)

居竹轩诗集 四卷

明初[嘉靖]刻本　**国图** 7738　**南京** 丁丙跋。有"郭氏张虚""香雪斋""汪鱼亭藏阅书"三印

大仓文库粹编 精善刻本 58 册　北京大学出版社,2020 年

清乾隆三十四年(1769)鲍氏知不足斋抄本　**国图** 清鲍廷博跋

清抄本　**国图** 6163　**上海**　**广东**

成柳庄诗集 四卷

宋元诗六十一家集 二百七三卷〔或名《宋元诗集》(台"中图");《宋元名家诗集》(《澹生堂》);《宋元名家诗选》(《千顷堂》、《明史》);《宋元名公诗集》(《东洋文库目·京都人文、汇定宋元名公诗集》)〕　明万历四十三年(1615)潘是仁编刻天启二年(1622)重修本　**国图**　**甘肃**　**青海**

居竹轩集 四卷

四库全书(辑自《永乐大典》)

　　文渊阁四库全书 1216 册　台湾商务印书馆影印,1983—1987 年

　　文渊阁四库全书 1216 册　上海古籍出版社,2011 年

　　文渊阁四库全书　北京出版社,2008 年

　　文津阁四库全书 406 册　商务印书馆影印,2005 年

文津阁四库全书 广陵书社,线装,2012 年
文澜阁四库全书 1251 册 杭州出版社,2015 年
清乾隆三十四年鲍氏知不足斋抄本
四库提要著录丛书 集部 257 册 北京出版社,2010 年

补录居竹轩诗 一卷
清同治十一年(1874)成沂抄本 **南京**

居竹轩集
元诗集二集 戊集
清康熙四十一年壬午(1702)顾嗣立秀野草堂刻本
清嘉庆、光绪增修本
中华书局标点本(上)650—709 页,1987 年

张昱(1289～1371)

张光弼诗集 四卷
明正统元年(1436)刻本

可闲老人集 四卷
四库全书
文渊阁四库全书 1222 册 台湾商务印书馆影印,1983—1987 年
文渊阁四库全书 1222 册 上海古籍出版社,2011 年
文渊阁四库全书 北京出版社,2008 年

文津阁四库全书 408 册　商务印书馆影印，2005 年
文津阁四库全书　广陵书社，线装，2012 年
文澜阁四库全书 1257 册　杭州出版社，2015 年
四库全书珍本初集集部别集类　商务印书馆，1933—1935 年

张光弼诗集二卷

旧抄本（附一卷）　**皕** 110。有洪武九年陈彦博序、正统元年杨士奇序

静嘉堂 707

明抄本　**国图** 2722。明毛晋校

清小辋川抄本　**南京** 3582。元张光弼诗二卷，为不解事人强为解作七卷分之，遂失其本来面目。一至五卷之合作第一卷，六卷至七卷之合作第二卷也。赵琦美清常道人跋。

清康熙十八年（1679）金侃抄本　**国图** 8546。金侃跋

清初金檀文瑞楼抄本　**上海**清宋宾王校跋又补抄序目

清抄本　**国图**　**上海**

清抄本　丁丙跋　**南京** 1616

张光弼诗集七卷

明天启元年（1621）赵琦美家抄本　**国图** 4287。明赵琦美跋。清黄丕烈校并跋

四部丛刊续编集部　民国二十三年（1934）上海商务印书馆影印瞿氏铁琴铜剑楼藏抄本　1975 年台湾商务印书馆缩印、1986 年上海书店等缩印、2015 年中央编译出版社缩印

四库提要著录丛书集部 259 册　北京出版社，2010 年

张光弼诗集(合石初集为一册)
  元代古籍集成第二辑集部别集类　辛梦霞点校,北京师范大学出版社,2016年

庐陵集
  元诗选初集辛集
    清康熙三十三年(1694)顾嗣立秀野草堂刻本
    清嘉庆、光绪增修本
    中华书局标点本(下)2057—2090页,1987年

柯九思(1290～1343)

丹邱生集五卷**补遗**一卷**附录**一卷
  光绪三十四年(1908)缪荃孙编武昌柯逢时息园刻本
  续修四库全书集部1324册　上海古籍出版社,2002年
  仙居丛书第一集　李镜渠辑,民国二十四年(1935)排印本
  丛书集成续编137册　台北新文丰出版公司,1988年

丹邱集不分卷　缪荃孙、曹元忠辑
  历代画家诗文集　台湾学生书局据稿本影印

丹邱集一卷　曹元忠等辑
  清抄本　山西文物局章钰题词,傅增湘题识

丹邱生稿一卷
  台州丛书后集　民国四年(1915)黄岩杨晨辑刻本

丹邱生稿三卷
  元人十二家小集 2 册　旧抄本　**南京** 2019

丹邱生稿
  元诗选三集戊集
    清康熙五十九年(1720)顾嗣立秀野草堂刻本
    清嘉庆、光绪增修本
    中华书局标点本 183—231 页,1987 年

黄清老(1290～1348)

樵水集一卷
  元人十二家小集 4 册　旧抄本　**南京** 2019
  樵川四家诗　清咸丰三年(1853)周揆源辑蕉堂刻本

樵水集
  元诗选二集己集
    清康熙四十一年壬午(1702)顾嗣立秀野草堂刻本
    清嘉庆、光绪增修本
    中华书局标点本(下)747—763 页,1987 年

刘鹗（1290～1364）

宪节堂惟实集 八卷 首一卷
旧抄本　莔 99　二部。鸳溪刘鹗楚奇先生著，男遂、述等辑梓。刘虬序永乐二十一年，周孟简序洪熙元年　静嘉堂 695

惟实集 八卷 附录二卷
清抄本　南京 3515

惟实集 七卷 附录一卷
四库全书
文渊阁四库全书 1206 册　台湾商务印书馆影印，1983—1987 年
文渊阁四库全书 1206 册　上海古籍出版社，2011 年
文渊阁四库全书　北京出版社，2008 年
文津阁四库全书 403 册　商务印书馆影印，2005 年
文津阁四库全书　广陵书社，线装，2012 年
文澜阁四库全书 1241 册　杭州出版社，2015 年

惟实集 四卷 外集一卷
清乾隆二十年(1755)浮云书院刻本　南京

吉永丰鸳溪刘楚奇先生惟实本集 四卷 外集二卷
清抄本　上海　南京博物馆

清咸丰五年(1855)江西刘氏宸章楼刻本　国图文 269.77/187
上海 318518—21　天津　川大　江西
元史研究资料汇编 41 册　中华书局,2014 年
清抄本
大仓文库粹编名家钞校本 51 册　北京大学出版社,2020 年

惟实集二卷
乾坤正气集　清道光二十八年(1848)潘氏袁江刻同治光绪间印

惟实集一卷
宋元人诗集　清法式善存素堂抄本　国图

惟实集
元诗选补遗丁集
清金山钱熙彦编道光间刻本　首都
中华书局标点本 320—336 页,2002 年

吴景奎(1292～1355)

药房樵唱三卷**附录**一卷元吴履等撰
明正德四年(1508)吴禧刻本　社科院文学所
清初抄本　国图 2739
清乾隆二十五年(1760)鲍氏知不足斋抄本　国图 8533。清鲍廷博校跋并抄补序目

四库全书（据知不足斋抄本）
 文渊阁四库全书 1215 册 台湾商务印书馆影印，1983—1987 年
 文渊阁四库全书 1215 册 上海古籍出版社，2011 年
 文渊阁四库全书 北京出版社，2008 年
 文津阁四库全书 406 册 商务印书馆影印，2005 年
 文津阁四库全书 广陵书社，线装，2012 年
 文澜阁四库全书 1250 册 杭州出版社，2015 年
清八千卷楼绿格抄本 **南京** 3543
清抄本 **国图** 7119 **国图** 3950。各一册 **南京** **复旦**

药房樵唱 三卷
续金华丛书 集部 民国十三年（1924）永康胡宗楙梦选廛刻本
丛书集成续编 168 册 台北新文丰出版公司，1988 年

药房樵唱
元诗选二集 庚集
 清康熙四十一年壬午（1702）顾嗣立秀野草堂刻本
 清嘉庆、光绪增修本
 中华书局标点本（下）963—981 页，1987 年

郑元祐（1292～1364）

侨吴集 十二卷 附录 一卷
 明弘治九年（1496）张习刻书牍纸印本 **国图** 9642。黄丕烈、顾广

圻抄补并跋，潘祖荫、费念慈、叶昌炽跋
  明弘治九年(1496)张习刻本 **国图** 5939。秦更年跋 **南京** 5940。
卷一——七 十一十二配清抄本。清罗榘校并跋，丁丙跋
  北京图书馆古籍珍本丛刊 95 册 北京图书馆出版社,2000 年
  元代珍本文集汇刊 台"中图"编印,1970 年
  清抄本(四库底本) **科图**
  四库提要著录丛书集部 257 册 北京出版社,2010 年
  四库全书
    文渊阁四库全书 1216 册 台湾商务印书馆影印,1983—1987 年
    文渊阁四库全书 1216 册 上海古籍出版社,2011 年
    文渊阁四库全书 北京出版社,2008 年
    文津阁四库全书 406 册 商务印书馆影印,2005 年
    文津阁四库全书 广陵书社,线装,2012 年
    文澜阁四库全书 1251 册 杭州出版社,2015 年
  清抄本 **国图** 7121,又 457。傅增湘校并跋 **北大** **上海** **复旦**

侨吴集十二卷附录一卷补遗一卷
  清鲍氏知不足斋抄本 **上海**清鲍廷博校并跋
  大仓文库粹编名家钞校本第 52 册 北京大学出版社,2020 年

侨吴集十卷
  处州丛书 民国二十二年退补庐排印本

侨吴遗集一卷
  郑氏六名家集(赐书堂重订唐宋元六名家集) 清郑起泓、郑定

远编

清康熙三十一至三十九年(1692~1700)刻本

郑元祐集　徐永明校点
浙江文献集成(全一册)　浙江大学出版社,2010年

郑元祐集(与马玉麟集合一册)　邓瑞全、陈鹤、童晓峰校点
元代别集丛刊　吉林文史出版社,2010年

侨吴集
　元诗选初集庚集
　　清康熙三十三年(1694)顾嗣立秀野草堂刻本
　　清嘉庆、光绪增修本
　　中华书局标点本(下)1832—1856页,1987年

陆景龙(主要活跃于至正年间)

陆湖峰诗集一卷
　宋元诗六十一家集二百七三卷〔或名《宋元诗集》(台"中图");《宋元名家诗集》(《澹生堂》);《宋元名家诗选》(《千顷堂》、《明史》);《宋元名公诗集》(《东洋文库目·京都人文、汇定宋元名公诗集》)〕　明万历四十三年(1615)潘是仁编刻天启二年(1622)重修本　**国图**　**甘肃**　**青海**

德阳集

元诗选补遗丙集

清金山钱熙彦编道光间刻本　首都

中华书局标点本 295—303 页,2002 年

王沂(？～1362→)

伊滨集二十四卷

四库全书(辑自《永乐大典》)

文渊阁四库全书 1208 册　台湾商务印书馆影印,1983—1987 年

文渊阁四库全书 1208 册　上海古籍出版社,2011 年

文渊阁四库全书　北京出版社,2008 年

文津阁四库全书 403 册　商务印书馆影印,2005 年

文津阁四库全书　广陵书社,线装,2012 年

文澜阁四库全书 1343 册　杭州出版社,2015 年

四库全书珍本初集集部别集类　商务印书馆,1933—1935 年

清乾隆翰林院抄本　**国图** 591

元史研究资料汇编 53 册　中华书局,2014 年

清八千卷楼抄本　**南京** 3512

伊滨集

元诗选补遗丁集

清金山钱熙彦编道光间刻本　首都

中华书局标点本 337—403 页,2002 年

杨濂《元诗文献辨伪》(《文学遗产》2009年第3期)：此书与元明之际王沂(字子与)的《王征士诗》有大面积重合，是从《永乐大典》辑录《伊滨集》时，将同见于《永乐大典》的同名作者的《王征士诗》混同编入所致。

周霆震(1292～1379)

石初集十卷**附录**一卷

　　明成化九年(1473)六世孙正方刻本

　　清抄本　**国图**清王士禛跋，彭元瑞校并跋

　　四库提要著录丛书集部258册　北京出版社，2010年

石初集十卷

　　四库全书

　　　　文渊阁四库全书 1218 册　台湾商务印书馆影印，1983—1987年

　　　　文渊阁四库全书 1218 册　上海古籍出版社，2011年

　　　　文渊阁四库全书　北京出版社，2008年

　　　　文津阁四库全书 407 册　商务印书馆影印，2005年

　　　　文津阁四库全书　广陵书社，线装，2012年

　　　　文澜阁四库全书 1253 册　杭州出版社，2015年

石初集十卷**附录**一卷

　　清抄本　鹤洲鸳渚之间抄本　**国图**

清道光顾氏艺海楼抄本（无附录）　**复旦**

豫章丛书四元人集　民国八年（1919）胡思敬刻本　**国图** 466。
傅增湘校跋并录王士禛、彭元瑞题识

丛书集成续编 137 册　台北新文丰出版公司，1988 年

元史研究资料汇编 67 册　中华书局，2014 年

元代史料丛刊续编元代文集 14 册　黄山书社，2018 年

石初集 五卷（并十卷为五卷）

存存稿　明正统间裔曾孙周泰编周氏家集

　　明正统十一年（1446）初刻本

　　明万历十九年（1591）刻续编本

　　清乾隆三十七年（1772）周希元刻本

石初集（合张光弼诗集为一册）

元代古籍集成第二辑集部别集类　施贤明、张欣点校，北京师范大学出版社，2016 年

石初集

元诗选初集辛集

　　清康熙三十三年（1694）顾嗣立秀野草堂刻本

　　清嘉庆、光绪增修本

　　中华书局标点本（下）2174—2193 页，1987 年

陈植（1293～1362）

慎独叟稿 一卷（附于宁极斋稿）

　　明抄本　　**南京** 清丁丙跋

　　清初曹氏倦圃抄本　　**国图**

　　清初抄本　　**上海**

　　清乾隆三十年（1765）鲍廷博家抄本　　**国图** 清鲍廷博、劳权校并跋

　　宋集珍本丛刊 第九十一册　　线装书局，2004年

　　清抄本　　**国图**　**上海**　**中山**

慎独叟遗稿 一卷（附于宁极斋稿）

　　清抄本（四库底本）　　**科图**

　　四库提要著录丛书 集部251册　　北京出版社，2010年

　　四库全书（附于宁极斋稿）

　　　　文渊阁四库全书 1189册　　台湾商务印书馆影印，1983—1987年

　　　　文渊阁四库全书 1189册　　上海古籍出版社，2011年

　　　　文渊阁四库全书　　北京出版社，2008年

　　　　文津阁四库全书 397册　　商务印书馆影印，2005年

　　　　文津阁四库全书　　广陵书社，线装，2012年

　　　　文澜阁四库全书 1225册　　杭州出版社，2015年

　　宋人集乙编　　民国四年（1915）南城宜秋馆李之鼎辑刻本

　　丛书集成续编 133册　　台北新文丰出版公司，1988年

慎独叟陈植

元诗选初集甲集

清康熙三十三年(1694)顾嗣立秀野草堂刻本

清嘉庆、光绪增修本

中华书局标点本(上)308—309页,1987年

宋褧(1294～1346)

燕石集十五卷

元至正八年(1348)写元刻本(诏江浙行省刊于学官)

皕 102。侄太常奉礼郎弞编次。应奉翰林文字危素校正。至顺元年欧阳玄序。至正六年许有壬序,吕思诚谨书。至正七年危素序。皇帝圣旨里……至正八年八月日 **静嘉堂** 698　二　一五　三〇　十

燕石集十五卷**附录**一卷

清抄本　**国图** 926。清宋宾王校并跋

北京图书馆古籍珍本丛刊 92 册　北京图书馆出版社,2000 年

四库提要著录丛书集部 031 册　北京出版社,2010 年

元代史料丛刊续编元代文集 7　黄山书社,2018 年

清抄本　**上海** 353716—21。方兰荪校本　**南京** 1552。丁丙跋

燕石集十五卷

四库全书

文渊阁四库全书 1212 册　台湾商务印书馆影印,1983—1987 年

文渊阁四库全书 1212 册　上海古籍出版社,2011 年
文渊阁四库全书　北京出版社,2008 年
文津阁四库全书 405 册　商务印书馆影印,2005 年
文津阁四库全书　广陵书社,线装,2012 年
文渊阁四库全书 1247 册　杭州出版社,2015 年

燕石集十卷
　清抄本　**首都** 清吴翌凤跋
　清乾隆鲍氏知不足斋抄本
　大仓文库粹编名家钞校本 52 册　北京大学出版社,2020 年

燕石集
　元诗选二集戊集
　　清康熙四十一年壬午(1702)顾嗣立秀野草堂刻本
　　清嘉庆、光绪增修本
　　中华书局标点本(上)501—536 页,1987 年

苏天爵(1294～1352)

滋溪文稿三十卷
　元刻本　**国图** 12268。存五卷：卷二六—三〇
　明抄本　**北大** 李□5388。有抄配
　四库提要著录丛书集部 061 册　北京出版社,2010 年
　清初抄本　**南开**

四库全书(据知不足斋抄本)

  文渊阁四库全书 1214 册　台湾商务印书馆影印,1983—1987 年

  文渊阁四库全书 1214 册　上海古籍出版社,2011 年

  文渊阁四库全书　北京出版社,2008 年

  文津阁四库全书 405 册　商务印书馆影印,2005 年

  文津阁四库全书　广陵书社,线装,2012 年

  文澜阁四库全书 1249 册　杭州出版社,2015 年

三间草堂集录　清陆香圃抄本　**重庆**

清抄本　**国图** 3723。清毛岳生校　**上海**清邵懿辰校　**南京**　社科院文学所

  适园丛书第六集　民国五年张钧衡辑刻本

  元史研究资料汇编 58、59 册　中华书局,2014 年

  元代史料丛刊续编元代文集 10—11　黄山书社,2018 年

  民国二十年(1931)天津徐世昌退耕堂刻本

  朱墨合校抄本　台"中图"

  元代珍本文集汇刊　台"中图"影印本馆藏抄本,1970 年

  丛书集成续编 113 册　台北新文丰出版公司,1988 年

滋溪文稿　陈高华、孟繁清点校

  中华书局,1997 年

滋溪集

  元诗选二集庚集

    清康熙四十一年壬午(1702)顾嗣立秀野草堂刻本

    清嘉庆、光绪增修本

中华书局标点本(下)925—928 页,1987 年

朱德润(1294～1365)

存复斋文集十卷附录一卷
　　明成化十一年(1475)项璁刻本　　国图 7112　　南京 1547。目录、卷一、五配清抄本。丁丙跋　**上海**清黄丕烈跋

　　元代史料丛刊续编元代文集 6　　黄山书社,2018 年

　　明成化项璁刻本明补修本　　社科院文学所清蒋氿、刘喜海跋

　　四部丛刊初编　　1922 年商务印书馆影印、1929 年二次印、1936 年缩印、1975 年台湾商务印书馆缩印、1986 年上海书店等缩印、2015 年中央编译出版社缩印(据铁琴铜剑楼藏本景印)

　　历代画家诗文集第三集　　台湾学生书局影印明初刻本,1973 年

　　四库全书存目丛书集部 22 别集类　　齐鲁书社,1997 年

　　续修四库全书集部 1324 册(影明刻本)　　上海古籍出版社,2002 年

　　元史研究资料汇编 48 册　　中华书局,2014 年

　　明嘉靖三十一年壬子(1552)刻本

　　涵芬楼秘笈第五集(据旧抄本)　　民国十二年(1923)印

　　浙江鲍士恭家藏本(存目:存复斋集十卷)

存复斋续集一卷
　　涵芬楼秘笈第七集　　民国十四年(1925)据缪荃荪藏抄本排印

　　续修四库全书集部 1324 册　　上海古籍出版社,2002 年

　　元代史料丛刊续编元代文集 6　　黄山书社,2018 年

成性斋文集 九卷

清抄本　南京1550。有"宣城李氏瞿硎石室图书印记""李伯雨校订""李之郇字伯于号莲隐""新若手未触"诸印。丁丙跋

杨濂《元诗文献辨伪》(《文学遗产》2009年第3期)：此书是清人为射利而据《存复斋集》抄出的伪作。署名"宋德润"，"宋"是将原来的"朱"涂改所致，卷首俞焯序也是伪造的同时编造而来。

存复斋集附存复斋续集
元诗选初集己集
　　清康熙三十三年(1694)顾嗣立秀野草堂刻本
　　清嘉庆、光绪增修本
　　中华书局标点本(中)1610—1634页，1987年

曹文晦(约1296～约1360)

新山稿 二卷
　　元人十二家小集第一册　旧抄本　南京2019

新山诗集 一卷
　　曹氏传芳录　清宣统元年(1909)曹希璨辑木活字排印本

新山稿
　　元诗选二集庚集
　　　　清康熙四十一年壬午(1702)顾嗣立秀野草堂刻本

清嘉庆、光绪增修本

中华书局标点本（下）982—1000页，1987年

杨维桢（1296～1370）

新编铁崖先生文集四卷
明成化刻本　**静嘉堂** 706

铁崖文集五卷附录一卷
明弘治十四年（1501）冯允中扬州正谊书院刻本　**丽** 109　仪续：《铁崖文集跋》：次行题"会稽杨维桢"，三行题"毗陵朱昱校正"，前有弘治十四年冯允中引，后有弘治十四年朱昱跋。其为《东维子集》所未收者，序三首，题识三首，传二首，录一首，议记四首，跋八首，书四首，辨一首，志五首，赞五首，箴一首，说十六首，铭一首，祭文二首，墓志铭四首。《四库》未收，阮文达亦未进呈。卷中有"朱象元氏"朱文方印，"太史氏印"白文方印，"云间世家"朱文方印，"谢墉印"白文方印，"东墅"朱文方印。卷五后有"姑苏杨凤书于扬州之正谊书院"一行。半叶十行，行二十字，黑口，四周双边。　**静嘉堂** 706　**国图** 7130　又 10690。陈鳣跋　**上海** 824384—88　**科图**　**吉大** 罗振玉跋　**南京**

大仓文库粹编精善刻本 58 册　北京大学出版社，2020 年

杨铁崖文集五卷古赋三卷乐府八卷首尾各一卷
明万历刻本　**静嘉堂** 706

杨铁崖先生文集十一卷附铁笛清江引一卷
　　明万历四十三年(1615)陈善学刻本　科图　南大　华东师大　吉林大

杨铁崖先生文集十一卷[**古乐府**八卷**古赋**三卷]　明陈继儒校阅
　　明万历四十三年乙卯(1615)诸暨陈善学刻本　南大 15073。文集乐府缺卷三至四　北大 NC5428.4/4223
　　原国立北平图书馆甲库善本丛书 691 册　国家图书馆出版社,2014 年
　　元史研究资料汇编 72 册　中华书局,2014 年

铁崖文集五卷**史义拾遗**二卷后附**西湖竹枝词**一卷杨维桢等撰 **香奁集**一卷王德琏撰
　　明天启、崇祯间诸暨陈于京潄云楼重刻本　国图　北大　上海　浙江　辽宁　南京清丁丙跋
　　清初活字本　上海 017842

杨铁崖先生全集十卷
　　明天启间马宏道抄本　湖南清叶启勋题识

杨铁崖先生文集八卷
　　清抄本　北大

铁崖先生文集一卷
　　清抄本　国图　南京清劳格校跋,丁丙跋

杨维桢

铁崖先生文集钞 一卷
清嘉庆十九年陈徵之抄本　　**国图** 清陈树杓跋

杨铁崖先生文集全录 四卷
清抄本　　**国图**

东维子文集 三十一卷
明刻本　　**国图** 888。黄丕烈抄补并跋　　**北大** 李□113　　**上海**
四库提要著录丛书 集部33册　　北京出版社，2010年
明万历十七年（1589）王前刻本　　**上海** 790786—91

东维子集 三十卷 附录 一卷
四库全书
　　文渊阁四库全书 1221册　　台湾商务印书馆影印，1983—1987年
　　文渊阁四库全书 1221册　　上海古籍出版社，2011年
　　文渊阁四库全书　　北京出版社，2008年
　　文津阁四库全书 408册　　商务印书馆影印，2005年
　　文津阁四库全书　　广陵书社，线装，2012年
　　文澜阁四库全书 1256册　　杭州出版社，2015年

东维子文集 三十一卷 附校字 一卷
清沈氏鸣野山房抄本　　**南京** 1609。清沈复灿校，丁丙跋
四部丛刊初编　　1922年商务印书馆影印、1929年二次印、1936年缩印、1975台湾商务印书馆缩印、1986上海书店等缩印、2015年中央编译出版社缩印（据上本影印）二次印本缩印

东维子集十六卷

清初印溪草堂蓝格抄本　　**国图**清金俊明校

铁崖先生诗集十卷

清张氏爱日精庐抄本　　**南京**丁丙跋

诵芬室丛刊　民国十一年（1922）董氏复明刻本　　**国图** 474。傅增湘校并跋

杨维桢诗集一卷

明抄本

原国立北平图书馆甲库善本丛书 691 册　　国家图书馆出版社，2014 年

元史研究资料汇编补编 62 册　　广西师范大学出版社，2020 年

铁崖先生古乐府十卷复古诗集六卷

元刻本　**皕** 109　仪续：《元椠铁崖古乐府复古诗集跋》：题"门生富春吴复类编"，前有至正丙戌张天雨序、吴复序。卷十后附铁崖所作吴复墓志。至正八年复卒，其后人所附入也。《诗集》　题"太史绍兴杨维桢廉夫著""太史金华黄溍卿评""门生云间章琬孟文注"，前有至正二十四年章琬序，后有至正甲辰琬跋，下有印曰"学古"，曰"云间世家"，曰"章氏孟文"。其目录以《复古诗集》连作十六卷，诗则别为起讫，版心统题"古乐府"。复序云："先生为古杂诗五百余首，自谓乐府遗声。"琬序则云："辑前后所制二百首及吴复所编又三百首，名曰《复古诗集》。"盖其体为古乐府，"复古"则琬所名也。今复所编四百九首，琬所注一百五十二首，共得五百六十余首，分计之则篇数

不符，总计之固有赢无绌，无所删削也。

吴复字见心，富阳人，四岁能诵书千余言，喜吟哦，学诗于铁崖，自号云槎秋客，著有《云槎集》，以处士终。

  元至正末刻本 **台"故宫"**

  明正统元年（1436）刻本（题为铁崖先生古乐府十六卷） **内阁文库** 344a 林 **四** **三一三** **三二**

  明初刻本 **上海** **湖南**叶德辉、叶启勋题识

  明成化五年（1469）海虞刘俶刻本 **国图** 10338 又 3730。明毛晋校 **上海** 80272730—33 **复旦**

  诵芬室丛刊初编 民国十年（1921）武进董氏据明本影印本

  四部丛刊初编 1922 年商务印书馆影印、1929 年二次印、1936 年缩印、1975 年台湾商务印书馆缩印、1986 年上海书店等缩印、2015 年中央编译出版社缩印（据国图 10338 瞿本）

铁崖先生古乐府十六卷

  明初刻本

  元史研究资料汇编补编 61 册 广西师范大学出版社，2020 年

铁崖先生古乐府十三卷**复古诗集**二卷（或作古乐府十卷**复古诗集**四卷**附录**一卷）

  明成化苑山顾氏万卷楼刻万历十九年（1591）顾文曜修补本

  故宫天禄琳琅录外书六册 台"故宫"

铁崖先生古乐府十卷**乐府补遗**六卷

  明嘉靖沈鲤刻本 **明刻综录**

铁崖先生古乐府十卷　　元吴复辑

　　清汲古阁抄本　　国图

铁崖古乐府十卷**乐府补**六卷　　元吴复辑

　　国学基本丛书　　商务印书馆,1936 年

铁崖先生古乐府十卷**补**六卷**复古诗集**六卷**丽则遗音**四卷**附录**一卷

　　铁崖先生所著书三种　　明崇祯海虞毛氏汲古阁刻本　　国图 473。傅增湘校并跋　　**北大**　　**上海**　　**南京**

　　四库提要著录丛书集部 62 册　　北京出版社,2010 年

铁崖先生复古诗集六卷**丽则遗音**四卷**附**一卷**古乐府**十卷**补**六卷

　　明刻本　　**静嘉堂** 706

铁崖古乐府十卷**乐府补**六卷**复古诗集**六卷

　　四库全书

　　　　文渊阁四库全书 1222 册　　台湾商务印书馆影印,1983—1987 年

　　　　文渊阁四库全书 1222 册　　上海古籍出版社,2011 年

　　　　文渊阁四库全书　　北京出版社,2008 年

　　　　文津阁四库全书 408 册　　商务印书馆影印,2005 年

　　　　文津阁四库全书　　广陵书社,线装,2012 年

　　　　文澜阁四库全书 1257 册　　杭州出版社,2015 年

　　摘藻堂四库全书荟要

　　　　台湾世界书局影印本　　1985 年

杨维桢

吉林出版集团影印本　2005年［407　集六〇］

铁崖乐府注十卷**铁崖咏史注**八卷**铁崖逸编注**八卷　清楼卜瀍注

　　清乾隆三十九年（1774）杨惟增联桂堂刻本　　国图　北大　上海

　　续修四库全书集部1325册　上海古籍出版社，2002年

　　清乾隆刻光绪十四年（1888）诸暨楼氏崇德堂重修本　国图　上海 380772—81　南京　南大无咏史

　　清宣统二年（1910）上海扫叶山房石印本

　　四部备要集部

铁崖咏史古乐府一卷　明顾亮集录

　　明成化间刻本　湖北

杨铁崖古乐府三卷

　　宋元诗六十一家集二百七三卷〔或名《宋元诗集》（台"中图"）；《宋元名家诗集》（《澹生堂》）；《宋元名家诗选》（《千顷堂》、《明史》）；《宋元名公诗集》（《东洋文库目·京都人文、汇定宋元名公诗集》）〕　明万历四十三年（1615）潘是仁编刻天启二年（1622）重修本　国图　甘肃　青海

铁崖古乐府一卷**铁崖复古诗**一卷**铁崖先生集**一卷　北大 李□2502

杨铁崖咏史古乐府 一卷　　明顾亮辑　　**湖北**　　**湖南**

杨铁崖先生咏史古乐府 四卷
清乾隆三十七年(1694)西安王恭续刻本　　**上海** 488812—15

铁崖先生复古诗集 六卷
元刻本　　**皕** 109　吴复、章琬辑。至正二十四年章琬序。案：此元刊元印本，每叶二十二行，行二十字，卷中有"天都陈氏承雅堂藏书印"朱文方印

明汲古阁写刻本　　**上海** 407135

铁崖杨先生复古诗集 六卷　　元黄溍评，章琬注
清抄本　　**国图**

新刊丽则遗音古赋程式 四卷　　门人陈存礼编
元刻本

标注：此本出常熟毛晋家，称尝得元乙亥科湖广乡试《荆山璞赋》一册，此集附于册末，因为剞劂，而以《荆山璞赋》五篇附之云。**国图** 6656。序、卷一至二配嘉庆二十三年黄氏士礼居影元抄本，黄丕烈校并跋

中华再造善本 金元编集部一册　　北京图书馆出版社，2005 年

新编铁崖先生文集丽则遗音古赋程式 四卷
明成化间刻本　　**皕** 109：至正二十五年门生贝琼叙云：搜辑手编于散佚之余，"大姓章琬欲锓诸梓"。沈鲁序成化四年。郑文康序天顺己卯。严仲正跋成化九年　　**静嘉堂**

杨维桢

丽则遗音四卷
    明汲古阁刻本   **内阁文库**毛　一　三六三　四七
    四库全书
        文渊阁四库全书 1222 册　台湾商务印书馆影印,1983—1987 年
        文渊阁四库全书 1222 册　上海古籍出版社,2011 年
        文渊阁四库全书　北京出版社,2008 年
        文津阁四库全书 408 册　商务印书馆影印,2005 年
        文津阁四库全书　广陵书社,线装,2012 年
        文澜阁四库全书 1257 册　杭州出版社,2015 年
    摘藻堂四库全书荟要
        台湾世界书局影印本,1985 年
        吉林出版集团影印本,2005 年[407　集六〇]
    清八千卷楼蓝格抄本　**南京** 3565

铁崖赋稿二卷(此《丽则遗音》外四十八篇,洪武三十一年海虞朱燧子新手录本,阮氏进呈)
    清劳氏抄校本　**南京** 1617。清劳格校并跋
    续修四库全书集部第 1325 册　上海古籍出版社,2002 年

铁崖漫稿五卷
    清张月霄爱日精庐抄本　**南京** 1621。丁丙跋
    清新旧抄配本　**南京** 3569

杨铁崖先生文集铁笛清江引一卷
    清抄本　**北大**李□4204

复古香奁集八卷附一卷
　　明刻本　内阁文库 344a 林　二　三一三　一五
　　一枝轩四种　清道光七年(1694)刻本
　　清抄本　南京

史义拾遗二卷
　　明嘉靖十九年庚子(1540)任辙刻本　国图
　　明万历皇甫汸刻本
　　明崇祯五年(1632)蒋世枋刻本　杭大

杨廉夫七律钞一卷　清顾有孝等辑
　　五朝名家七律英华　清康熙刻本
　　清石研斋七律钞选灰格抄本　国图
　　草元阁后集　清抄本　国图

杨维桢全集校笺　孙小刀校笺
　　上海古籍出版社,2019年

杨维桢诗集　邹志方注解
　　两浙作家文丛　浙江古籍出版社,2010年

铁崖古乐府　铁崖复古诗　铁崖集　铁崖诗集　铁笛诗　草玄阁后集　东维子集
　　元诗选初集辛集
　　　清康熙三十三年(1694)顾嗣立秀野草堂刻本

清嘉庆、光绪增修本

中华书局标点本(下)1975—2056页,1987年

释梵琦(1296～1370)

楚石大师北游诗 一卷

明崇祯十年(1637)钱甲征刻本　　**明刻综录**

清眠云精舍抄本　　**南京** 3570

禅门逸书续编第二册　　台北汉声出版社影印本,1987年

明别集丛刊第1辑2　　黄山书社,2013年

北游诗 不分卷

清抄本　　清钱天树味梦轩抄本　　**上海**

清抄本　　北大李□3289　　**国图**

西斋净土诗 三卷 附录 一卷

清光绪九年癸未(1883)海盐张常惺刻本　　**南京** 87432

三圣诗 一卷　　唐释寒山、丰干、拾得撰,元释梵琦辑

元刻本　　**国图**

中华再造善本金元编集部一册　　北京图书馆出版社,2005年

和天台三圣诗 一卷

明永乐十四年(1416)陈智宝刻本　　**福建师大**

民国十六年(1927)庞氏补刻重印本　上海 455707

楚石禅师禅语录二十卷

明万历五台妙德寺刻本　天津

楚石北游诗　吴定中、鲍翔麟点校

浙江古籍出版社,2010年

谢应芳(1296～1392)

龟巢摘稿三卷

明洪武十二年己未(1379)余诠序刻本(又卢熊序)

元人(明初?)抄本(曝书亭旧藏)

明抄本　**静嘉堂** 703

清初抄本　北京市文物局

清抄本　**国图**　二部

明别集丛刊第1辑1册　黄山书社,2013年

清抄本

大仓文库粹编名家钞校本53册　北京大学出版社,2020年

龟巢稿十五卷附录一卷

清雍正六年(1728)宋宾王抄校本　**国图** 8442。宋宾王跋并补目

谢应芳

龟巢稿十五卷补二卷
　　抄本　　静嘉堂 703

龟巢稿十七卷**辩惑编**四卷**辩惑编附录**一卷
　　清精抄本　　南京 1603。丁丙跋

龟巢稿十七卷
　　清初抄本　　上海清佚名签校
　　清抄本　　国图 3728。王闻远、宋宾王校并跋
　　清抄本　　国图

龟巢集十七卷
　　四库全书
　　　　文渊阁四库全书 1218 册　台湾商务印书馆影印，1983—1987 年
　　　　文渊阁四库全书 1218 册　上海古籍出版社，2011 年
　　　　文渊阁四库全书　　北京出版社，2008 年
　　　　文津阁四库全书 407 册　商务印书馆影印，2005 年
　　　　文津阁四库全书　　广陵书社，线装，2012 年
　　　　文澜阁四库全书 1253 册　杭州出版社，2015 年

谢龟巢全集[**龟巢稿**十卷**补遗**一卷**怀古录**二卷**思贤录**二卷**辨惑编**四卷**附录**一卷**景贤录**二卷]
　　清道光二十六年(1846)谢兰生刻本　　国图 465。傅增湘校

龟巢稿二十卷**补遗**一卷
　　常州先哲遗著后编　清宣统二年(1909)刻本

401

龟巢稿二十卷**补遗**二卷
　　丛书集成续编 110 册　台北新文丰出版公司, 1988 年

龟巢稿二十卷
　　双鉴楼藏抄本(有"四明卢氏抱经楼藏书"印)
　　四部丛刊三编(据上本影印)　1935—1936 年商务印书馆影印本; 1975 年台湾商务印书馆缩印; 1986 年上海书店等缩印; 2015 年中央编译出版社缩印
　　四库提要著录丛书集部 112 册　北京出版社, 2010 年
　　明别集丛刊第 1 辑 1 册　黄山书社, 2013 年
　　清抄本　南京　浙江　重庆　无锡

龟巢诗文钞二卷
　　清嘉庆二十三年杨复吉抄跋本　国图

龟巢稿
　　元诗选二集辛集
　　　　清康熙三十三年(1694)顾嗣立秀野草堂刻本
　　　　清嘉庆、光绪增修本
　　　　中华书局标点本(下)1212—1262 页, 1987 年

吴莱(1297～1340)

渊颖吴先生集十二卷**附录**一卷
　　元至正十二年(1352)宋燧写刻本　天禄现存目半叶十三行、行二

吴　莱

十三字、一函八册　　台"故宫"
　　元末刻本　　国图 7108　　又 9429
　　四部丛刊初编　　1922 年商务印书馆影印、1929 年二次印、1936 年缩印、1975 年台湾商务印书馆缩印、1986 年上海书店等缩印、2015 年中央编译出版社缩印（缩印萧山朱氏藏元本、二次印本、缩印二次印本附林志烜撰札记）
　　中华再造善本金元编集部四册　　北京图书馆出版社，2005 年
　　四库提要著录丛书集部 31 册　　北京出版社，2010 年
　　元代史料丛刊续编元代文集 25　　黄山书社，2018 年
　　明洪武十年（1377）刻本　　**明刻综录**　　**上海**
　　明嘉靖元年（1522）当涂祝銮重刻宋燧写本　　**图国** 8520　　又 11069　　**北大**李□3422　　**上海**　　**南京** 7199。丁丙跋　　**福大**

重刻吴渊颖集十二卷附录一卷
　　清康熙四十九年（1710）吴守儁豹文堂刻本　　**港中大**
　　清康熙刻十四世孙漣雍正元年（1723）校订增刻本　　**国图**
　　清康熙刻雍正乾隆间递修本　　**港中大**
　　清光绪三十一年（1905）裔孙声诰木活字本　　**天津**

存心堂遗集十二卷附录一卷
　　明万历四十年（1612）吴邦彦重刻本　　**国图**　　**北大**□810.59/2644　　李□7646　　NC5399/2394　　**南京** 492　　**上海** 353765—68

吴渊颖先生文集四卷
　　清顺治十八年（1661）孙承泽家抄本　　**国图** 4511

吴渊颖先生集十二卷　　清王邦采、王绳曾笺

　　清康熙六十年辛丑(1721)林养堂刻本　　**国图**　　**北大**　　**南京**丁书善乙一二五　　**华东师大** 254

渊颖集十二卷附录一卷
　　四库全书
　　　　文渊阁四库全书 1209 册　　台湾商务印书馆影印，1983—1987 年
　　　　文渊阁四库全书 1209 册　　上海古籍出版社，2011 年
　　　　文渊阁四库全书　　北京出版社，2008 年
　　　　文津阁四库全书 404 册　　商务印书馆影印，2005 年
　　　　文津阁四库全书　　广陵书社，线装，2012 年
　　　　文津阁四库全书(典藏版)175 册　　商务印书馆，2016 年
　　　　文澜阁四库全书 1343 册　　杭州出版社，2015 年
　　摛藻堂四库全书
　　　　台湾世界书局影印本，1985 年
　　　　吉林出版集团影印本，2005 年[405　集五八]

渊颖集十二卷
　　金华丛书集部　　光绪元年(1875)永康胡氏武昌退补斋刻本
　　丛书集成初编文学类[金华]2269—2274 册

渊颖吴先生集十二卷附录一卷附考异一卷民国胡宗楙撰
　　续金华丛书集部　　民国十三年(1924)永康胡宗楙梦选簃刻本
　　丛书集成续编 134 册　　台北新文丰出版公司，1988 年

吴莱集 张文澍校点
元代别集丛刊 吉林文史出版社,2010年

渊颖集
元诗选初集己集
清康熙三十三年(1694)顾嗣立秀野草堂刻本
清嘉庆、光绪增修本
中华书局标点本(中)1513—1544页,1987年

郑玉(1298～1358)

师山先生文集十一卷
元至正刻明修本　国图8535。存九卷:卷一—四,六—七,九—十一
中华再造善本金元编集部二册　北京图书馆出版社,2005年
明刻本(缺卷五、八)　北大李□343
清摘藻堂抄本　科图
四部丛刊四编集部161　张元济选目　李致忠主编,中国书店,2016年

师山先生文集八卷**遗文**五卷**附录**一卷
明初刻本　甾106。洪武三年王祎序　**静嘉堂**702　**国图**4190
明嘉靖十四年(1535)郑氏家塾刻递修本
原国立北平图书馆甲库善本丛书689册　国家图书馆出版社,2014年

元史研究资料汇编 64 册　中华书局,2014 年
　　明刻递修本　　上海 751526—29　　南京丁丙跋　　浙江　　湖北
　　明祁氏澹生堂抄本　　国图 10337
　　清道光二三年(1843)善道堂修补本　　南大 08594

师山先生文集八卷**文诗遗录**五卷**附录**一卷**济美录**四卷
　　明嘉靖十四年(1535)郑氏家塾刻递修本
　　四库提要著录丛书集部 111 册　北京出版社,2010 年
　　明嘉靖二十七年(1548)歙县郑烛刻本　　北大李□961　　南京 1585　丁丙跋
　　清重修本　　北图 CBM　No.15736/76；1229
　　原国立北平图书馆甲库善本丛书 689 册　国家图书馆出版社,2014 年
　　清初刻本　　北大□810.59/8710
　　清汪氏裘杼楼抄本　　南京丁丙跋

师山先生全集十二卷
　　清抄本　　国图 6208。翁同龢跋

师山文集八卷**遗文**五卷**附录**一卷
　　四库全书
　　　文渊阁四库全书 1217 册　台湾商务印书馆影印,1983—1987 年
　　　文渊阁四库全书 1217 册　上海古籍出版社,2011 年
　　　文渊阁四库全书　北京出版社,2008 年

文津阁四库全书 406 册　商务印书馆影印,2005 年
文津阁四库全书　广陵书社,线装,2012 年
文澜阁四库全书 1252 册　杭州出版社,2015 年

师山先生文集 九卷
乾坤正气集　清道光二十八年(1848)潘氏袁江刻同治光绪间印

师山遗文 五卷 济美录 四卷
祠堂本　华东师大

师山集
元诗选初集 庚集
清康熙三十三年(1694)顾嗣立秀野草堂刻本
清嘉庆、光绪增修本
中华书局标点本(下)1757—1760 页,1987 年

吴当(1298~1362)

学言诗稿 六卷
明弘治十三年庚午(1500)叶天爵序刻本　䣝 106。徐霖序弘治十三年。叶天爵跋弘治十三年　静嘉堂
清乾隆四年(1739)裔孙吴玉仁崇仁刻本　上海 364340—41
四库全书
文渊阁四库全书 1217 册　台湾商务印书馆影印,1983—1987 年

文渊阁四库全书 1217 册　上海古籍出版社，2011 年
文渊阁四库全书　北京出版社，2008 年
文津阁四库全书　商务印书馆影印，2005 年
文津阁四库全书　广陵书社，线装，2012 年
文渊阁四库全书　杭州出版社，2015 年
清八千卷楼抄本　　南京 3544

学言稿六卷（清吴文正公全集附）
清乾隆二十一年丙子（1756）万璜刻本
四库提要著录丛书集部 257 册　北京出版社，2010 年

学言诗稿
元诗选初集乙集
清康熙三十三年（1694）顾嗣立秀野草堂刻本
清嘉庆、光绪增修本
中华书局标点本（上）532—533 页，1987 年

贡师泰（1298～1362）

贡礼部玩斋集十卷**拾遗**一卷**纪年录**一卷元朱燧撰
明天顺七年癸未（1463）沈性刻本　**武大**
明天顺沈性刻嘉靖十四年乙酉（1535）徐万壁重修本　**皕** 105。
杨维桢序至正十九年。门人赵赘序至正乙未。钱用壬序至正十九年。门人谢肃序十九年。余阙序、程文序至正戊戌。李国凤序至正辛丑。黄溍序至正十五

年。王祎序、沈性刊板序天顺癸未。沈性拾遗跋、徐万壁跋嘉靖乙酉。李默跋嘉靖乙酉 **静嘉堂**701　**国图**7736　**北大**　**南京**1568。卷一、八—九配清抄本。丁丙跋　**尊经阁**458。附贡理官南湖集二卷、贡唐山集四卷

　　北京图书馆古籍珍本丛刊96册　北京图书馆出版社,2000年

　　四库提要著录丛书集部061册　北京出版社,2010年

　　四部丛刊四编集部158—159　张元济选目,中国书店,2016年

　　明活字本　标注

　　余姚史元熙重刻本　标注

　　海昌桃源朱氏刻本　标注

　　清抄本　**国图**3617。宋宾王校补　又6460　又7737　又6306

贡尚书玩斋集十卷首一卷

　　清乾隆四十年(1775)南湖书塾刻本　**国图**455。傅增湘校补并跋

玩斋集十卷拾遗一卷

四库全书

　　文渊阁四库全书 1215册　台湾商务印书馆影印,1983—1987年

　　文渊阁四库全书 1215册　上海古籍出版社,2011年

　　文渊阁四库全书　北京出版社,2008年

　　文津阁四库全书 406册　商务印书馆影印,2005年

　　文津阁四库全书　广陵书社,线装,2012年

　　文澜阁四库全书 1250册　杭州出版社,2015年

摘藻堂四库全书荟要

　　台湾世界书局影印本,1985年

吉林出版集团影印本，2005年［407　集六〇］

贡师泰集　邱居里、赵文友校点
　　元代别集丛刊贡氏三家集　吉林文史出版社，2010年

贡玩斋诗集三卷
　　宋元诗六十一家集二百七三卷〔或名《宋元诗集》（台"中图"）；《宋元名家诗集》（《澹生堂》）；《宋元名家诗选》（《千顷堂》、《明史》）；《宋元名公诗集》（《东洋文库目·京都人文、汇定宋元名公诗集》）〕　明万历四十三年（1615）潘是仁编刻天启二年（1622）重修本　**国图**　**甘肃**　**青海**

玩斋集　玩斋拾遗
　　元诗选初集戊集
　　　　清康熙三十三年（1694）顾嗣立秀野草堂刻本
　　　　清嘉庆、光绪增修本
　　　　中华书局标点本（中）1394—1436页，1987年

周伯琦（1298～1369）

周翰林近光集三卷**扈从诗**一卷
　　明刻本　**皕**104。有至正五年周伯琦自序。欧阳玄序。门生海昌蒋祥麒谨题　**静嘉堂**700　一　一五　三三　十
　　明祁氏澹生堂抄本（附抄配补遗一卷）　**南京**1576。丁丙跋

清初抄本　　国图 2157　　上海 756438。惠栋、鲍廷博藏抄本。黄丕烈跋

　　四库提要著录丛书集部 256 册　　北京出版社，2010 年
　　四部丛刊四编集部 157　　张元济选目，中国书店，2016 年
　　清抄本　　南京 1573。丁丙跋

近光集 三卷 扈从集 一卷

　　四库全书
　　　　文渊阁四库全书 1214 册　　台湾商务印书馆影印，1983—1987 年
　　　　文渊阁四库全书 1214 册　　上海古籍出版社，2011 年
　　　　文渊阁四库全书　　北京出版社，2008 年
　　　　文津阁四库全书 405 册　　商务印书馆影印，2005 年
　　　　文津阁四库全书　　广陵书社，线装，2012 年
　　　　文澜阁四库全书 1249 册　　杭州出版社，2015 年

近光集 三卷

　　艺芳阁艺海奇钞　　清杨复吉编，稿本　　北师大

近光集 一卷

　　宋元人诗集　　清法式善存素堂抄本　　国图

近光集　扈从诗

　　元诗选初集 庚集
　　　　清康熙三十三年(1694)顾嗣立秀野草堂刻本

清嘉庆、光绪增修本

中华书局标点本（下）1857—1877页，1987年

扈从北行前记　后记
口北三厅志

乾隆二十三年（1758）口北道署刻本

满蒙丛书卷一、二　1919年日本铅印本

中国方志丛书　台湾文海出版社，1968年

中国边疆研究文库初编北部边疆卷三　黑龙江教育出版社，2015年

萧国宝

萧辉山存稿一卷附苇庵稿一卷明萧云程撰

清抄本　**静嘉堂** 691　一　一五　四六　十

清抄本　**南京**丁丙跋

四库全书存目丛书补编 79册　齐鲁书社，2001年

辉山存稿
元诗选初集甲集

清康熙三十三年（1694）顾嗣立秀野草堂刻本

清嘉庆、光绪增修本

中华书局标点本（上）333—335页，1987年

史伯璿(1299～1354)

青华集一卷
  清抄本　**上海**清佚名校

史伯璿一首
  元诗选癸集戊集上
    清嘉庆三年(1798)南沙席世臣扫叶山房刻本
    清光绪十四年(1888)南沙席威扫叶山房补版重印本
    中华书局标点本(上)596—597页,2001年

李祁(1299～?)

云阳李先生文集十卷**附录**一卷
  明弘治间五世孙东阳刻本　**皕**108　仪续:《李云阳集跋》:前有庐陵中孚序、危素序,后有弘治壬子傅瀚跋、潘辰题、弘治癸丑(1493)李东阳跋。以文澜阁传抄本校一过,阁本卷六《云蓬记》后脱《永宁权茶盐提举事进思堂记》一首,凡五百九十一字。卷二《和汪士章咏一镜亭韵》,原本二首,阁本亦脱一首,凡二十字。危素序阁本亦缺。　**天禄现存目**一函　六册——　**台"故宫"　静嘉堂**705　四　一五四四　十　存卷一一六,补抄卷七一十,附录
  清抄本　**国图**635　**复旦**

北京图书馆古籍珍本丛刊 96 册　北京图书馆出版社,2000 年
四库提要著录丛书集部 033 册　北京出版社,2010 年

李云阳集 四卷 首一卷

清康熙三十八年(1699)释大汕怀古楼[岭南石濂]刻本　国图 471。傅增湘校　上海

云阳集 四卷 首一卷

清嘉庆十九年(1814)刘之屏校书堂校刻本　国图　南京　湖北

云阳集 十卷

四库全书

　　文渊阁四库全书 1219 册　台湾商务印书馆影印,1983—1987 年

　　文渊阁四库全书 1219 册　上海古籍出版社,2011 年

　　文渊阁四库全书　北京出版社,2008 年

　　文津阁四库全书 407 册　商务印书馆影印,2005 年

　　文津阁四库全书　广陵书社,线装,2012 年

　　文澜阁四库全书 1255 册　杭州出版社,2015 年

清蓝格抄本(据四库本)　**南京** 3548

云阳集　王毅辑校

湖湘文库甲编 28　岳麓书社,2009 年

云阳集

元诗选初集庚集

  清康熙三十三年(1694)顾嗣立秀野草堂刻本
  清嘉庆、光绪增修本
  中华书局标点本(下)1761—1769页,1987年

朱升(1299～1370)

朱枫林集十卷

 新安朱氏父子集　明朱时新编
  明万历四十四年(1616)歙邑朱府刻本　　国图　北大　上海
 北京图书馆古籍珍本丛刊97册　北京图书馆出版社,2000年
 四库全书存目丛书集部24别集类　齐鲁书社,1997年
 元史研究资料汇编81册　中华书局,2014年
 明别集丛刊第1辑1　黄山书社,2013年

枫林先生文集一卷

  明弘治九年(1496)歙邑朱禧任刻本　　台湾大学

朱枫林集　刘尚恒点校

 安徽古籍丛书萃编　黄山书社,2014年

钱宰(1299~1394)

临安集十卷
　　明崇祯山阴祁氏澹生堂抄本　　国图
　　明朱格抄本　　国图
　　明抄本　　南京
　　四库提要著录丛书集部64册　　北京出版社,2010年
　　明别集丛刊第1辑2　　黄山书社,2013年

临安集六卷
　　清乾隆翰林院朱格抄本　　国图
　　四库全书
　　　　文渊阁四库全书 1229册　　台湾商务印书馆影印,1983—1987年
　　　　文渊阁四库全书 1229册　　上海古籍出版社,2011年
　　　　文渊阁四库全书　　北京出版社,2008年
　　　　文津阁四库全书 410册　　商务印书馆影印,2005年
　　　　文津阁四库全书　　广陵书社,线装,2012年
　　　　文澜阁四库全书 1265册　　杭州出版社,2015年
　　清传抄四库全书本(李滂据祁氏澹生堂抄本校补)　　北大

蒋 易

鹤田蒋先生文集二卷

明抄本　皕 109：建阳蒋易师文撰。至正辛丑(1361)临川葛元喆书。蒋氏手跋曰：此集为杨文敏公家藏，徐兴公先辈得之于建宁书肆，仅有序文二卷，尚有十二卷弗存。其作文大有源委……亦是潜心学究之流亚也。绚臣玢识。

案：蒋易，字师文，建阳人，笃信好学，工诗善属文，有《鹤田集》及编《元朝风雅》行于世。见《福建通志》。《鹤田集》各家书目所无，此二卷得之神州书摊，尚是明人抄本，有蒋绚臣跋。绚臣又手录刘彦昺哀蒋师文诗二首、蓝山蓝涧挽诗、寿诗四章附后。　**静嘉堂** 706

传抄本　国图

元史研究资料汇编 70 册　中华书局，2014 年

韩璧 (1300～1367)

云樵诗稿注释八卷

清嘉庆十九年(1814)王朝瑞刊本　清王朝瑞校注　**南京**

韩璧八首

元诗选癸集己集下

清嘉庆三年(1798)南沙席世臣扫叶山房刻本

清光绪十四年(1888)南沙席威扫叶山房补版重印本
中华书局标点本(上)874—876页,2001年

唐兀崇禧(1300～1372→)

述善集三卷
河南濮阳杨氏家藏抄本

元代西夏遗民文献《述善集》校注　焦进文、杨富学校注
甘肃人民出版社,2001年

叶颙(1300～1374→)

樵云独唱集六卷
元至正二十年庚子(1360)刻本　标注:张金吾藏。
明景泰七年(1456)四世孙孟重刻本
明成化中袁凯刻本　皆见标注。
明刻本　国图3784
四库提要著录丛书集部061册　北京出版社,2010年
清抄本　国图9643。黄丕烈校并跋

樵云独唱集诗集八卷
清抄本　国图

樵云独唱诗集六卷
　旧抄本　　南京 1598。丁丙跋,有"汪喜孙印信"一印
　续金华丛书集部　民国十三年(1924)永康胡宗楙梦选廔刻本
　丛书集成续编 168 册　台北新文丰出版公司,1988 年
　清抄本
　大仓文库粹编名家钞校本 53 册　北京大学出版社,2020 年

樵云独唱六卷
　四库全书
　　文渊阁四库全书 1219 册　台湾商务印书馆影印,1983—1987 年
　　文渊阁四库全书 1219 册　上海古籍出版社,2011 年
　　文渊阁四库全书　北京出版社,2008 年
　　文津阁四库全书 407 册　商务印书馆影印,2005 年
　　文津阁四库全书　广陵书社,线装,2012 年
　　文澜阁四库全书 1254 册　杭州出版社,2015 年

樵云独唱
　元诗选初集辛集
　　清康熙三十三年(1694)顾嗣立秀野草堂刻本
　　清嘉庆、光绪增修本
　　中华书局标点本(三)2252—2267 页,1987 年

金哈剌(约1341年前后在世)

南游寓兴集
江户写本　**内阁文库**343b　兼　一　三一二　二八四

郭居敬(元代中后期人)

全相二十四孝诗选 一卷
明初刻本　**国图**
四部丛刊五编集部　中国书店,2020年

姚琏(1301～1368)

元云山一懒翁集 二卷
乾隆五十六年裔孙姚任道序刻本　**编者自藏**

姚叔器先生集 一卷
汪启淑旧藏抄本　**郘**110。天都姚琏叔器甫著。后有诸友分韵别诗、屠性分韵诗序至正丁酉　**静嘉堂**　一　一五　四五　十
清丁氏正修堂抄本　**南京**1622。丁丙跋

倪瓒（1301~1374）

清閟阁遗稿十五卷 附**云林世年图**一卷　明倪珵、倪卓编

明万历二十八年（1600）八世孙倪珵编刻倪卓增修本　**国图**　**北大**李□5244　**科图**　**南京**　**辽宁**

四库全书存目丛书集部 23

北京图书馆古籍珍本丛刊 95 册　北京图书馆出版社，2000 年

明万历三十九年（1611）九世孙倪锦刻本　**上海** 782157—62　**南京** 6885

倪隐君集十卷

清康熙二十二年（1683）十一世孙仁勇刻本　**上海** 25446—49

清閟阁全集十二卷

清康熙五十二年（1713）曹培廉城书室刻本

四库提要著录丛书集部 062 册　北京出版社，2010 年

清嘉庆五年庚申（1800）玩月楼刻本　**南大**

常州先哲遗书第一集　清光绪武进盛氏刻本

元代珍本文集汇刊　台"中图"编印，1970 年（据康熙刻本影）

丛书集成续编 168 册　台北新文丰出版公司，1988 年

元代史料丛刊续编元代文集 22　黄山书社，2018 年

清閟阁集十二卷

 四库全书（据康熙刻本）

  文渊阁四库全书 1220 册　台湾商务印书馆影印，1983—1987 年

  文渊阁四库全书 1220 册　上海古籍出版社，2011 年

  文渊阁四库全书　北京出版社，2008 年

  文津阁四库全书 407 册　商务印书馆影印，2005 年

  文津阁四库全书　广陵书社，线装，2012 年

  文澜阁四库全书 1255 册　杭州出版社，2015 年

 摘藻堂四库全书荟要

  台湾世界书局影印本，1985 年

  吉林出版集团影印本，2005 年［408　集六一］

倪高士全集十二卷附倪高士年谱二卷清沈世良编

 清刻朱印本　天津

云林先生续集文不分卷附录一卷

 抄本　上海 22828—29。王礼培跋

倪云林先生诗集六卷**续集文**一卷**续抄**五卷**附录**一卷

 明天顺四年（1460）骞曦编刻本　标注：沈子培藏天顺骞刻本，十行二十字，黑口双栏，有钱溥、卞荣序，字秀劲可爱。　上海 824389。沈曾植跋　天津　南京图书馆草目

 元史研究资料汇编补编 63 册　广西师范大学出版社，2020 年

 明万历十九年（1591）八世孙倪珵刻本　国图　上海　复旦　南京

四库全书存目丛书集部 23 别集类　齐鲁书社，1997 年

清閟阁集　江兴祐点校
中国古代书画家诗文集丛书　西泠印社出版社，2010 年

倪瓒集　侯岩文、叶子卿点校
艺文丛刊　浙江人民美术出版社，2016 年

倪云林诗集六卷
宋元诗六十一家集二百七三卷〔或名《宋元诗集》(台"中图");《宋元名家诗集》(《澹生堂》);《宋元名家诗选》(《千顷堂》、《明史》);《宋元名公诗集》(《东洋文库目·京都人文、汇定宋元名公诗集》)〕　明万历四十三年(1615)潘是仁编刻天启二年(1622)重修本　**国图**　**甘肃**　**青海**

倪云林先生诗集六卷**集外诗**一卷**附录**一卷
元人十种诗　明崇祯十一年毛氏汲古阁刻本　**武汉**清周星诒题识
　　商务印书馆影印明汲古阁本　民国十五年(1926)影印

倪云林先生诗集十卷
　　清康熙间刻本　**国图**

倪云林先生诗集六卷**附录**一卷　清倪大培增订
　　清乾隆六年(1741)广春楼刻本　**上海师大**　**重庆**

倪云林先生清閟阁诗集五卷
  清光绪二年(1876)木活字印本　国图　北大

倪云林先生清閟阁诗集六卷**附录续集**二卷**清閟阁志**十二卷
  民国六年(1917)无锡倪城木活字印本

倪隐君集一卷　明俞宪辑
  盛明百家诗后编　明隆庆五年(1571)无锡俞宪序刻本

倪云林诗一卷　明毛晋辑
  明天启五年(1625)毛氏绿君亭刻本　**涵芬楼烬余书录**

倪云林诗一卷　戴熙选
  戴鹿床手写宋元四家诗　稿本　南京

清閟阁稿
  元诗选初集辛集
    清康熙三十三年(1694)顾嗣立秀野草堂刻本
    清嘉庆、光绪增修本
    中华书局标点本(下)2091—2129页,1987年

张以宁(1301～1370)

翠屏集四卷　明石光霁编
  明宣德三年(1428)石光霁编刻本　南京目录、卷一、三—四配清抄

本。清丁丙跋

四库全书（据康熙刻本）

　　文渊阁四库全书 1226 册　　台湾商务印书馆影印，1983—1987 年

　　文渊阁四库全书 1226 册　　上海古籍出版社，2011 年

　　文渊阁四库全书　　北京出版社，2008 年

　　文津阁四库全书 409 册　　商务印书馆影印，2005 年

　　文津阁四库全书　　广陵书社，线装，2012 年

　　文澜阁四库全书 1261 册　　杭州出版社，2015 年

翠屏诗集一卷**后集**一卷**文集**三卷

　　明悠然斋蓝格抄本　　国图

翠屏诗集二卷**文集**二卷　　明张淮编

　　明成化十六年（1480）嗣孙张淮编德庆府儒学刻本　　国图　　上海　　又四库底本　　台"中图"　　内阁文库 344a。集 16—12

　　大仓文库粹编精善刻本 61 册　　北京大学出版社，2020 年

　　清乾隆三十九年（1774）重修本　　内阁文库 344a　　316—69 [诗集二卷]

　　清抄本　　国图　　上海　　北大

　　明别集丛刊第 1 辑 2 册　　黄山书社，2013 年

翠屏集

　　皇明文选　　明曹学佺编刻本

翠屏集

张以宁诗文集 游友基编
  鹭江出版社,2012 年
  广陵书社,2016 年

翠屏诗集 二卷

  清康熙间常熟曹氏抄本 台"中图"
  清抄本 南大
  原国立北平图书馆甲库善本丛书 696 册 国家图书馆出版社,2014 年
  元史研究资料汇编补编 67 册 广西师范大学出版社,2020 年

张翰讲集 一卷

  盛明百家诗 明隆庆五年(1571)无锡俞宪序刻本

傅若金(1303~1342)

傅与砺诗集 八卷

  元至正刻本
  明洪武十五年壬戌(1382)傅若川建溪精舍重编刻本
  澍按:任丘宋应祥伯祯点校。傅若川次舟编刻。至正戊戌胡行简序。胡序后有"洪武壬戌仲冬渝川百丈山前建溪精舍新刊"一行。天历二年范梈书于百丈山房。元统三年揭傒斯序。至正辛巳虞集伯生序。岁癸亥新喻曹溪傅若川跋。半叶十一行,行二十一字,黑口,

上下单边,左右双边,三鱼尾。　　**国图** 8528。明徐𤏡、清周星诒跋　　**南京** 1560。卷五—八配清抄本。丁丙跋

四库提要著录丛书集部 256 册　　北京出版社,2010 年

明弘治刻本　　天一阁

明刻本(存二卷:卷一—二)　　国图

傅与砺文集十一卷**附录**一卷

明洪武十七年(1384)傅若川刻本　　**国图** 8529　　**又** 11415

北京图书馆古籍珍本丛刊 92 册　　北京图书馆出版社,2000 年

四库提要著录丛书集部 256 册　　北京出版社,2010 年

元代史料丛刊续编元代文集 4　　黄山书社,2018 年

四部丛刊五编集部　　李致忠编,中国书店,2020 年

明祁氏澹生堂抄本　　**南京**卷一—五配清抄本。清丁丙跋

清初抄本　　重庆

傅与砺诗文集二十卷

四库全书

　　文渊阁四库全书 1213 册　　台湾商务印书馆影印,1983—1987 年

　　文渊阁四库全书 1213 册　　上海古籍出版社,2011 年

　　文渊阁四库全书　　北京出版社,2008 年

　　文津阁四库全书 405 册　　商务印书馆影印,2005 年

　　文津阁四库全书　　广陵书社,线装,2012 年

　　文澜阁四库全书 1248 册　　杭州出版社,2015 年

傅与砺诗集四卷

    明嘉靖熊逵刻

傅玉楼诗集四卷

    宋元诗六十一家集二百七三卷〔或名《宋元诗集》(台"中图");《宋元名家诗集》(《澹生堂》);《宋元名家诗选》(《千顷堂》、《明史》);《宋元名公诗集》(《东洋文库目•京都人文、汇定宋元名公诗集》)〕 明万历四十三年(1615)潘是仁编刻天启二年(1622)重修本   国图   甘肃   青海

傅与砺诗集八卷**绿窗遗稿**一卷孙淑撰

    清康熙四十一年(1702)金侃抄本   国图

傅与砺文集十一卷**诗集**八卷**补遗**一卷**附录**一卷**绿窗遗稿**一卷孙淑撰

    清抄本   上海

傅与砺诗集八卷**绿窗遗稿**一卷孙淑撰**文集**十一卷**附录**一卷

    嘉业堂丛书   民国十三年(1924)吴兴刘承幹刻本

    元史研究资料汇编 57 册   中华书局,2014 年

傅与砺诗集八卷**补集**一卷**续补集**一卷

    清初抄本

    大仓文库粹编名家钞校本 54 册   北京大学出版社,2020 年

傅若金集　史杰鹏、赵彧校点
　　元代别集丛刊　吉林文史出版社，2010年

傅与砺诗集校注　杨匡和校注
　　云南大学出版社，2015年

傅若金诗 一卷
　　四妇人集（绿窗遗稿附）
　　　　嘉庆本
　　　　景嘉庆本

清江集
　　皇明文选　明曹学佺编刻本

清江集
　　元诗选二集 戊集
　　　　清康熙四十一年壬午（1702）顾嗣立秀野草堂刻本
　　　　清嘉庆、光绪增修本
　　　　中华书局标点本（上）438—495页，1987年

王毅（1303～1354）

木讷斋文集 五卷 **附录** 一卷
　　清乾隆二十九年（1764）关中苏过（遇）龙刻本　　国图　科图

南京 09781　上海 267594—97
  续修四库全书集部 1324 册　上海古籍出版社, 2002 年
  清光绪二年丙子(1876)重刻本　国图　南京 87421
  括苍丛书第二集 7 册
  处州丛书　民国二十二年(1933)退补庐排印本

王毅 一首

  元诗选癸集 戊集上
    清嘉庆三年(1798)南沙席世臣扫叶山房刻本
    清光绪十四年(1888)南沙席威扫叶山房补版重印本
    中华书局标点本(上)608—609 页, 2001 年

余阙(1303～1358)

  青阳先生文集 九卷 **忠节附录** 二卷 明张毅辑
    明正统十年(1445)淮南高诚刻本　上海 777684—86。莫棠题识 北大
    明弘治三年(1490)徐杰刻本　南京 4964。半叶十二行,行二十二字,黑口,四周双边
    明正德沈俊刻本　清丁丙跋　南京
    明刻本　辽宁

  青阳先生文集 九卷
    明正统十年(1445)淮南高诚刻本　国图 3615。无忠节附录

余阙

四部丛刊续编（据国图本影印） 民国二十三年（1934）上海商务印书馆影印本、1975年台湾商务印书馆缩印、1986年上海书店等缩印、2015年中央编译出版社缩印

四库提要著录丛书集部256册 北京出版社，2010年

元史研究资料汇编60册 中华书局，2014年

元代史料丛刊续编元代文集20 黄山书社，2018年

青阳先生文集六卷忠节附录二卷明张毅辑

明正德二年（1507）颜禄寿刻本 **科图** **上海**

明正德十六年（1520）宣守胡汝登余姚胡东皋刻本 **酾**103。门人淮西郭奎编。前有宋濂撰传、番易程国儒序、云阳李祁序、刘端序正德辛巳、高穀序正统十年 **静嘉堂**699 **南京**5787 **北大** **社科院文学所**

明嘉靖十七年（1538）郑锡麒刻本 **国图**4881 **南京**3532。卷一配清抄本 **科图** **辽宁**

余忠宣公集六卷

明嘉靖三十三年（1554）雷迻、洪大滨合肥刻本 **酾**103。吴尺凫旧藏。门人淮西郭奎子章辑。罗洪先序嘉靖三十三年。陈嘉谟跋嘉靖乙卯。雷迻跋嘉靖三十三年 **国图**12004 **上海**820715 又 T04682—85 **北大**

余忠宣公集四卷

明万历十六年（1588）张道明刻本 **国图**11417

余忠宣公青阳山房集五卷附录一卷

五名臣遗集 清康熙三十六年（1697）张纯修辑刻本 **国图**451。

傅增湘校并跋

    清嘉庆八年(1803)刻本　　国图　　北大　　天津　　南京　　湖北

    清绿荫山房刻本　　国图　　南京

    庐阳三贤集　　清光绪元年(1875)合肥张氏毓秀堂刻本

青阳先生集 六卷

    清康熙五十九年(1720)张楷刻本　　上海 439383—84　　北大

青阳集 四卷

四库全书

    文渊阁四库全书 1214 册　　台湾商务印书馆影印,1983—1987 年

    文渊阁四库全书 1214 册　　上海古籍出版社,2011 年

    文渊阁四库全书　　北京出版社,2008 年

    文津阁四库全书 405 册　　商务印书馆影印,2005 年

    文津阁四库全书　　广陵书社,线装,2012 年

    文澜阁四库全书 1249 册　　杭州出版社,2015 年

青阳先生文集 五卷

    乾坤正气集　　清道光二十八年(1848)潘氏袁江刻同治光绪间印

余忠宣公青阳集 六卷

    清乾隆间刻本　　南京

    清乾隆十八年(1753)刻道光补刻本　　天津

    清道光四年甲申(1824)棣华堂重刻本　　国图　　南京

    清同治六年(1867)皖江臬署李鹤章刻本　　国图　　北大　　南京

余忠宣公集二卷
　　清刻本　南京

余竹窗诗集二卷
　　宋元诗六十一家集二百七三卷〔或名《宋元诗集》(台"中图");《宋元名家诗集》(《澹生堂》);《宋元名家诗选》(《千顷堂》、《明史》);《宋元名公诗集》(《东洋文库目·京都人文、汇定宋元名公诗集》)〕　明万历四十三年(1615)潘是仁编刻天启二年(1622)重修本　国图　甘肃　青海

青阳集
　　元诗选初集庚集
　　　　清康熙三十三年(1694)顾嗣立秀野草堂刻本
　　　　清嘉庆、光绪增修本
　　　　中华书局标点本(下)1736—1748页,1987年

郭奎(？～1364)

望云集五卷
　　明嘉靖十年辛卯(1531)吴廷翰括苍刻本　台"中图"
　　清金氏文瑞楼抄本　国图
　　四库提要著录丛书集部261册　北京出版社,2010年
　　清汪氏裘杼楼抄本　南京清丁丙跋

四库全书

文渊阁四库全书 1231 册　台湾商务印书馆影印，1983—1987 年

文渊阁四库全书 1231 册　上海古籍出版社，2011 年

文渊阁四库全书　北京出版社，2008 年

文津阁四库全书 411 册　商务印书馆影印，2005 年

文津阁四库全书　广陵书社，线装，2012 年

文澜阁四库全书 1267 册　杭州出版社，2015 年

郭子章集 一卷　明俞宪辑

盛明百家诗　明隆庆五年(1571)无锡俞宪序刻本

危素（1303～1372）

说学斋稿 不分卷

明抄本　台"故宫"

原国立北平图书馆甲库善本丛书 697 册　国家图书馆出版社，2014 年

清初曹氏倦圃抄本　国图

清初抄本　上海

清康熙三十八年(1699)王氏孝慈堂抄本　国图 清王闻远校并跋

四库提要著录丛书 集部 260 册　北京出版社，2010 年

清抄本　上海　国图

清龙池山房抄本　上海

清抄本　南京 清王念孙校并跋

清抄本　**天津**清李宏信校并录明归有光跋
清咸丰七年(1857)翁同书家抄并跋本　**国图**

说学斋稿不分卷又二卷

清东武刘氏味经书屋蓝格抄本　**国图**

说学斋稿二卷

清抄本　**国图**

说学斋稿四卷

四库全书

文渊阁四库全书 1226 册　台湾商务印书馆影印，1983—1987 年

文渊阁四库全书 1226 册　上海古籍出版社，2011 年

文渊阁四库全书　北京出版社，2008 年

文津阁四库全书 409 册　商务印书馆影印，2005 年

文津阁四库全书　广陵书社，线装，2012 年

文澜阁四库全书 1262 册　杭州出版社，2015 年

清彭氏知圣道斋抄本　**国图**清彭元瑞校并跋

戴机父所辑书　清戴范云辑稿本　**上海**

说学斋稿十三卷

清抄本　天一阁

乌格抄本　台"中图"

危太朴集不分卷
　　明抄本　　国图清叶恭焕跋

危太朴文集不分卷
　　清抄本　　国图　　二部

危太朴集四卷
　　清吴允嘉抄校本　　南京丁丙跋

危太朴集续补不分卷
　　清乾隆五十年（1785）许庭坚家抄本　　国图清许庭坚校并跋。清季锡畴、王振声校

危太朴云林集二卷
　　元至正三年（1343）刻本
　　明蓝格抄本　　国图
　　四库提要著录丛书集部113册　　北京出版社，2010年
　　清抄本　　国图

危太朴云林集二卷**文集**不分卷
　　清抄本　　南京清丁丙跋

危太朴云林集二卷**说学斋稿**不分卷
　　清抄本　　国图
　　明别集丛刊第1辑3册　　黄山书社，2013年

危太朴云林诗集二卷**说学斋稿**不分卷**集补**一卷
　　清雍正三年宋宾王（1725）抄本　**国图**清宋宾王校并跋，清王振声跋

危太朴云林集二卷**说学斋稿**十卷
　　缪氏艺风堂抄本　**上海**缪荃荪校并跋

云林集十二卷清涂登辑
　　清抄本　**南京　静**

云林集十二卷清涂登辑**补遗**一卷
　　清抄本　**南京**

云林集二卷**补录**一卷
　　唐宋元三朝名贤小集　清赵典编，清乾隆、嘉庆间赵之玉星凤阁抄本　**湖南**

云林集二卷
　　四库全书
　　　　文渊阁四库全书 1226 册　台湾商务印书馆影印，1983—1987 年
　　　　文渊阁四库全书 1226 册　上海古籍出版社，2011 年
　　　　文渊阁四库全书　北京出版社，2008 年
　　　　文津阁四库全书 409 册　商务印书馆影印，2005 年
　　　　文津阁四库全书　广陵书社，线装，2012 年
　　　　文澜阁四库全书 1262 册　杭州出版社，2015 年

危学士全集十四卷
    清乾隆二十三年戊寅(1758)芳树园刻本　　国图　北大
    四库全书存目丛书集部 24 别集类　齐鲁书社,1997 年
    清乾隆刻道光六年(1826)金溪严氏重修本　国图
    明别集丛刊第 1 辑 3 册　黄山书社,2013 年

危太朴诗集(云林集)二卷**补遗**一卷**续补**一卷**危太朴文集(说学斋稿)**十卷**附录**一卷**续集**十卷**附录**一卷
    嘉业堂丛书　民国三年癸丑四年甲寅(1913、1914)刘承幹刻本
    元人文集珍本丛刊第七册　台湾新文丰出版公司,1985 年
    元代史料丛刊初编元人文集下卷五十五—五十六　黄山书社,2012 年
    元史研究资料汇编 84 册　中华书局,2014 年

梁寅(1303～1389)

石门集上下卷
    明嘉靖三十一年(1552)石山傅鹗刻本　故宫天禄琳琅录外书 12 册　南京 1612。丁丙跋。不淄道人。黄虞稷藏。有缺叶抄配。
    清文瑞楼旧藏抄本不分卷李允芳序嘉靖壬子
    抄本　静嘉堂 707

新喻梁石门先生集十卷**首**一卷**末**一卷
    清乾隆十五年(1750)新喻令暨用其刊本　国图 476、477。傅增

梁 寅

湘校并跋

北京图书馆古籍珍本丛刊 96 册　北京图书馆出版社,2000 年
四库提要著录丛书 集部 33 册　北京出版社,2010 年
元代史料丛刊续编 元代文集 16—17　黄山书社,2018 年
四部丛刊五编 集部　李致忠主编,中国书店,2020 年
清光绪十五年(1889)新喻知县锺体志重刻本　**国图**　傅增湘校并跋　**北大　天津　南京**
明别集丛刊 第 1 辑 3 册　黄山书社,2013 年

石门集 七卷

清马氏玲珑山馆抄本　**湖南** 清黄丕烈、金锡爵、戴光曾跋
清抄本　**南京** 1625。丁丙跋。有"汪鱼亭藏阅书"一印

四库全书

文渊阁四库全书 1222 册　台湾商务印书馆影印,1983—1987 年
文渊阁四库全书 1222 册　上海古籍出版社,2011 年
文渊阁四库全书　北京出版社,2008 年
文津阁四库全书 408 册　商务印书馆影印,2005 年
文津阁四库全书　广陵书社,线装,2012 年
文澜阁四库全书 1257 册　杭州出版社,2015 年

梁石门集 十卷 附录 一卷(据光绪刻本)

元人文集珍本丛刊 7、8 册　台湾新文丰出版公司,1985 年

石门先生集 十五卷

清抄本　**国图** 8747

策要六卷
  明洪武二十年(1387)竹书堂刻本

石门集
  元诗选补遗壬集
    清金山钱熙彦编道光间刻本 **首都**
    中华书局标点本 866—889 页,2002 年

吴皋(元末尝官临江路儒学教授)

吾吾类稿三卷
四库全书(辑自《永乐大典》)
  文渊阁四库全书 1219 册 台湾商务印书馆影印,1983—1987 年
  文渊阁四库全书 1219 册 上海古籍出版社,2011 年
  文渊阁四库全书 北京出版社,2008 年
  文津阁四库全书 407 册 商务印书馆影印,2005 年
  文津阁四库全书 广陵书社,线装,2012 年
  文津阁四库全书(典藏版)176 册 商务印书馆,2016 年
  文澜阁四库全书 1254 册 杭州出版社,2015 年
清乾隆翰林院红格抄本 **国图** 5917
清八千卷楼依阁本抄本 **南京** 3512
豫章丛书四元人集 民国九年(1920)胡思敬辑刻本 **国图** 469。傅增湘校补并跋
元史研究资料汇编 67 册 中华书局,2014 年

元代史料丛刊续编元代文集 20　黄山书社，2018 年

吾吾类稿
元诗选补遗辛集
　　清金山钱熙彦编道光间刻本　**首都**
　　中华书局标点本 745—767 页，2002 年

泰不华(1304～1352)

泰顾北诗集一卷
宋元诗六十一家集二百七三卷〔或名《宋元诗集》(台"中图");《宋元名家诗集》(《澹生堂》);《宋元名家诗选》(《千顷堂》、《明史》);《宋元名公诗集》(《东洋文库目·京都人文、汇定宋元名公诗集》)〕　明万历四十三年(1615)潘是仁编刻天启二年(1622)重修本　**国图**　**甘肃**　**青海**

顾北集一卷
台州丛书己集　民国八年(1919)黄岩杨晨辑石印本
回族典藏全书148 册　甘肃文化出版社、宁夏人民出版社，2008 年

顾北集
元诗选初集庚集
　　清康熙三十三年(1694)顾嗣立秀野草堂刻本
　　清嘉庆、光绪增修本

中华书局标点本(下)1729—1735页,1987年

释大圭(1304～1362)

梦观集二十四卷

明崇祯九年(1636)序刻本　**内阁文库** 343b　四　集一五　一三蓬左 94　卷一一三：佛事，卷四一五：五古诗，卷六一七：五七律，卷八一九：五七绝，卷十一二十四：文

梦观集六卷

明刻本　**南京** 1626。丁丙跋　残存一一三三卷，有抄配，原缺四一六，有太原叔子藏书记、汪鱼亭藏图书、拥书抵北城、秘箧诸印

日本江户初写本　林罗山手校　**内阁文库** 343b

梦观集五卷

四库底稿本(存卷四一九)　**皕** 104：案梦观集原本二十四卷，首语录三卷，次诗六卷，次杂文十五卷。四库馆惟取其诗，以卷四为卷一，卷五为卷二，卷六为卷三，卷七为卷四，卷八、卷九为卷五，编为五卷，著于录，余皆斥而不收。同治十二年，奉旨赴闽，从晋江黄制军处借得翰林院底本，命小胥影写副本，卷第则改从阁本焉。　**静嘉堂** 701　二　一〇五　三四　十

四库全书

文渊阁四库全书 1215 册　台湾商务印书馆影印，1983—1987年

文渊阁四库全书 1215 册　上海古籍出版社，2011年

文渊阁四库全书 北京出版社,2008年
文津阁四库全书 406册 商务印书馆影印,2005年
文津阁四库全书 广陵书社,线装,2012年
文澜阁四库全书 1250册 杭州出版社,2015年
禅门逸书初编第六册 台北明文书局影印本,1981年
清抄本 南京 3578
亦园子版书 清同治十三年(1874)木活字本 国图

梦观集（合紫云开士传为一书）

泉州文库 廖源泉、张吉昌点校 上海辞书出版社,2011年

梦观集

元诗选二集壬集
    清康熙四十一年壬午(1702)顾嗣立秀野草堂刻本
    清嘉庆、光绪增修本
    中华书局标点本(下)1394—1402页,1987年

汪克宽(1304～1372)

环谷集八卷**附录环谷先生年谱**一卷明吴国英编
    汪氏三先生集 清康熙十八年汪懋麟辑刻本 北大 □810.
086/3140
    四库提要著录丛书集部258册 北京出版社,2010年
    元史研究资料汇编 71册 中华书局,2014年

康熙双芝堂汪氏家乘本　**南京**丁书善乙一二五

环谷集八卷
　四库全书
　　文渊阁四库全书 1220 册　台湾商务印书馆影印，1983—1987 年
　　文渊阁四库全书 1220 册　上海古籍出版社，2011 年
　　文渊阁四库全书　北京出版社，2008 年
　　文津阁四库全书 407 册　商务印书馆影印，2005 年
　　文津阁四库全书　广陵书社，线装，2012 年
　　文澜阁四库全书 1256 册　杭州出版社，2015 年

环谷集
　元诗选二集辛集
　　清康熙四十一年壬午(1702)顾嗣立秀野草堂刻本
　　清嘉庆、光绪增修本
　　中华书局标点本(下)1292—1294 页，1987 年

舒頔(1304～1377)

华阳贞素斋文集八卷(第八卷系附录)**附北庄遗稿**一卷舒远撰
可庵搜枯集一卷舒逊撰
　明嘉靖十九年庚子(1540)赵春刻本
　　旧抄本　**皕** 107。洪武辛亥舒頔序。赵春等十人序跋嘉靖庚子。胡富等三人序跋正德戊寅

清景嘉靖抄本　**南京** 2011。丁丙跋

清抄本　**北大**李□7584

四库提要著录丛书集部 257 册　北京出版社，2010 年

华阳贞素斋集文集 八卷

明抄本　**上海**

清抄本　**国图** 3618。诸成璋校并跋　**南京** 3536。丁丙跋

贞素斋集 八卷 附录 一卷 北庄遗稿 一卷

四库全书

文渊阁四库全书 1217 册　台湾商务印书馆影印，1983—1987 年

文渊阁四库全书 1217 册　上海古籍出版社，2011 年

文渊阁四库全书　北京出版社，2008 年

文津阁四库全书 406 册　商务印书馆影印，2005 年

文津阁四库全书　广陵书社，线装，2012 年

文澜阁四库全书 1252 册　杭州出版社，2015 年

贞素斋文集 八卷 附北庄先生遗稿可庵搜枯集稿 一卷

清道光十八年(1838)绩溪胡培翚刻本　**天津**

贞素斋集 八卷 附录 一卷 贞素斋家藏集 四卷 附录 二卷

清道光二十九年(1849)舒正义舒世清校刻本

元史研究资料汇编 65 册　中华书局，2014 年

贞素斋家藏集四卷**附录**二卷
　　清道光二十六年(1846)十六世从孙启恭等刻本

贞素斋集
　　元诗选二集辛集
　　　　清康熙四十一年壬午(1702)顾嗣立秀野草堂刻本
　　　　清嘉庆、光绪增修本
　　　　中华书局标点本(下)1095—1123页,1987年

郭翼(1305～1364)

林外野言二卷**补遗**一卷
　　清王氏十万卷楼抄本　　**国图** 6257　　**南京** 1581。王端履、丁丙跋。
附《雪履斋笔记》一卷
　　清环碧山房黑格抄本　　**国图** 11203
　　清抄本　　**南京** 1590。丁丙跋
　　又满楼丛书　　民国癸亥(1923)昆山赵氏刻本
　　元史研究资料汇编 63册　　中华书局,2014年
　　丛书集成续编 110册　　台北新文丰出版公司,1988年

林外野言二卷
　　清抄本　　**国图**　　**上海**　　**南京** 1589
　　四库提要著录丛书集部 257册　　北京出版社,2010年
　　三间草堂集录　　清陆香圃抄本　　**重庆**

四库全书

　　文渊阁四库全书 1216 册　　台湾商务印书馆影印,1983—1987 年

　　文渊阁四库全书 1216 册　　上海古籍出版社,2011 年

　　文渊阁四库全书　　北京出版社,2008 年

　　文津阁四库全书 406 册　　商务印书馆影印,2005 年

　　文津阁四库全书　　广陵书社,线装,2012 年

　　文澜阁四库全书 1251 册　　杭州出版社,2015 年

林外野言

　　元诗选二集庚集

　　　　清康熙四十一年壬午(1702)顾嗣立秀野草堂刻本

　　　　清嘉庆、光绪增修本

　　　　中华书局标点本(下)1001—1025 页,1987 年

高明(1305～1371)

柔克斋诗辑一卷

　　永嘉诗人祠堂丛刻　　民国四年(1915)如皋冒广生辑刻本

高则诚集　　张宪文、胡雪冈辑校

　　两浙作家文丛　　浙江古籍出版社,1992 年

　　浙江文丛　　浙江古籍出版社,2013 年

柔克斋集
　　元诗选三集庚集
　　　　清康熙五十九年(1720)顾嗣立秀野草堂刻本
　　　　清嘉庆、光绪增修本
　　　　中华书局标点本 441—452 页,1987 年

姚文奂(约至正十年前后在世)

野航亭稿一卷
　　元人十二家小集第二册　　旧抄本　　**南京** 2019

野航亭稿
　　元诗选二集庚集
　　　　清康熙四十一年壬午(1702)顾嗣立秀野草堂刻本
　　　　清嘉庆、光绪增修本
　　　　中华书局标点本(下)1026—1033 页,1987 年

鲁贞(元统年间举人)

桐山老农集四卷
　　四库全书(据抄本)
　　　　文渊阁四库全书 1219 册　　台湾商务印书馆影印,1983—1987 年
　　　　文渊阁四库全书 1219 册　　上海古籍出版社,2011 年

文渊阁四库全书　北京出版社,2008年
文津阁四库全书407册　商务印书馆影印,2005年
文津阁四库全书　广陵书社,线装,2012年
文澜阁四库全书1254册　杭州出版社,2015年
四库全书珍本初集集部别集类　商务印书馆,1933—1935年
清抄本　**南京**3561
衢州文献集成第175册　国家图书馆出版社,2015年

鲁乡贡贞一首

元诗选癸集己集上
清嘉庆三年(1798)南沙席世臣扫叶山房刻本
清光绪十四年(1888)南沙席威扫叶山房补版重印本
中华书局标点本(上)756页,2001年

方行(方国珍子,主要活跃于元末明初)

东轩集一卷

台州丛书己集　民国八年(1919)黄岩杨晨辑石印本

东轩集

元诗选三集庚集
清康熙五十九年(1720)顾嗣立秀野草堂刻本
清嘉庆、光绪增修本

中华书局标点本 431 页,1987 年

吕诚（　～1393→）

吕敬夫诗四卷**鹤亭唱和**一卷
　明抄本　国图 12230。何焯批校并跋
　四部丛刊五编集部　李致忠主编,中国书店,2020 年
　清抄本　国图　南京清董氏味无味斋抄本

吕敬夫诗三卷**鹤亭唱和**一卷
　清抄本　黄丕烈校并跋　国图 7744

吕敬夫诗五卷**鹤亭唱和**一卷
　清抄本　南京 1611。丁丙跋。有季振宜小印、陈仲鱼图缘、简庄艺文、海宁陈鳣观诸印

吕敬夫集二卷
　清王氏十万卷楼抄本　南京 3554
　清抄本　天津

吕敬夫集不分卷
　清抄本　南京 3554。过录何义门朱笔批校　湖北

乐志园诗集八卷**补遗**一卷
　旧抄本　南京 1605。鲍廷博校并跋,丁丙跋

清抄本　　国图 6007。吴骞校，黄丕烈校跋并题诗，朱昌燕跋并题诗

来鹤亭诗集八卷**补遗**一卷

　　清抄本（四库底本）　　国图 4764

　　四库提要著录丛书集部 033 册　　北京出版社，2010 年

　　四库全书（据抄本）

　　　　文渊阁四库全书 1220 册　　台湾商务印书馆影印，1983—1987 年

　　　　文渊阁四库全书 1220 册　　上海古籍出版社，2011 年

　　　　文渊阁四库全书　　北京出版社，2008 年

　　　　文津阁四库全书 407 册　　商务印书馆影印，2005 年

　　　　文津阁四库全书　　广陵书社，线装，2012 年

　　　　文澜阁四库全书 1255 册　　杭州出版社，2015 年

　　清光绪三十一年（1905）李氏木犀轩抄本　　**北大**李 3287

　　清宣统三年（1911）红格抄本　　国图

　　清抄本　　国图　南通

来鹤亭集九卷

　　枕碧楼丛书　　民国二年（1913）刻本、1980 年中国书店重印本

　　海王邨古籍丛刊　　中国书店，1990 年

来鹤草堂稿八卷

　　旧抄本　　䣛 109。至正七年（1347）杨维桢序　　**静嘉堂** 705

来鹤草堂稿四卷

　　清知服斋绿格抄本　　国图

来鹤草堂稿不分卷
　　清抄本　上海

来鹤草堂稿一卷**番禺集**一卷**既白轩稿**一卷
　　清抄本　南京

来鹤草堂稿一卷**既白轩稿**一卷**竹洲归田稿**一卷**鹤亭唱和**一卷
　　清抄本　清黄丕烈校并跋　国图

来鹤草堂稿一卷**番禺稿**一卷**既白轩稿**一卷**竹洲归田稿**一卷**敬夫集外诗**一卷**鹤亭唱和诗**一卷
　　清抄本　福建师大 佚名录，清何焯等跋

来鹤草堂稿（附既白轩稿、竹洲归田稿、敬夫稿）
　　元诗选三集辛集
　　　　清康熙五十九年（1720）顾嗣立秀野草堂刻本
　　　　清嘉庆、光绪增修本
　　　　中华书局标点本 658—688 页，1987 年

胡行简（至正二年进士）

樗隐集六卷
　　四库全书（辑自《永乐大典》）
　　　　文渊阁四库全书 1221 册　台湾商务印书馆影印，1983—

1987年

　　文渊阁四库全书 1221 册　上海古籍出版社,2011年

　　文渊阁四库全书　北京出版社,2008年

　　文津阁四库全书 408 册　商务印书馆影印,2005年

　　文津阁四库全书　广陵书社,线装,2012年

　　文津阁四库全书(典藏版)177 册　商务印书馆,2016年

　　文澜阁四库全书 1256 册　杭州出版社,2015年

清乾隆翰林院红格抄本　**国图** 5919

清丁氏八千卷楼抄本　**南京** 3558

豫章丛书四元人集　1920年胡思敬辑刻本　**江西** K225·8/20029

陈谟(1305～1400)

陈聘君海桑先生集 十卷

　　明嘉靖间刻本　**静嘉堂**

　　明刻本　**科图　社科院文学所　南京**

　　明刻清康熙十九年庚申(1680)裔孙邦祥重修本　**上海**

　　明别集丛刊第1辑4册　黄山书社,2013年

海桑集 十卷

　　四库全书

　　　　文渊阁四库全书 1232 册　台湾商务印书馆影印,1983—1987年

　　　　文渊阁四库全书 1232 册　上海古籍出版社,2011年

文渊阁四库全书　北京出版社，2008年
文津阁四库全书 411册　商务印书馆影印，2005年
文津阁四库全书　广陵书社，线装，2012年
文澜阁四库全书 1268册　杭州出版社，2015年

陈聘君海桑先生集十卷**附录**一卷
　　清道光二年（1822）柳溪书屋刻本　国图　北大　南京

海桑文集不分卷
　　明蓝格抄本　史语所
　　清辨志书塾绿格抄本　台"中图"

魏观（至正二十四年为朱元璋吴政权国子监助教）

蒲山牧唱不分卷
　　明成化四年（1468）魏铭刻本　国图
　　中华再造善本集部一册　北京图书馆出版社，2014年

沈贞（主要活跃于元末明初）

茶山老人遗集二卷**附录**一卷　清王藻、姚世钰、姚世锺辑
　　清乾隆三十四年（1769）俊逸亭刻本　国图 1177　上海 7753

浙江

存目：浙江孙仰曾家藏本。

四库全书存目丛书集部 23 别集类　齐鲁书社，1997 年

续修四库全书集部 1324 册　上海古籍出版社，2002 年

刘永之（主要活跃于元末明初）

刘仲修先生诗集（山阴集）八卷

旧抄本　**皕** 110。章何光编刊。洪武壬戌（十五年 1382）梁寅序。敖英跋　**静嘉堂** 110

刘仲修先生诗集六卷**文集**二卷

傅氏藏园黑格抄本　**国图**

清抄本　**南京** 1615。丁丙跋

清抄本　**天一阁**

续修四库全书集部 1326 册　上海古籍出版社，2002 年

明别集丛刊第 1 辑 4 册　黄山书社，2013 年

刘仲修先生诗集不分卷

清初抄本　**上海**

刘仲修先生集存八卷

抄本　**江西** K225.8/18356

山阴集
元诗选二集辛集
清康熙四十一年壬午(1702)顾嗣立秀野草堂刻本

清嘉庆、光绪增修本

中华书局标点本(下)1156—1185页,1987年

孙淑(1306～1328)

绿窗遗稿一卷
清康熙四十一年(1702)金侃抄本(傅与砺诗集附)　国图
四妇人集
嘉庆本

景嘉庆本

清抄本(傅与砺文集附)　上海

嘉业堂丛书(傅与砺诗集附)　民国三年(1914)吴兴刘氏刻本

绿窗遗稿
元诗选初集壬集
清康熙三十三年(1694)顾嗣立秀野草堂刻本

清嘉庆、光绪增修本

中华书局标点本(下)2519—2521页,1987年

卢琦（1306～1362）

圭峰卢先生集二卷
明万历三十七年（1609）庄毓庆等刻本　　国图 7734
北京图书馆古籍珍本丛刊 96 册　北京图书馆出版社，2000 年
四库提要著录丛书集部 032 册　北京出版社，2010 年

圭峰卢先生集十四卷
清抄本　南京 1549。丁丙跋

圭峰集五卷
元六家诗集　清吴县金侃手抄本　台"中图"

圭峰卢先生集三卷
清抄本　南京

圭峰集二卷
四库全书
　　文渊阁四库全书 1214 册　台湾商务印书馆影印，1983—1987 年
　　文渊阁四库全书 1214 册　上海古籍出版社，2011 年
　　文渊阁四库全书　北京出版社，2008 年
　　文津阁四库全书 408 册　商务印书馆影印，2005 年

文津阁四库全书　广陵书社,线装,2012 年
文澜阁四库全书 1249 册　杭州出版社,2015 年

圭峰先生集一卷

闽刻珍本丛刊 52 册　人民出版社、鹭江出版社,2009 年

圭峰集

泉州文库　郑焕章点校　上海辞书出版社,2012 年

圭峰集

元诗选初集庚集

清康熙三十三年(1694)顾嗣立秀野草堂刻本

清嘉庆、光绪增修本

中华书局标点本(下)1790—1801 页,1987 年

周闻孙(1307～1360)

鳌溪周先生文集四卷附诗学梯杭一卷

清嘉庆十一年(1806)刻本　**江西** K225.8/19181

鳌溪文集二卷

存目:江西巡抚采进本。

华幼武(1307～1375)

栖碧先生黄杨集三卷**补遗**一卷**附录**一卷明俞贞木等撰

明洪武二十年丁卯(1387)刻本

明隆庆二年(1568)裔孙华益裪无锡刻本　上海775730—31　又776417—20　内阁文库344a

元代史料丛刊续编元代文集19　黄山书社,2018年

明万历四十六年(1618)无锡华子虚刻本　国图9083　复旦　南京1567。丁丙跋(重修本)　南京5793

北京图书馆古籍珍本丛刊94册　北京图书馆出版社,2000年

四库全书存目丛书集部23别集类　齐鲁书社,1997年

续修四库全书集部第1325册　上海古籍出版社,2002年

元史研究资料汇编70册　中华书局,2014年

元人文集珍本丛刊第八册　台湾新文丰出版公司,1985年

明崇祯十四年(1641)存裕堂华五伦允诚刻本　国图653　上海344225　复旦　辽宁

明崇祯十四年华五伦刻咸丰八年(1858)承先堂重刻本

明无锡华氏刻本　北大

清嘉庆元年(1796)无锡华宏源刻同治十三年(1874)华翼纶诒谷堂重修本　国图478。傅增湘校补并跋

清刻本　国图

栖碧先生黄杨集三卷补遗附录二卷
　　清初刻本　　南京

黄杨集三卷
　　清无锡华氏存裕堂活字本　　北大　　天津　　上海 011984

栖碧先生黄杨集三卷补遗一卷
　　清无锡华氏承先堂刻本　　天津

黄杨集二卷
　　清无锡华氏承先堂刻本　　南京

黄杨集六卷
　　明祁氏澹生堂抄本
　　原国立北平图书馆甲库善本丛书 689 册　国家图书馆出版社，2014 年
　　元史研究资料汇编补编 64 册　广西师范大学出版社，2020 年

黄杨集三卷补遗一卷
　　存目：浙江鲍士恭家藏本。

黄杨集抄二卷
　　明隆庆二年(1568)华察刻本　　北大 李□112。李盛铎跋

黄杨集　赵承中点校
　　苏州大学出版社，2012 年

华氏黄杨集一卷
    盛明百家诗后编　明隆庆五年(1571)无锡俞宪序刻本

黄杨集
    元诗选初集辛集
        清康熙三十三年(1694)顾嗣立秀野草堂刻本
        清嘉庆、光绪增修本
        中华书局标点本(下)2285—2292页,1987年

胡翰(1307～1381)

胡仲子集十卷
    明洪武十四年(1381)王懋温刻本　　南京清丁丙跋　　台"中图"
    明洪武十四年王懋温刻明修本　　国图　　上海
    清初抄本　　国图
    四库提要著录丛书集部349册　　北京出版社,2010年
    四库全书
        文渊阁四库全书1229册　　台湾商务印书馆影印,1983—1987年
        文渊阁四库全书1229册　　上海古籍出版社,2011年
        文渊阁四库全书　　北京出版社,2008年
        文津阁四库全书410册　　商务印书馆影印,2005年
        文津阁四库全书　　广陵书社,线装,2012年
        文澜阁四库全书1264册　　杭州出版社,2015年
    金华丛书集部　　清同治十二年(1873)永康胡氏武昌退补斋刻本

丛书集成初编 文学类［金华］2108—09 册
丛书集成新编 66 册　新文丰出版公司,1985 年
元史研究资料汇编 87 册　中华书局,2014 年
明别集丛刊 第 1 辑 4 册　黄山书社,2013 年

胡仲子先生信安集 二卷
明弘治十六年(1503)沈杰刻本　国图

沈梦麟(1307～1399)

吴兴沈梦麟先生花溪集 三卷
明弘治刻本
传抄明弘治本　北大 李□426。李木斋据潢川吴氏藏旧抄本校跋
旧抄本　皕 109。邑人陆珩编,彭韶序弘治元年,沈溥跋、李思仁跋弘治九年。无名氏后序　静嘉堂 705
清沈氏鸣野山房抄本　复旦
清汪氏振绮堂抄本　北大
清抄本　国图　内蒙古大学
四库提要著录丛书 集部 258 册　北京出版社,2010 年
明别集丛刊 第 1 辑 10 册　黄山书社,2013 年

花谿集 三卷
四库全书
文渊阁四库全书 1221 册　台湾商务印书馆影印,1983—1987 年

沈梦麟

　　文渊阁四库全书 1221 册　　上海古籍出版社，2011 年

　　文渊阁四库全书　　北京出版社，2008 年

　　文津阁四库全书 408 册　　商务印书馆影印，2005 年

　　文津阁四库全书　　广陵书社，线装，2012 年

　　文澜阁四库全书 1265 册　　杭州出版社，2015 年

　清宣统二年(1910)刻本　　**南京**

　枕碧楼丛书　　民国二年(1913)刻本　　1980 年中国书店重印本

　海王邨古籍丛刊　　中国书店，1990 年

　元人文集珍本丛刊 8 册　　台湾新文丰出版公司，1985 年

　元史研究资料汇编 71 册　　中华书局，2014 年

　清抄本　　**南京** 1607　　丁丙跋

花豀集 不分卷

　原国立北平图书馆甲库善本丛书 690 册　　国家图书馆出版社，2014 年

　元史研究资料汇编补编 67 册　　广西师范大学出版社，2020 年

花豀集 一卷

　宋元人诗集　　清法式善存素堂抄本　　**国图**

花豀集

　元诗选补遗辛集

　　清金山钱熙彦编道光间刻本　　**首都**

　　中华书局标点本 797—824 页，2002 年

释妙声（1308～？）

东皋集七卷

　　明洪武十七年（1384）其徒德瓛刻本

　　明刻本　**上海**存五卷，卷一至五

东皋集三卷

　　明末毛氏汲古阁抄本

　　四库全书

　　　　文渊阁四库全书 1227 册　台湾商务印书馆影印，1983—1987 年

　　　　文渊阁四库全书 1227 册　上海古籍出版社，2011 年

　　　　文渊阁四库全书　北京出版社，2008 年

　　　　文津阁四库全书 410 册　商务印书馆影印，2005 年

　　　　文津阁四库全书　广陵书社，线装，2012 年

　　　　文澜阁四库全书 1263 册　杭州出版社，2015 年

东皋录三卷

　　禅门逸书初编 7 册　台北明文书局影印本，1981 年

　　明别集丛刊第 1 辑 8 册　黄山书社，2013 年

唐桂芳(1308～1380)

白云诗稿四卷**文稿**三卷

唐氏三先生集
  明正德十三年戊寅(1518)张芹刻本 **国图**
  北京图书馆古籍珍本丛刊 115 册 北京图书馆出版社,2000 年
  明别集丛刊第 1 辑 5 册 黄山书社,2013 年

白云集七卷
  四库全书
    文渊阁四库全书 台湾商务印书馆影印,1983—1987 年
    文渊阁四库全书 1226 册 上海古籍出版社,2011 年
    文渊阁四库全书 北京出版社,2008 年
    文津阁四库全书 409 册 商务印书馆影印,2005 年
    文津阁四库全书 广陵书社,线装,2012 年
    文澜阁四库全书 1263 册 杭州出版社,2015 年

释宗衍(1309～1351)

碧山堂集五卷
  日本应安五年(1372)俞良甫刻本 **东洋文库** 35。岩 iv-2-D-7。

前二卷抄配　　国会 WA6—41。定为南北朝刊、五山版

和刻本中国古逸书丛刊 57　　凤凰出版社，2012 年

碧山堂集

元诗选二集壬集

清康熙四十一年壬午（1702）顾嗣立秀野草堂刻本

清嘉庆、光绪增修本

中华书局标点本（下）1403—1413 页，1987 年

释至仁（1309～1382）

澹居稿 二卷

元至正刻本　　**南京** 丁书善甲八〇。有"秀野草堂顾氏藏书印""顾印嗣立""侠君""汪鱼亭藏阅书"诸印

　　清抄本　　**国图** 3854

北京图书馆古籍珍本丛刊 99 册　　北京图书馆出版社，2000 年

日本宽文四年（1664）饭田氏忠兵卫本　　皇甫琮辑　　**北大** 李□5396　　**内阁文库** 343b　昌一　三一六　五二　昌一　三一二　五〇一

和刻本四部丛刊 95 册　　人民出版社、西南师范大学出版社，2014 年

澹居稿 一卷 附邵亨贞蚁术诗选 八卷

明隆庆六年（1572）新都汪稷好德轩刻本　　**国图** 7735

　　清抄本　　**国图**　二部

澹居稿一卷
    清抄本   国图
    明别集丛刊第1辑5册   黄山书社，2013年

澹居稿
    元诗选初集壬集
        清康熙三十三年（1694）顾嗣立秀野草堂刻本
        清嘉庆、光绪增修本
        中华书局标点本（三）2505—2510页，1987年

朱希晦（1309～1386）

云松巢集三卷
    明正统玄孙朱元谏刻本   子朱幽烈编
    旧抄本   **傅增湘藏**从明本出。有嘉靖七年七世孙序。有翰林院印
    旧抄本   **皕** 109。鲍原弘序
    清抄本   **南京** 3556
    四库全书（据朱元谏刻本）
        文渊阁四库全书 1220册   台湾商务印书馆影印，1983—1987年
        文渊阁四库全书 1220册   上海古籍出版社，2011年
        文渊阁四库全书   北京出版社，2008年
        文津阁四库全书 407册   商务印书馆影印，2005年
        文津阁四库全书   广陵书社，线装，2012年
        文澜阁四库全书 1256册   杭州出版社，2015年

赠朝列大夫云松巢朱先生诗集三卷
　　清鲍氏知不足斋抄本
　　大仓文库粹编名家钞校本第 53 册　北京大学出版社，2020 年

云松巢诗集五卷
　　清同治十三年甲戌(1874)乐城朱世翰木活字印本　国图　南京　浙江桐庐县

云松巢集
　　元诗选二集辛集
　　　　清康熙四十一年壬午(1702)顾嗣立秀野草堂刻本
　　　　清嘉庆、光绪增修本
　　　　中华书局标点本(下)1308—1315 页，1987 年

邵亨贞(1309～1401)

野处集四卷(杂文六十八首)
　　明隆庆新都汪稷刻本
　　四库全书
　　　　文渊阁四库全书 1215 册　台湾商务印书馆影印，1983—1987 年
　　　　文渊阁四库全书 1215 册　上海古籍出版社，2011 年
　　　　文渊阁四库全书　北京出版社，2008 年
　　　　文津阁四库全书 406 册　商务印书馆影印，2005 年
　　　　文津阁四库全书　广陵书社，线装，2012 年

邵亨贞

　　文澜阁四库全书 1250 册　　杭州出版社，2015 年
　　四库全书珍本初集　　商务印书馆，1933—1935 年
　　清钱塘丁氏八千卷楼蓝格抄本　　**南京** 3531
　　清抄本　　国图

蚁术诗选 八卷　　明汪稷校订
　　明隆庆六年(1572)新都汪稷好德轩刻本　　**国图** 7735　　**浙江**
　　续修四库全书 集部 1324 册　　上海古籍出版社，2002 年
　　清抄本　　国图　　天津　　重庆

邵蚁术诗集 八卷
　　清抄本　　重庆

蛾术草稿 不分卷
　　清抄本　　四川

蚁术诗选 八卷 **词选** 四卷
　　宛委别藏
　　　　故宫藏阮元辑抄本
　　选印宛委别藏
　　　　　商务印书馆，1935 年
　　　　　台湾商务印书馆影印，1981 年
　　　　　江苏古籍出版社影印，1988 年
　　清抄本　　国图
　　清八千卷楼抄本　　**南京** 1577。丁丙跋

四部丛刊三编(据明隆庆好德轩刻本,词选据宛委别藏) 民国二十四—二十五年(1935—1936)商务印书馆影印本;1975年台湾商务印书馆缩印;1986年上海书店等缩印;2015年中央编译出版社缩印

蚁术集诗选四卷**词选**四卷
　　清抄本
　　大仓文库粹编名家钞校本54册　北京大学出版社,2020年

蚁术集
　　元诗选补遗己集
　　　　清金山钱熙彦编道光间刻本　**首都**
　　　　中华书局标点本535—583页,2002年

顾瑛(1310～1369)

玉山璞稿二卷
　　宛委别藏
　　　　故宫藏阮元辑抄本
　　选印宛委别藏
　　　　商务印书馆,1935年
　　　　台湾商务印书馆影印,1981年
　　　　江苏古籍出版社影印,1998年
　　清抄本(与《玉山稿》合一册)　**国图**4191。黄廷鉴校　**又**7156

四库提要著录丛书集部 258 册　北京出版社，2010 年
　　清抄本　　南京 3551　　苏州文管会
　　戴机父所辑书　清戴范云辑稿本　　上海
　　读画斋丛书辛集　清嘉庆四年(1799)桐川顾氏刻本
　　丛书集成初编文学类[读画]2275 册
　　元史研究资料汇编 69 册　中华书局，2014 年

玉山璞稿一卷
　　四库全书
　　　　文渊阁四库全书 1220 册　台湾商务印书馆影印，1983—1987 年
　　　　文渊阁四库全书 1220 册　上海古籍出版社，2011 年
　　　　文渊阁四库全书　北京出版社，2008 年
　　　　文津阁四库全书 407 册　商务印书馆影印，2005 年
　　　　文津阁四库全书　广陵书社，线装，2012 年
　　　　文津阁四库全书(典藏版)190 册　商务印书馆，2016 年
　　　　文澜阁四库全书 1255 册　杭州出版社，2015 年

玉山璞稿一卷**玉山纪游**一卷　明袁华辑
　　清抄本　　国图清黄廷鉴跋

玉山璞稿二卷**逸稿**清鲍廷博辑四卷**附录**一卷
　　清嘉庆鲍氏知不足斋抄本
　　历代画家诗文集　台湾学生书局影印
　　原国立北平图书馆甲库善本丛书 690 册　国家图书馆出版社，2014 年

元史研究资料汇编补编 65 册　广西师范大学出版社，2020 年

玉山璞稿　杨镰整理
　　中华书局，2008 年

玉山逸稿四卷**附录**一卷　清鲍廷博辑
　　清抄本　国图　南京 3552

玉山逸稿四卷**附录**一卷**续补**一卷
　　读画斋丛书辛集　清嘉庆四年（1899）桐川顾氏刻本
　　丛书集成初编文学类［读画］2276 册
　　元史研究资料汇编 69 册　中华书局，2014 年

玉山遗稿二卷**制曲十六观**一卷**玉山图绘赠言**一卷
　　清抄本　南京　科图

金粟道人逸诗四卷　清鲍廷博辑
　　稿本　国图 9433

闲余吟稿一卷**附杂咏**一卷**晋游小草**一卷
　　秀埜草堂合编　清顾光照编，清道光二十八年（1848）浔州郡署刻本

玉山璞稿
　　元诗选初集辛集
　　　　清康熙三十三年（1694）顾嗣立秀野草堂刻本

清嘉庆、光绪增修本
中华书局标点本(下)2321—2367页,1987年

玉山草堂集二卷**集外诗**一卷
    元人十种诗   明崇祯十一年(1638)毛氏汲古阁刻本
    影印汲古阁本   民国十五年(1926)商务印书馆影印

玉山草堂集一卷
    清初曹氏倦圃朱墨校抄本   **北大**李□5246。赵之谦校补

玉山草堂雅集十三卷
    清影元抄本   **南京**佚名校
    清赵氏小山草堂抄本   **南京**丁丙跋   卷一——七、十一——十三配清抄本
    玉海堂景宋元丛书本

玉山草堂雅集十六卷
    清抄本   **北大**

玉山草堂雅集十六卷**补遗**一卷
    清抄本   **科图**

顾氏玉山草堂雅集十八卷
    民国二十四年(1035)武进陶湘写刻本   **南京**

郑守仁(约至正年间前后在世)

蒙泉集 一卷
    台州丛书己集　民国八年(1919)黄岩杨晨辑石印本

蒙泉集(诗集前题郑鍊师守仁)
    元诗选三集壬集
        清康熙五十九年(1720)顾嗣立秀野草堂刻本
        清嘉庆、光绪增修本
        中华书局标点本 717—719 页,1987 年

释子贤

一愚集 一卷
    台州丛书己集　民国八年(1919)黄岩杨晨辑石印本

一愚集
    元诗选三集壬集
        清康熙五十九年壬午(1720)顾嗣立秀野草堂刻本
        清嘉庆、光绪增修本
        中华书局标点本 727—729 页,1987 年

廼贤（1310~1368）

金台集一卷
　　元刻本　　**书陵部** 36
　　日本文化二年（1802）抄本　　**内阁文库** 343b

金台集二卷
　　清初海虞毛氏汲古阁影元抄本　　**国图**
　　诵芬室丛刊初编　　民国十一年（1922）董康影元刻本
　　元史研究资料汇编 56 册　　中华书局，2014 年
　　元人十种诗
　　明崇祯十一年汲古阁刻本　　**国图**清曹炎校补
　　影印汲古阁本　　民国十五年（1926）商务印书馆影印
　　四库提要著录丛书集部 61 册　　北京出版社，2010 年
　　清初抄本　　**北大**李□489。清季振宜校
　　清康熙二十四年（1685）金侃校抄本　　**国图** 3616
　　四库全书（据康熙刻本）
　　　　文渊阁四库全书 1215 册　　台湾商务印书馆影印，1983—1987 年
　　　　文渊阁四库全书 1215 册　　上海古籍出版社，2011 年
　　　　文渊阁四库全书　　北京出版社，2008 年
　　　　文津阁四库全书 406 册　　商务印书馆影印，2005 年
　　　　文津阁四库全书　　广陵书社，线装，2012 年
　　　　文澜阁四库全书 1250 册　　杭州出版社，2015 年

摘藻堂四库全书荟要

台湾世界书局影印本,1985年

吉林出版集团影印本,2005年[407　集六〇]

金台集二卷补遗一卷

清传录明林云凤抄本　　国图　　北大李□462

廼贤集校注　叶爱欣校注

河南大学出版社,2012年

廼前冈诗集三卷

宋元诗六十一家集二百七三卷〔或名《宋元诗集》(台"中图");《宋元名家诗集》(《澹生堂》);《宋元名家诗选》(《千顷堂》、《明史》);《宋元名公诗集》(《东洋文库目·京都人文、汇定宋元名公诗集》)〕　明万历四十三年(1615)潘是仁编刻天启二年(1622)重修本　国图　甘肃　青海

回族典藏全书 148 册　甘肃文化出版社、宁夏人民出版社,2008年

金台集一卷

宋元人诗集　清法式善存素堂抄本　　国图

金台集

元诗选初集戊集

清康熙三十三年(1694)顾嗣立秀野草堂刻本

476

清嘉庆、光绪增修本

中华书局标点本(中)1437—1478页,1987年

钱惟善(1310～1381)

江月松风集 十二卷

　稿本　台"故宫"

四库全书

　文渊阁四库全书 1217册　台湾商务印书馆影印,1983—1987年

　文渊阁四库全书 1217册　上海古籍出版社,2011年

　文渊阁四库全书　北京出版社,2008年

　文津阁四库全书 406册　商务印书馆影印,2005年

　文津阁四库全书　广陵书社,线装,2012年

　文澜阁四库全书 1253册　杭州出版社,2015年

　清石门吕留良家抄本　国图清丁咏涣跋

　四库提要著录丛书集部112册　北京出版社,2010年

　清王氏十万卷楼抄本　南京清丁丙跋

江月松风集 十二卷 **补遗** 一卷　清吴允嘉等辑

　清初曹氏倦圃传抄吴氏补遗稿本

　标注:其集在明不显,此本乃曹溶得惟善手稿,因传于世。拜经楼有抄本,从惟善手稿录出,并加补遗。　**南京** 1594。清吴允嘉辑稿本,吴允嘉校补,吴焯校并跋,汪曾学、汪曾唯、丁丙跋　有"[朱]竹垞藏本""檇李曹氏倦圃藏书印""汪鱼亭藏阅书"诸印,后有吴石仓初校笔记、"石仓手校"印

清金侃抄本（失名据查慎行藏本签校）　北大李□155

清康熙二十五年（1686）翁杙抄本　国图8541。翁杙校并跋。黄丕烈、傅增湘跋

文瑞楼抄本　皕107。翁杙跋。江月松风集为有元钱思复手书稿草……一时争相传写。……得于康熙丙寅，钞成于季秋

清抄本　国图　北大　上海张元济跋

江月松风集十二卷**续集**清吴永嘉辑一卷

清赵氏小山堂抄本　国图11204

清抄本　国图6327　北大李□4194

江月松风集十二卷**续集**清吴永嘉辑一卷**补遗**清吴焯等辑一卷

清知不足斋抄本　国图7742。鲍正言校补并录朱之赤题跋

江月松风集十二卷**续集**一卷**补遗**一卷**附文**一卷**附录**一卷

清抄本　上海

清风室丛书　清光绪八年（1882）钱保塘刻本　国图463。傅增湘校跋并录翁杙、黄丕烈跋

江月松风集十二卷**补遗**一卷**文录**一卷**附录**一卷

武林往哲遗著　清光绪十五年（1889）钱塘丁氏嘉惠堂刻本　国图464。傅增湘校

元史研究资料汇编67册　中华书局，2014年

江月松风集十二卷**钱思复诗补**一卷

清抄本　国图11205

江月松风集
　元诗选初集辛集
　　清康熙三十三年(1694)顾嗣立秀野草堂刻本
　　清嘉庆、光绪增修本
　　中华书局标点本(下)2268—2284页,1987年

龙从云(主要活跃于至正年间)

钓鱼轩诗集二卷
　宋元诗六十一家集二百七三卷〔或名《宋元诗集》(台"中图");《宋元名家诗集》《澹生堂》);《宋元名家诗选》(《千顷堂》、《明史》);《宋元名公诗集》(《东洋文库目·京都人文、汇定宋元名公诗集》)〕　明万历四十三年(1615)潘是仁编刻天启二年(1622)重修本　**国图　甘肃　青海**

龙都事从云七首
　元诗选癸集庚上
　　清嘉庆三年(1798)南沙席世臣扫叶山房刻本
　　清光绪十四年(1888)南沙席威扫叶山房补版重印本
　　中华书局标点本(下)981—983页,2001年

张庸(元末明初人)

全归集七卷　孙张琳编次
　明正统十年乙丑(1445)其孙琳刻本
　清抄本　**南京** 7746
　清抄本　**科图**清徐时栋跋　**南京**
　抄本　**静嘉堂** 706

全归集六卷
　清漱石山房抄本(六卷)　**北大**
　明别集丛刊第1辑11　黄山书社,2013年

全归集
　元诗选补遗壬集
　　清金山钱熙彦编道光间刻本　**首都**
　　中华书局标点本 952—962页,2002年

宋濂(1310～1381)

潜溪集十卷**附录**二卷
　元至正刻本　**内阁文库**
　明初刻本　**国图**

潜溪集十卷**卷首**一卷**附录**一卷
　　明嘉靖十五年(1536)跋刻本　内阁文库

潜溪集一卷**附录**一卷
　　元至正十六年(1356)刻本　台"中图"

潜溪集八卷**附录**一卷
　　元至正十六年(1356)莆阳郑氏刻本　北大
　　明嘉靖十五年(1536)徐嵩、温秀刻本　国图　北大　科图　上海　天津　南京　四川　浙江清莫友芝跋
　　原国立北平图书馆甲库善本丛书 694 册　国家图书馆出版社，2014 年
　　明别集丛刊第 1 辑 6 册　黄山书社，2013 年
　　元史研究资料汇编补编 68—69 册　广西师范大学出版社，2020 年

潜溪后集十卷
　　明洪武刻本　国图

宋学士续文粹十卷**附录**一卷
　　明建文三年(1401)浦江郑氏义门刻本

潜溪先生集十八卷明黄溥辑**附录**一卷
　　明天顺元年(1457)黄溥、严堽蜀中刻本　国图清李文田跋　上海　四川　重庆　南京清黄丕烈、丁丙跋
　　明天顺元年黄溥、严堽刻，成化间补刻本

大仓文库粹编精善刻本 59—60 册　北京大学出版社,2020 年
　明嘉靖二十二年(1543)傅应祥刻本(无附录)　台"中图"

潜溪集十卷 **首**一卷 **附录**一卷
　明嘉靖十五年(1536)跋刻本

宋学士先生文集二十六卷 **附录**一卷
　明天顺五年(1461)黄誉刻本　南京　无锡

宋学士先生文集七十五卷
　明正德九年(1514)太原张缙刻本　国图　北大　上海　南京
　四部丛刊初编　1922 年商务印书馆影印、1929 年二次印、1936 年缩印、1975 年台湾商务印书馆缩印、1986 年上海书店等缩印、2015 年中央编译出版社缩印
　四库提要著录丛书集部 061 册　北京出版社,2010 年
　明正德九年刻嘉靖四十四年(1565)刘祜重修本　上海
　明别集丛刊第 1 辑 6 册　黄山书社,2013 年

宋学士全集七十卷
　国学基本丛书　商务印书馆,1936 年

宋学士文粹十卷 **补遗**一卷　明刘基选
　明洪武十年(1377)浦江郑济刻本　国图　台"中图"
　明成化、弘治间刻本　内阁文库
　明正德、嘉靖间刻本

明初刻本　国图　南京　山西

宋学士续文粹 十卷 附录 一卷
明建文三年(1401)莆阳郑氏义门书塾刻本　台"中图"

重刊宋濂学士先生文集 二十八卷
明嘉靖三年(1524)安正堂刻本　国图存二十六卷：卷一——二十六　重庆　南京清丁丙跋

新刊宋学士全集 三十三卷 附录补遗 一卷
明嘉靖三十年(1551)韩叔阳辑刻本　国图　人大　北师大　民大　上海　复旦　南京　浙江　静嘉堂

明嘉靖三十年(1551)刻崇祯增修本　上海　天津　山西

明嘉靖三十年(1551)刻崇祯清顺治递修本　国图　辽宁　河南

新刊宋学士全集 三十四卷
元禄十年(1697)雍州书林好古堂柳田六左卫门

和刻本四部丛刊 95—96 册　人民出版社、西南师大出版社，2014年

宋学士全集 九卷 附录 一卷
明崇祯十三年(1640)刻本

宋文宪公集 十一卷
明十二家集　清晋江张汝瑚编

清康熙二十一年(1682)温陵书林刻本　国图

宋学士全集三十二卷**附录**一卷

清康熙四十八年(1709)彭始抟刻本　国图　北大　上海　南京

宋文宪公文集三十卷**诗集**二卷**附诗**一卷**潜溪燕书**一卷

清康熙四十九年(1710)序浦江傅氏仙华书院刻本　北大、南京、辽宁无诗集　东洋文库　东京大学

文宪集三十二卷
　四库全书
　　文渊阁四库全书 1223、1224 册　台湾商务印书馆影印,1983—1987年
　　文渊阁四库全书 1223、1224 册　上海古籍出版社,2011年
　　文渊阁四库全书　北京出版社,2008年
　　文津阁四库全书 409 册　商务印书馆影印,2005年
　　文津阁四库全书　广陵书社,线装,2012年
　　文澜阁四库全书 1258—1259 册　杭州出版社,2015年

文宪集三十二卷
　摘藻堂四库全书荟要
　　台湾世界书局影印本,1985年
　　吉林出版集团影印本,2005年[409~410　集六二~集六三]

宋景濂先生未刻集不分卷

清康熙三年(1664)陈国珍刻本(四库底本)　国图

四库提要著录丛书集部 34 册　北京出版社,2010 年

四库全书(宋景濂未刻集二卷)

　　文渊阁四库全书 1224 册　台湾商务印书馆影印,1983—1987 年

　　文渊阁四库全书 1224 册　上海古籍出版社,2011 年

　　文渊阁四库全书　北京出版社,2008 年

　　文津阁四库全书 409 册　商务印书馆影印,2005 年

　　文津阁四库全书　广陵书社,线装,2012 年

　　文澜阁四库全书 1259 册　杭州出版社,2015 年

稀见明史研究资料五种第 5 册　中华书局,2015 年

宋文宪公全集五十三卷首四卷

清嘉庆十五年(1810)金华府学刻本　国图　北大　南京

四部备要　中华书局 1929 年排印、缩印本

清嘉庆十五年金华刻道光二十二年(1842)补刻本　天津

元史研究资料汇编 73—78 册　中华书局,2014 年

宋学士全集三十二卷补遗八卷附录二卷

金华丛书　清同治十三年(1874)金华胡凤丹武昌退补斋刻本

丛书集成初编文学类[金华]2110—2133 册

宋文宪公全集八十卷年谱三卷潜溪录七卷

清宣统三年(1911)孙锵七千卷楼刻本　天一阁

潜溪集六卷
  清宣统二年(1910)孙锵七千卷楼刻本 天津

宋文宪公全集八十三卷**附潜溪录**六卷**首**一卷
  清宣统成都刻本 南京

宋文宪公全集十卷
  上海新学会铅印本 台"中图"

宋濂全集(全四册) 浙江古籍出版社,1999年

宋濂全集(新编本全八册) 黄灵庚辑校
  浙江文丛 浙江古籍出版社,2014年

宋濂全集(全五册) 黄灵庚编校
  明清别集丛刊 人民文学出版社,2014年

宋文宪先生集十一卷 明张汝瑚选
  明五大家集 清康熙二十一年温陵书林刻本 国图

宋文宪公集选十一卷 明张汝瑚选
  明八大家集 康熙刻本

宋濂集 明沈延嘉辑
  列朝五十名家集

潜溪集
　　皇明文选　明曹学佺编刻本

宋景濂文抄
　　八代文抄　明李宾辑,明末刻本

宋潜溪文集一卷　　清石韫玉选
　　明八大家文选　清道光八年(1828)吴郡石氏自刻本

宋景濂先生文选七卷　　清李祖陶选
　　金元明八大家文选　清道光二十五年(1845)刻本　国图

宋学士集一卷
　　盛明百家诗　明隆庆五年(1571)无锡俞宪序刻本

刘基(1311～1375)

覆瓿集二十四卷
　　明初刻宣德五年(1430)刘貊增修本　台"中图"清徐轨、黄丕烈跋　国图存卷一至十　国图存七卷：卷六至十二
　　原国立北平图书馆甲库善本丛书 694 册　国家图书馆出版社,2014 年

覆瓿集二十卷
　　明初刻本　北大存卷七至十九。李盛铎题记

明别集丛刊第 1 辑 7 册　黄山书社,2013 年

犁眉公集_{五卷}

明初刻本　国图缪荃孙跋

元史研究资料汇编补编 70 册　广西师范大学出版社,2020 年

重锓诚意伯刘先生文集_{二十卷}

明成化六年(1470)戴用、张僖刻本　国图　山东博物馆

诚意伯刘先生文集_{二十卷}

明正德十四年(1528)林富处州刻本　北大　复旦　福建

明正德十四年刻嘉靖七年(1528)方远宜增修本　上海

明别集丛刊第 1 辑 7 册　黄山书社,2013 年

稀见明史研究资料五种 6、7、8 册　中华书局,2015 年

太师诚意伯刘文成公文集_{十八卷}行状_{一卷}　明樊献科编

明嘉靖三十五年(1566)樊献科刻本　国图　北大　上海　南京

原国立北平图书馆甲库善本丛书 694—695 册　国家图书馆出版社,2014 年

元史研究资料汇编 79—80 册　中华书局,2014 年

明别集丛刊第 1 辑 7 册　黄山书社,2013 年

元史研究资料汇编补编 70—72 册　广西师范大学出版社,2020 年

太师诚意伯刘文成公集_{二十卷}　明钶镗编

明隆庆六年(1572)谢廷杰、陈烈括苍刻本　国图　首都

刘 基

四部丛刊初编 1922年商务印书馆影印、1929年二次印、1936年缩印、1975年台湾商务印书馆缩印、1986年上海书店等缩印、2015年中央编译出版社缩印

四库提要著录丛书集部35册 北京出版社,2010年
清康熙刘元奇刻雍正万里补刻乾隆印本 **复旦**
清雍正八年(1730)东嘉刘氏刻本 **国图 北大**
清乾隆十一年(1746)南田果青堂刻本 **北大 南京**
清光绪元年(1875)刻本 **国图 湖北**
清光绪二十六年(1900)浙江书局刻本

刘文成公全集十二卷 明锺惺辑评
明天启崇祯间燕如凤校刻本 **上海 社科院历史所**

诚意伯文集二十卷
　四库全书
　　文渊阁四库全书 1225册 台湾商务印书馆影印,1983—1987年
　　文渊阁四库全书 1225册 上海古籍出版社,2011年
　　文渊阁四库全书 北京出版社,2008年
　　文津阁四库全书 409册 商务印书馆影印,2005年
　　文津阁四库全书 广陵书社,线装,2012年
　　文澜阁四库全书 1260册 杭州出版社,2015年
　摘藻堂四库全书荟要
　　台湾世界书局影印本,1985年
　　吉林出版集团影印本,2005年[408 集六一]
　国学基本丛书 商务印书馆,1936年

刘文成公集二十卷**郁离子**四卷**翊运录**一卷
处州丛书　民国二十二年(1933)退补庐排印

诚意伯文成公郁离子二卷
明刻本　上海

刘文成集五卷　清康熙晋江张汝瑚评选刻本
明八大家集
明十二家集　国图　南京

刘基集　明沈延嘉辑
列朝五十名家集

刘基集　林家骊点校
两浙作家文丛　浙江古籍出版社，1999年

刘伯温集上下册　林家骊点校
浙江文丛　浙江古籍出版社，2011年

刘诚意文
明八家文选　清石韫玉选，清吴郡石氏自刻本

刘伯温文钞一卷
八代文抄　明李宾辑，明末刻本

刘 基

覆瓿集
　　皇明文选　明曹学佺编刻本

刘文成公诗钞十卷
　　清魏氏清夜斋抄本　国图

刘诚意伯集一卷
　　盛明百家诗前编　明隆庆五年(1571)无锡俞宪序刻本

刘诚意伯连珠一卷
　　宝颜堂秘笈(万历本、民国石印本)

拟连珠编一卷
　　明刻本(与演联珠编合册)　南京
　　今献汇言
　　　　明刻本
　　　　景印元明善本丛书十种今献汇言
　　　　丛书集成初编文学类[今献]2420 册

刘青田诗一卷
　　黎照楼明二十四家诗定　清黄昌衢编，清康熙二十八年(1689)刻本

刘伯温七律钞一卷　清顾有孝等辑
　　五朝名家七律英华　清康熙刻本
　　石研斋七律钞选本(清灰格抄)　国图

刘基诗二卷

　　历朝二十五家诗录本　日本奥纯编，清光绪元年（1875）新化邹氏得颐堂刻本　国图

刘仁本（1311～1368）

羽庭集六卷

　　清乾隆四库馆初写本（四库底本）

　　四库提要著录丛书集部 348 册　北京出版社，2010 年

　　四库全书（辑自《永乐大典》）

　　　　文渊阁四库全书 1216 册　台湾商务印书馆影印，1983—1987 年

　　　　文渊阁四库全书 1216 册　上海古籍出版社，2011 年

　　　　文渊阁四库全书　北京出版社，2008 年

　　　　文津阁四库全书 406 册　商务印书馆影印，2005 年

　　　　文津阁四库全书　广陵书社，线装，2012 年

　　　　文澜阁四库全书 1251 册　杭州出版社，2015 年

　　清抄本　国图 2002

　　原国立北平图书馆甲库善本丛书 688 册（影印上两本）　国家图书馆出版社，2014 年

　　元史研究资料汇编 61 册　中华书局，2014 年

　　元史研究资料汇编补编 62—63 册　广西师范大学出版社，2020 年

　　清抄本　南京 1566。丁丙跋

　　清鲍氏知不足斋抄本　湖北博物馆清鲍廷博校。存卷一一五

羽庭集四卷
　乾坤正气集 34 册
　　清道光二十八年(1848)潘氏袁江刻同治印本

羽庭诗集四卷**补遗**一卷**文集**四卷**补遗**一卷　民国杨晨辑
　台州丛书己集 8—10 册　民国八年(1919)杨晨石印本

亦玄集六卷
　唐宋元三朝名贤小集　清乾隆嘉庆间赵之玉星凤阁抄本
湖南

刘仁本集　徐三见点校
　温岭丛书甲集 3 册　浙江大学出版社,2016 年

羽庭集
　元诗选补遗庚集
　　清金山钱熙彦编道光间刻本　**首都**
　　中华书局标点本 643—687 页,2002 年

吴志淳(元末明初人)

吴主一集一卷
　盛明百家诗后编　明隆庆五年(1571)无锡俞宪序刻本

主一集
 元诗选二集辛集
  清康熙四十一年壬午(1702)顾嗣立秀野草堂刻本
  清嘉庆、光绪增修本
  中华书局标点本(下)1316—1319页,1987年

宋讷(1311~1390)

西隐文稿十卷**附录**一卷
 明万历六年(1578)刘师鲁序刻本 科图 南京 杭大
 四库提要著录丛书集部063册 北京出版社,2010年
 明人文集丛刊 台湾文海出版社影印,1986年
 原国立北平图书馆甲库善本丛书696册 国家图书馆出版社,2014年
 元史研究资料汇编补编73册 广西师范大学出版社,2020年
 清乾隆三年(1738)谭养元刻本 国图
 明别集丛刊第1辑8 黄山书社,2013年

西隐集十卷
 四库全书
  文渊阁四库全书1225册 台湾商务印书馆影印,1983—1987年
  文渊阁四库全书1225册 上海古籍出版社,2011年
  文渊阁四库全书 北京出版社,2008年
  文津阁四库全书409册 商务印书馆影印,2005年

文津阁四库全书　广陵书社,线装,2012年

文澜阁四库全书1261册　杭州出版社,2015年

西隐稿

皇明文选　明曹学佺编刻本

宋禧(1312～1373→)

庸庵集十四卷

四库全书

文渊阁四库全书1222册　台湾商务印书馆影印,1983—1987年

文渊阁四库全书1222册　上海古籍出版社,2011年

文渊阁四库全书　北京出版社,2008年

文津阁四库全书408册　商务印书馆影印,2005年

文津阁四库全书　广陵书社,线装,2012年

文澜阁四库全书1257册　杭州出版社,2015年

清乾隆翰林院红格抄本(存卷一一九、十三一十四)　**国图**5920

清抄本　**南京**1620。丁丙跋。有晋涵之印、邵氏二云二印　**南京**5534

清嘉庆十三年(1808)余姚宋氏活字本　**国图**傅增湘校并跋

庸庵诗集十卷

旧抄本　**皕**110。盛百二旧藏　**静嘉堂**707

庸庵集十卷

　　清抄本　**南京**丁丙跋

李士瞻(1313～1367)

经济文集六卷

　　明天顺三年(1459)刻本　**吉大**序目配清抄本

　　清抄本　**山东**

经济文集六卷**附一山文集**一卷李继本撰

　　清金氏文瑞楼抄本　**上海**

经济文集一卷**附录**一卷

　　明正统九年(1444)刻本　**南京**1570。附录配清抄本。丁丙跋

　　旧抄本　**菡**104。李伸序正统九年　**静嘉堂**700

　　清李氏研录山房绿格抄本　**国图**

　　清抄本　**国图**3948

经济文集六卷

　　清抄本(四库全书底本)　**国图**4453

　　四库提要著录丛书集部32册　北京出版社,2010年

　　四库全书　标注:据抄本,邵懿辰购得以赠韩小亭。

　　　　文渊阁四库全书1214册　台湾商务印书馆影印,1983—1987年

　　　　文渊阁四库全书1214册　上海古籍出版社,2011年

文渊阁四库全书　　北京出版社,2008年
文津阁四库全书 405 册　　商务印书馆影印,2005年
文津阁四库全书　　广陵书社,线装,2012年
文渊阁四库全书 1249 册　　杭州出版社,2015年
湖北先正遗书(沔阳卢氏影印双鉴楼抄本)
丛书集成续编 110 册　　台北新文丰出版公司,1988年
元史研究资料汇编 81 册　　中华书局,2014年

经济集

元诗选初集己集
　　清康熙三十三年(1694)顾嗣立秀野草堂刻本
　　清嘉庆、光绪增修本
　　中华书局标点本(中)1606—1609页,1987年

汪广洋(？～1379)

凤池吟稿十卷
　　明洪武间刻本　　北大
　　明万历四十五年(1617)王百祥序刊　　国图　　北大
　　四库提要著录丛书集部 063 册　　北京出版社,2010年
　　原国立北平图书馆甲库善本丛书 695 册　　国家图书馆出版社,2014年
　　四库全书
　　　　文渊阁四库全书 1225 册　　台湾商务印书馆影印,1983—1987年

文渊阁四库全书 1225 册　上海古籍出版社，2011 年
文渊阁四库全书　北京出版社，2008 年
文津阁四库全书 409 册　商务印书馆影印，2005 年
文津阁四库全书　广陵书社，线装，2012 年
文澜阁四库全书 1260 册　杭州出版社，2015 年
明刻本　国图　北大
明别集丛刊第 1 辑 11 册　黄山书社，2013 年

淮南汪广洋朝宗先生凤池吟稿八卷

明刻本（存卷一至三）　国图

凤池吟稿四卷　清王应元校

刻本　史语所

汪右丞诗集五卷

广中五先生诗集　明谈恺编，明嘉靖三十六年(1557)刻本　科图

汪右丞集一卷

盛明百家诗后编　明隆庆五年(1571)无锡俞宪序刻本

龚敩（？～1380→）

鹅湖集六卷

四库全书

文渊阁四库全书 1233 册　台湾商务印书馆影印，1983—

1987 年

  文渊阁四库全书 1233 册 上海古籍出版社，2011 年

  文渊阁四库全书 北京出版社，2008 年

  文津阁四库全书 412 册 商务印书馆影印，2005 年

  文津阁四库全书 广陵书社，线装，2012 年

  文渊阁四库全书 1269 册 杭州出版社，2015 年

  明别集丛刊第 1 辑 11 册 黄山书社，2013 年

李继本（至正十七年进士）

一山文集九卷

明景泰李伸刻本 标注：景泰四年(1453)黎公颖刊。 **南图**草目 **福大**

旧抄本（缺卷四） **皕** 107。黎公颖序景泰癸酉 **静嘉堂** 703

清康熙二十八年(1689)金侃抄本 **国图** 8540。金侃跋

北京图书馆古籍珍本丛刊 94 册 北京图书馆出版社，2000 年

四库提要著录丛书集部 032 册 北京出版社，2010 年

元史研究资料汇编 66 册 中华书局，2014 年

四库全书

  文渊阁四库全书 1217 册 台湾商务印书馆影印，1983—1987 年

  文渊阁四库全书 1217 册 上海古籍出版社，2011 年

  文渊阁四库全书 北京出版社，2008 年

  文津阁四库全书 406 册 商务印书馆影印，2005 年

文津阁四库全书　广陵书社,线装,2012年
　　文澜阁四库全书 1252册　杭州出版社,2015年
　　湖北先正遗书集部　民国十二年(1923)沔阳卢靖慎始基斋据文津阁四库本影印
　　清金氏文瑞楼抄本(与经济文集合抄)　**上海**
　　清抄本　**南京** 3562　**吉大**

一山文集 二卷
　　宋元人诗集　清法式善存素堂抄本　**国图**

一山集
　　元诗选补遗庚集
　　　　清金山钱熙彦编道光间刻本　**首都**
　　　　中华书局标点本 688—719 页,2002 年

刘驷(洪武初官都御史)

爱礼先生集 十卷
　　明刻本　**国图**
　　北京图书馆古籍珍本丛刊 98册　北京图书馆出版社,2000年
　　丛书集成续编 110册　台北新文丰出版公司,1988年
　　四库全书存目丛书集部 25
　　明别集丛刊第1辑 18册　黄山书社,2013年

刘三吾(1313—1400)

刘坦斋文集十五卷**补遗**一卷
  明刻本 **上海**
  清道光七年(1827)石溪留耕堂刻本 **南京 湖北**

坦斋刘先生文集三卷
  明成化十三年(1477)俞荩刻本
  原国立北平图书馆甲库善本丛书 697 册 国家图书馆出版社,2014 年

坦斋刘先生文集二卷**附录**一卷
  明万历六年(1578)贾缘刻本 **国图 北大 天津**
  北京图书馆古籍珍本丛刊 99 册 北京图书馆出版社,2000 年
  四库全书存目丛书集部 25 别集类 齐鲁书社,1997 年
  明万历六年(1578)贾缘刻天启递修本 **湖南**(存卷上)
  原国立北平图书馆甲库善本丛书 697 册 国家图书馆出版社,2014 年
  明万历六年刻清顺治十一年(1654)刘温良重修本 **南京**清丁丙跋 **浙江**
  明别集丛刊第 1 辑 8 册 黄山书社,2013 年

坦斋诗集□□卷
  明刻本 **天一阁**

刘翰林先生斐然稿 一卷
清抄本　国图
抄本　复旦

刘三吾集　陈冠梅校点
湖湘文库甲编 30　岳麓书社，2013 年

韦珪（主要活跃于至正年间）

梅花百咏 一卷
元至正七年序刊本　国图 8549。清黄丕烈跋并题诗
古逸丛书三编　中华书局，1984 年影印
中华再造善本金元编集部 1 册　北京图书馆出版社，2005 年
续修四库全书集部第 1324 册　上海古籍出版社，2002 年

韦德珪梅花百咏 一卷
梅花百咏　明王化醇编
明刻本　国图

章桂（韦珪误作章桂） 一首
元诗选癸集辛下
清嘉庆三年（1798）南沙席世臣扫叶山房刻本
清光绪十四年（1888）南沙席威扫叶山房补版重印本
中华书局标点本 1297 页，2001 年

陈基（1314～1370）

夷白斋稿十二卷**附录**一卷
　　明弘治八年（1495）张习刻本　　标注：诗文有出于三十五卷之外者。　　**皕**110。鲍以文手校。天台陈基敬初著。前有传尤羲撰，张习跋，戴良序至正甲辰　　**静嘉堂**707　　**国图**9645

夷白斋稿三十五卷**外集**一卷
　　明初写本　原属季沧苇之铁琴铜剑楼藏本
　　明抄本　　国图
　　原国立北平图书馆甲库善本丛书691 册　　国家图书馆出版社，2014 年
　　元史研究资料汇编补编65—66 册　　广西师范大学出版社，2020 年
　　明抄本　　**国图**3733
　　四库提要著录丛书集部 113 册　　北京出版社，2010 年
　　旧抄本　　**皕**110。汲古阁旧藏。戴良编。戴良至正二十四年序
　　四库全书
　　　　文渊阁四库全书 1222 册　　台湾商务印书馆影印，1983—1987 年
　　　　文渊阁四库全书 1222 册　　上海古籍出版社，2011 年
　　　　文渊阁四库全书　　北京出版社，2008 年
　　　　文津阁四库全书 408 册　　商务印书馆影印，2005 年
　　　　文津阁四库全书　　广陵书社，线装，2012 年
　　　　文澜阁四库全书 1257 册　　杭州出版社，2015 年

清抄本　浙江　天津　北大　国图　上海　社科院文学所

夷白斋稿三十五卷**拾遗**一卷**外集**一卷胡文楷撰**校勘记**一卷
　　四部丛刊三编集部（据铁琴铜剑楼本影印，补遗补弘治本中所有）民国二十四—二十五年（1935—1936）商务印书馆影印本；1975年台湾商务印书馆缩印；1986年上海书店等缩印；2015年中央编译出版社缩印

夷白斋稿三十五卷**拾遗**一卷**外集**二卷
　　清抄本　国图 7747
　　清环碧山房抄本　佚名校　天津

夷白斋稿三十五卷**拾遗**一卷**外集**一卷
　　清金氏文瑞楼抄本　清佚名校　**上海**

夷白斋稿三十五卷**外集**不分卷**补遗**三卷
　　清抄本　国图

夷白斋稿外集一卷
　　清初抄本　上海

陈基集　邱居里、李黎校点
　　元代别集丛刊　吉林文史出版社，2009年

夷白斋稿　夷白斋外稿
　　元诗选初集庚集

清康熙三十三年(1694)顾嗣立秀野草堂刻本

清嘉庆、光绪增修本

中华书局标点本(下)1878—1918页,1987年

朱右(1314～1376)

白云稿十二卷

 明初刻本　　**国图**卷八至十二配抄本

 续修四库全书集部1326册　　上海古籍出版社,2002年

 四库提要著录丛书集部063册　　北京出版社,2010年

 清乾隆翰林院抄本　　**国图**存卷一至五

 清抄本　　**国图**存卷一至五,十一行十九字

 明别集丛刊第1辑8册　　黄山书社,2013年

白云稿十一卷

 抄本　　**静嘉堂**

 明乌丝栏抄本(存三卷：卷一至三)

 原国立北平图书馆甲库善本丛书698册　　国家图书馆出版社,2014年

白云稿五卷

 四库全书

  文渊阁四库全书1228册　　台湾商务印书馆影印,1983—1987年

  文渊阁四库全书1228册　　上海古籍出版社,2011年

文渊阁四库全书　北京出版社，2008年

文津阁四库全书　410册　商务印书馆影印，2005年

文津阁四库全书　广陵书社，线装，2012年

文澜阁四库全书　1263册　杭州出版社，2015年

贝琼（1314～1379）

清江贝先生文集三十卷**诗集**十卷

　　明洪武刻本　　上海　南京　重庆

　　四部丛刊初编　1922年商务印书馆影印、1929年二次印、1936年缩印、1975年台湾商务印书馆缩印、1986年上海书店等缩印、2015年中央编译出版社缩印

　　抄本

　　原国立北平图书馆甲库善本丛书698册　国家图书馆出版社，2014年

清江贝先生文集三十卷**诗集**十卷**诗余**一卷

　　明洪武刻本　　上海　重庆清贝镛跋

　　四库提要著录丛书集部036册　北京出版社，2010年

清江贝先生诗集十卷**文集**三十卷

　　清康熙四十六年（1707）桐乡金氏刻本

　　清康熙五十八年（1719）金檀燕翼堂刻本　　国图　北大

　　清乾隆展砚斋刻本　　福建师大　湖北

明别集丛刊第 1 辑 9 册　　黄山书社,2013 年

清江诗集十卷文集三十卷
四库全书
文渊阁四库全书 1228 册　　台湾商务印书馆影印,1983—1987 年

文渊阁四库全书 1228 册　　上海古籍出版社,2011 年

文渊阁四库全书　　北京出版社,2008 年

文津阁四库全书 410 册　　商务印书馆影印,2005 年

文津阁四库全书　　广陵书社,线装,2012 年

文澜阁四库全书 1263 册　　杭州出版社,2015 年

贝清江先生全集四十卷
文瑞楼丛刊

清江贝先生集三卷续集一卷
明万历三年(1575)李诗刻本　　国图　北大

原国立北平图书馆甲库善本丛书 698 册　　国家图书馆出版社,2014 年

明别集丛刊第 1 辑 9 册　　黄山书社,2013 年

贝琼集　　李鸣校点
元代别集丛刊　　吉林文史出版社,2010 年

清江集
皇明文选　　明曹学佺编刻本

真真曲一卷

 香艳丛书第九集　清宣统铅印

朱善(1314～1385)

朱一斋先生文集前十卷后五卷**广游文集**一卷

 明成化二十二年(1486)朱维鉴刻本　国图　北大

 四库全书存目丛书集部25别集类　齐鲁书社,1997年

 清抄本　北大

 明别集丛刊第1辑8册　黄山书社,2013年

朱一斋先生文集后五卷**广游文集**一卷

 清刻本　国图　北大

王礼(1314～1386)

麟原文集二十四卷

 明洪武刻本　标注：邓秋枚藏,初印精美。

麟原王先生全集二十四卷

 旧抄本　䩄108。后有墓志铭,孔公恂撰。乙巳(1365)云阳李祁序

麟原王先生文集十二卷**后集**十二卷**附录**一卷
　　清抄本　　南京 7355

麟原王先生文集十二卷**后集**十二卷**附录**一卷
　　清抄本
　　大仓文库粹编名家钞校本 55 册　　北京大学出版社，2020 年

麟原文集十二卷**后集**十二卷**附录**一卷
　　四库全书
　　　文渊阁四库全书 1220 册　　台湾商务印书馆影印，1983—1987 年
　　　文渊阁四库全书 1220 册　　上海古籍出版社，2011 年
　　　文渊阁四库全书　　北京出版社，2008 年
　　　文津阁四库全书 407 册　　商务印书馆影印，2005 年
　　　文津阁四库全书　　广陵书社，线装，2012 年
　　　文津阁四库全书（典藏版）177 册　　商务印书馆，2016 年
　　　文澜阁四库全书 1255 册　　杭州出版社，2015 年
　　四库全书珍本初集　　商务印书馆，1933—1935 年

麟原王先生文集十二卷**后集**十二卷
　　清抄本　　国图 11878
　　四库提要著录丛书集部 112 册　　北京出版社，2010 年

玉笥老人王礼一首
　　元诗选癸集辛集下
　　　清嘉庆三年(1798)南沙席世臣扫叶山房刻本

509

清光绪十四年(1888)南沙席威扫叶山房补版重印本

中华书局标点本(下)1345 页,2001 年

袁凯(1314? ~?)

海叟集 三卷

明正统刻本　国图　社科院文学所

四库全书存目丛书集部 25

海叟集 四卷

明隆庆四年(1570)何玄之活字本　南京

明万历三十七年(1609)张所望刻本　国图　社科院历史所

清汪氏裘杼楼抄本

原国立北平图书馆甲库善本丛书 700 册　国家图书馆出版社,2014 年

海叟集 四卷 **集外诗** 一卷

明弘治中刻本

北京图书馆古籍珍本丛刊 100 册　北京图书馆出版社,2000 年

四库全书

文渊阁四库全书 1233 册　台湾商务印书馆影印,1983—1987 年

文渊阁四库全书 1233 册　上海古籍出版社,2011 年

文渊阁四库全书　北京出版社,2008 年

文津阁四库全书 412 册　商务印书馆影印,2005 年

袁　凯

　　文津阁四库全书　广陵书社,线装,2012 年
　　文澜阁四库全书 1269 册　杭州出版社,2015 年

海叟诗集四卷集外诗一卷附录一卷
　　清康熙六十一年(1722)曹炳曾城书室刻本　**国图**傅增湘校并跋　社科院文学所清曹熔批校　北师大　华东师大　辽宁　吉大　福建师大　开封　武大　湖南　昆明师范清王鸣盛批点并跋
　　清宣统三年(1911)江西印刷局影印康熙六十一年刻本　**国图**　北大　天津　复旦　南京

海叟诗三卷
　　明范钦等刻本　台"中图"

袁海叟诗集四卷补一卷附录一卷　清徐士恺辑
　　观自得斋丛书　光绪刻
　　丛书集成续编 169 册　台北新文丰出版公司,1988 年

海叟诗集四卷
　　明别集丛刊第 1 辑 10 册　黄山书社,2013 年

在野集二卷
　　明天顺祥泽张璞序刻本
　　明正德元年(1506)山东重刻本　**国图**
　　明祁氏澹生堂抄本　**南京**清丁丙跋
　　清初抄本　**北大**清王闻远校、黄丕烈跋

明别集丛刊第 1 辑 10 册　黄山书社，2013 年

袁海叟在野集不分卷（或作八卷）
　　清汪文柏屐砚斋抄本　　国图汪文柏跋
　　袁凯集编年校注　　万德敬校注，上海古籍出版社，2015 年

袁海叟集一卷　明俞宪辑
　　盛明百家诗前编　明隆庆五年（1571）无锡俞宪序刻本

袁海叟诗一卷
　　藜照楼明二十四家诗定　清黄昌衢编
　　　清康熙二十八年（1689）刻本

袁景文七律钞一卷　清顾有孝等辑
　　五朝名家七律英华　清康熙刻本
　　石研斋七律钞选本　清灰格抄　国图

陈高（1315～1366）

不系舟渔集十五卷**附录**一卷
　　明成化吕洪刻本
　　旧抄本　　皕 105　　静嘉堂 701
　　旧抄本　　南京 1569。丁丙跋。有"汪鱼亭藏阅书"一印

陈　高

四库全书
　　文渊阁四库全书 1216 册　台湾商务印书馆影印，1983—1987 年
　　文渊阁四库全书 1216 册　上海古籍出版社，2011 年
　　文渊阁四库全书　北京出版社，2008 年
　　文津阁四库全书 406 册　商务印书馆影印，2005 年
　　文津阁四库全书　广陵书社，线装，2012 年
　　文澜阁四库全书 1251 册　杭州出版社，2015 年
清抄本（四库进呈本）
　　四库提要著录丛书集部 349 册　北京出版社，2010 年
　　清抄本　　国图 9430　　北大李□3275　　科图
　　清彭氏知圣道斋抄本　　**上海**彭元瑞校
　　清抄本　　**温州**清孙锵鸣、孙衣言、孙诒让校　　**温州**华文漪校并跋
　　丛书集成续编 137 册　台北新文丰出版公司，1988 年

不系舟渔诗集十二卷
　　明天启陈一元刻本

不系舟渔集十六卷
　　清初抄本　　南开
　　清抄本　　南京　　国图　　国图　　上海　　福师大
　　清抄本　　南京清丁丙跋　　社科院文学所张寿镛跋

不系舟渔集十六卷**补遗**一卷
　　民国十四年（1925）刘绍宽校刻本
　　民国十五年丙寅（1926）陈世隆刻本

元人文集珍本丛刊 8 册　　台湾新文丰出版公司,1985 年

敬乡楼丛书第一辑　　民国十八年(1929)永嘉黄群刻本　　国图 456。傅增湘校并跋

苍南文献丛书 3　　上海古籍出版社,2005 年

清抄本(存十二卷:卷一至十二)

原国立北平图书馆甲库善本丛书 689 册　　国家图书馆出版社,2014 年

元史研究资料汇编 63 册　　中华书局,2014 年

不系舟渔集　　郑立于点校,上海古籍出版社,2005 年

陈高集　　郑立于点校

　　浙江文丛　　浙江古籍出版社,2014 年

不系舟渔集

　　元诗选初集庚集

　　　　清康熙三十三年(1694)顾嗣立秀野草堂刻本

　　　　清嘉庆、光绪增修本

　　　　中华书局标点本(下)1770—1789 页,1987 年

乌斯道(1315～1390→)

春草斋诗集五卷**文集**六卷**附名公赞春草集歌咏**一卷［明乌献明辑］

　　明崇祯二年(1629)萧基浙江刻本　　上海　　天津　　苏州　　浙江

北大 存八卷：诗集一至三文集三至六及附录。四库底本。李盛铎跋

四库提要著录丛书 集部 261 册　北京出版社，2010 年

明别集丛刊 第 1 辑 8 册　黄山书社，2013 年

春草斋文集选 六卷 诗集选 一卷 诗集选附录 一卷 [清熊伯龙选，黄敬修评]

清康熙乌震刻本　北师大　浙江　南京

清康熙乌震刻嘉庆七年（1802）重修本　人大

清慈溪乌氏刻本　国图　北大

春草斋文集选 不分卷 诗集选 不分卷　清熊伯龙选

清刻本　国图

春草斋集 十卷 附录 一卷

四库全书

文渊阁四库全书 1232 册　台湾商务印书馆影印，1983—1987 年

文渊阁四库全书 1232 册　上海古籍出版社，2011 年

文渊阁四库全书　北京出版社，2008 年

文津阁四库全书 411 册　商务印书馆影印，2005 年

文津阁四库全书　广陵书社，线装，2012 年

文澜阁四库全书 1268 册　杭州出版社，2015 年

春草斋集 十二卷

四明丛书 第三集

丛书集成续编 111 册　台北新文丰出版公司，1988 年

乌斯道集 徐永明点校
  浙江文丛 浙江古籍出版社，2012年

春草斋集
  皇明文选 明曹学佺编刻本

春草斋文集选 一卷
  清刻大椿堂印本 国图

陶安（1315～1371）

陶学士先生文集 二十卷 **陶学士事迹** 一卷明费宏撰 **陶学士年谱** 一卷明张祐编
  明弘治十二年（1499）序铅山张氏刻本 国图 北大
  明弘治十三年（1500）项经刻本 北大 上海 内阁文库 343b 集 16—8；316—77
  明弘治十三年（1500）项经刻递修本 国图 四库底本 北大 上海 天津 南京清丁丙跋 浙江
  北京图书馆古籍珍本丛刊 97 册 北京图书馆出版社，1998 年
  原国立北平图书馆甲库善本丛书 695 册 国家图书馆出版社，2014 年
  四库提要著录丛书 集部 035 册 北京出版社，2010 年
  明别集丛刊 第 1 辑 9 册 黄山书社，2013 年
  稀见明史研究资料五种 9、10 册 中华书局，2015 年

元史研究资料汇编补编 74—75 册　广西师范大学出版社，2020 年

陶学士集二十卷
　四库全书
　　文渊阁四库全书 1225 册　台湾商务印书馆影印，1983—1987 年
　　文渊阁四库全书 1225 册　上海古籍出版社，2011 年
　　文渊阁四库全书　北京出版社，2008 年
　　文津阁四库全书 409 册　商务印书馆影印，2005 年
　　文津阁四库全书　广陵书社，线装，2012 年
　　文澜阁四库全书 1260 册　杭州出版社，2015 年

陶文宪公全集二十卷
　清道光八年（1828）当涂张宝荣刻本　**国图**　**南京**题十五卷

陶学士集二十卷**附明翰林学士当涂陶主敬先生年谱**清夏忻编一卷
　清同治六年（1867）永宁官廨刻本　**国图**　**北大**　**复旦**　**南京**

学士集
　皇明文选　明曹学佺编刻本

李昱（1315～1381）

草阁集六卷**拾遗**一卷**附筠谷诗**一卷
　清卢址抱经楼藏精抄本

清吴氏拜经楼旧藏抄本

清抄本

四库提要著录丛书集部 261 册　北京出版社，2010 年

草阁集六卷**拾遗**一卷**文集**一卷

四库全书

文渊阁四库全书 1232 册　台湾商务印书馆影印，1983—1987 年

文渊阁四库全书 1232 册　上海古籍出版社，2011 年

文渊阁四库全书　北京出版社，2008 年

文津阁四库全书 411 册　商务印书馆影印，2005 年

文津阁四库全书　广陵书社，线装，2012 年

文澜阁四库全书 1267 册　杭州出版社，2015 年

草阁诗集六卷**拾遗**一卷**文集**一卷

湖墅丛书　光绪刻本

李草阁诗集六卷**拾遗**一卷**文集**一卷

武林往哲遗著　光绪二十三年（1897）钱塘丁氏嘉惠堂刻本

清石墨楼刻本　北大

原国立北平图书馆甲库善本丛书 700 册　国家图书馆出版社，2014 年

明别集丛刊第 1 辑 9 册　黄山书社，2013 年

丛书集成续编 138 册　台北新文丰出版公司，1988 年

蓝仁(1315—1386→)

蓝山集六卷
明洪武中蓝山书院刻本
清乾隆翰林院抄本(四库底本)　　**南京**清丁丙跋
四库全书
　　文渊阁四库全书1229册　台湾商务印书馆影印,1983—1987年
　　文渊阁四库全书1229册　上海古籍出版社,2011年
　　文渊阁四库全书　北京出版社,2008年
　　文津阁四库全书411册　商务印书馆影印,2005年
　　文津阁四库全书　广陵书社,线装,2012年
　　文澜阁四库全书1265册　杭州出版社,2015年

蓝山先生诗集六卷
明嘉靖五年(1526)蓝鉏等刻本　**重庆　南京**
原国立北平图书馆甲库善本丛书700册　国家图书馆出版社,2014年
明刻本　清丁丙跋　**南京**
清乾隆五十年(1785)刻本　**辽宁**
清刻本　**北大**
明别集丛刊第1辑9册　黄山书社,2013年

武夷蓝山先生诗集六卷
明抄本(抄自正统本)

蓝山诗集六卷

　二蓝集　清蓝蔚雯辑

　　清咸丰七年(1857)定海蓝氏刊光绪十六年(1890)金匮宣敬熙补刻本　国图　天津

　　清光绪四至六年(1878—1880)侯官郭伯苍枕石草堂刻本　国图　北大　复旦　辽宁

　　清刻本　国图

潘伯修(1316～1358)

江槛集一卷

　清宣统二年(1910)太平陈氏木活字本　浙江 814.5/3222

　元人十二家小集 4 册　旧抄本　南京 2019

江槛集

　元诗选二集己集

　　清康熙四十一年壬午(1702)顾嗣立秀野草堂刻本

　　清嘉庆、光绪增修本

　　中华书局标点本(下)888—895 页,1987 年

郭钰(1316～?)

静思集十卷

　明嘉靖刻本

郭　钰

四库全书
　　文渊阁四库全书 1219 册　台湾商务印书馆影印，1983—1987 年
　　文渊阁四库全书 1219 册　上海古籍出版社，2011 年
　　文渊阁四库全书　北京出版社，2008 年
　　文津阁四库全书 407 册　商务印书馆影印，2005 年
　　文津阁四库全书　广陵书社，线装，2012 年
　　文澜阁四库全书 1254 册　杭州出版社，2015 年

静思先生诗集十卷
　　清道光元年（1821）倪氏经鉏堂抄本　　国图 9432

静思先生诗集上下卷
　　清康熙五十三年甲午（1714）郭巩刻本　　上海 353746—47　　国图　静嘉堂 704
　　清初抄本（四库进呈本）
　　旧抄本　国图
　　四库提要著录丛书集部 258 册　北京出版社，2010 年
　　原国立北平图书馆甲库善本丛书 690 册　国家图书馆出版社，2014 年
　　元史研究资料汇编 69 册　中华书局，2014 年
　　清抄本　国图 6162　南京 3549

静思先生诗集（合玉笥集为一册）　张欣点校
　　元代古籍集成第 2 辑　北京师范大学出版社，2016 年

静思集
元诗选初集辛集
清康熙三十三年(1694)顾嗣立秀野草堂刻本
清嘉庆、光绪增修本
中华书局标点本(下)2130—2173 页,1987 年

杨允孚(1316? ～1373—1377)

滦京杂咏二卷
知不足斋丛书第二三集
清嘉庆十年(1805)鲍廷博刻道光元年重修本
民国十年(1921)上海古书流通处景印本
丛书集成初编史地类[知不足]3180 册
元史研究资料汇编 71 册　中华书局,2014 年
内蒙古多伦史料与研究　任月海编译,内蒙古大学出版社,2015 年

滦京杂咏一卷
四库全书
文渊阁四库全书 1219 册　台湾商务印书馆影印,1983—1987 年
文渊阁四库全书 1219 册　上海古籍出版社,2011 年
文渊阁四库全书　北京出版社,2008 年
文津阁四库全书 407 册　商务印书馆影印,2005 年
文津阁四库全书　广陵书社,线装,2012 年

文澜阁四库全书 1255 册　杭州出版社, 2015 年
旧抄本　　䀟 108。劳季言手跋。室困子敦、罗大己后序。罗璟跋
清抄本　　北大李□318
艺苑丛钞　清王耤编, 稿本　　**湖北**

滦京杂咏
元诗选初集庚集
　　清康熙三十三年(1694)顾嗣立秀野草堂刻本
　　清嘉庆、光绪增修本
　　中华书局标点本(下)1959—1967 页, 1987 年

袁华(1316～1382→)

耕学斋诗集十二卷
　　明抄本　　**国图**黄丕烈跋
　　四库提要著录丛书集部 261 册　　北京出版社, 2010 年
　　四库全书
　　　　文渊阁四库全书 1232 册　台湾商务印书馆影印, 1983—1987 年
　　　　文渊阁四库全书 1232 册　上海古籍出版社, 2011 年
　　　　文渊阁四库全书　　北京出版社, 2008 年
　　　　文津阁四库全书 411 册　商务印书馆影印, 2005 年
　　　　文津阁四库全书　　广陵书社, 线装, 2012 年
　　　　文澜阁四库全书 1268 册　杭州出版社, 2015 年
　　清金氏文瑞楼抄本　　**上海**

大仓文库粹编名家钞校本 56 册　北京大学出版社，2020 年

耕学斋诗集十卷
　　明别集丛刊第 1 辑 10 册　黄山书社，2013 年

可传集一卷　元杨维桢删定
　　四库全书
　　　　文渊阁四库全书 1232 册　台湾商务印书馆影印，1983—1987 年
　　　　文渊阁四库全书 1232 册　上海古籍出版社，2011 年
　　　　文渊阁四库全书　北京出版社，2008 年
　　　　文津阁四库全书 411 册　商务印书馆影印，2005 年
　　　　文津阁四库全书　广陵书社，线装，2012 年
　　　　文澜阁四库全书 1268 册　杭州出版社，2015 年
　　四库全书珍本初集　商务印书馆，1933—1935 年

张宪（元末明初人）

玉笥集不分卷　元吴怡注，杨维桢评
　　明弘治五年（1492）王術刻本　**国图** 7124。清何煌补目，清季锡畴校并跋
　　四库提要著录丛书集部 348 册　北京出版社，2010 年

玉笥集十卷
　　旧抄本　**皕** 106。刘釪序成化，刘江序成化，今释跋。张焕采跋　**静嘉**

堂 703

  旧抄本

原国立北平图书馆甲库善本丛书 690 册　国家图书馆出版社，2014 年

  元史研究资料汇编补编 60 册　广西师范大学出版社，2020 年

  四库全书

    文渊阁四库全书 1222 册　台湾商务印书馆影印，1983—1987 年

    文渊阁四库全书 1222 册　上海古籍出版社，2011 年

    文渊阁四库全书　北京出版社，2008 年

    文津阁四库全书 406 册　商务印书馆影印，2005 年

    文津阁四库全书　广陵书社，线装，2012 年

    文澜阁四库全书 1252 册　杭州出版社，2015 年

  粤雅堂丛书初编第二集

    清咸丰元年(1851)伍崇曜刻本　　**国图** 460。傅增湘校并跋

  丛书集成初编文学类[金华]2265 册

玉笥集十二卷

  清抄本　　**国图**

玉笥集(合静思先生诗集为一册)　施贤明点校

  元代古籍集成第 2 辑　北京师范大学出版社，2016 年

玉笥集

  元诗选初集庚集

    清康熙三十三年(1694)顾嗣立秀野草堂刻本

清嘉庆、光绪增修本

中华书局标点本（下）1919—1958 页，1987 年

陶　振

云间清啸集一卷

清初叶氏小有堂抄本（与桂轩诗集合册）　**国图**黄丕烈跋

清金氏文瑞楼抄本　**天一阁**

清抄本　**国图**

谢常（洪武十五年举秀才）

桂轩诗集一卷

清初叶氏小有堂抄本（与云间清啸集合册）　**国图**黄丕烈跋

清金氏文瑞楼抄本　**上海**

清抄本　**国图**清刘喜海跋

四库未收书辑刊集部第 05 辑第 17 册　北京出版社，1997 年

明别集丛刊第 1 辑 23 册　黄山书社，2013 年

易恒（洪武中尚在）

陶情集六卷

明永乐刻巾箱本　**南京**明陆嘉颖、清盛昱跋

清初抄本　**国图**

四库未收书辑刊集部第 5 辑 17 册，北京出版社，1997 年

清道光十三年（1833）写本

戴良（1317～1383）

九灵山房集三十卷

明洪武刊正统修印本

仪续：《洪武本九灵山房集跋》：题"男戴礼叔仪类编"，从孙（同）［侗］伯初（伯）［同］编，前有至正二十五年揭汯序，洪武十二年翰林待制宋濂序、王袆序，皆以手书上版者。濂序下有"景濂"朱文连珠印，"金华宋太史氏"朱文方印，"龙门生"朱文方印，每叶二十八行，每行二十字。卷中有"徐焥之印"朱文方印，"徐氏兴公"白文方印，"孔御家藏"白文方印，"郑氏注韩居"朱文长印，"郑杰之印"白文方印，"闽中徐惟起藏书印"朱文长印。

皕 108。余又有一部，后缺六卷，曹倦圃抄补，"曹溶之印"朱文方印　**静嘉堂** 704

明正统十年（1445）戴旒（彦瞻）刻黑口本　**国图** 9644

明正统刻附清抄别集十卷本　**国图** 7127。清黄丕烈、孙原湘、张蓉镜跋　常熟瞿氏藏

四部丛刊初编　1922 年商务印书馆影印、1929 年二次印、1936 年缩印、1975 年台湾商务印书馆缩印、1986 年上海书店等缩印、2015 年中央编译出版社缩印

四库提要著录丛书集部 258 册　北京出版社，2010 年

清初吕氏讲习堂抄本　**上海**

清康熙四十三年抄本（缺卷四—六）　辽宁

清乾隆二十六年(1761)浦江戴氏传经书屋刻本　科图

清抄本　国图清周心如跋　上海邓邦述校　上海存卷一一二十三。清鲍廷博、戴殿泗校

九灵山房集三十卷**补编**二卷清戴殿泗辑**年谱**一卷戴殿江、殿泗等编

清乾隆三十七年(1772)戴殿江等传经书屋刻本

四库全书

文渊阁四库全书 1219 册　台湾商务印书馆影印，1983—1987 年

文渊阁四库全书 1219 册　上海古籍出版社，2011 年

文渊阁四库全书　北京出版社，2008 年

文津阁四库全书 407 册　商务印书馆影印，2005 年

文津阁四库全书　广陵书社，线装，2012 年

文澜阁四库全书 1254 册　杭州出版社，2015 年

金华丛书集部　同治九年(1870)胡氏退补斋刻本

丛书集成初编文学类[金华]2092—2097 册

北京市文物局图书资料中心藏古籍珍本丛刊 29—31　北京燕山出版社，2012 年

明别集丛刊第 1 辑 10 册　黄山书社，2013 年

戴九灵集十九卷

乾坤正气集　清道光二十八年(1848)袁江刻同治光绪间印本

九灵山房集十四卷
　　清赵氏小山堂抄本　　浙江

九灵山房遗稿四卷**补编**一卷（入存目）
　　清康熙五十年（1711）仙华书院刻本　　南京丁书善乙一二六
　　清康熙六十一年（1722）仙华书院刻本　　南京

九灵山房遗藁诗四卷**文**一卷**首**一卷**补编**一卷
　　金华丛书集部　　清同治十二年（1873）永康胡氏退补斋刻本
　　丛书集成初编文学类［金华］2098—99 册
　　四库全书存目丛书集部 23 别集类　　齐鲁书社，1997 年

戴良集　　李军、施贤明校点
　　元代别集丛刊　　吉林文史出版社，2009 年

九灵山房集
　　元诗选二集辛集
　　　　清康熙四十一年壬午（1702）顾嗣立秀野草堂刻本
　　　　清嘉庆、光绪增修本
　　　　中华书局标点本（下）1039—1094 页，1987 年

王沂（1317～1383）

王征士诗八卷
　　宛委别藏　　故宫藏阮元辑抄本

选印宛委别藏
  商务印书馆，1935 年
  台湾商务印书馆影印，1981 年
  江苏古籍出版社影印，1988 年
明别集丛刊第 1 辑 11 册　黄山书社，2013 年

子与诗集八卷
  二妙诗集　明萧羣辑　抄本　大连

王　佑

子启诗集五卷
  二妙诗集　明萧羣辑　抄本　大连

张著（1318～1377）

永嘉集十二卷
  清抄本　国图
  清黑格抄本　台"中图"
  北京图书馆古籍珍本丛刊 98 册　北京图书馆出版社，2000 年
  敬乡楼丛书第三辑
  丛书集成续编 138 册　台北新文丰出版公司，1988 年
  苍南文献丛书 4　杨奔点校，上海古籍出版社，2005 年

曹志(至正二十年前后在世)

拱和诗集一卷附一卷

清乾隆三十四年(1769)知不足斋抄本　　国图 8550

存目：浙江鲍士恭家藏本(即上本)

四库全书存目丛书集部 24 别集类　齐鲁书社,1997 年

清抄本　科图

贡性之(约 1318～1388)

南湖集七卷

明弘治十一年(1498)四世孙钦大名刻本

旧抄本　　皕 108。孙钦跋弘治十二年

明万历十一年(1583)六世孙靖国重刻本

贡南湖诗集七卷

宋元诗六十一家集二百七十三卷〔或名《宋元诗集》(台"中图");《宋元名家诗集》《儋生堂》;《宋元名家诗选》(《千顷堂》、《明史》);《宋元名公诗集》(《东洋文库目・京都人文、汇定宋元名公诗集》)〕　明万历四十三年(1615)潘是仁编刻天启二年(1622)重修本　　国图　甘肃　青海

南湖集七卷

四库全书

文渊阁四库全书 1220 册　台湾商务印书馆影印,1983—1987 年

文渊阁四库全书 1220 册　上海古籍出版社,2011 年

文渊阁四库全书　北京出版社,2008 年

文津阁四库全书 407 册　商务印书馆影印,2005 年

文津阁四库全书　广陵书社,线装,2012 年

文澜阁四库全书 1255 册　杭州出版社,2015 年

南湖集十卷

清乾隆翰林院四库馆臣辑永乐大典抄本(四库底本)

四库提要著录丛书集部 055 册　北京出版社,2010 年

南湖集六卷

清抄本　**国图** 2081　**国图** 11420。傅增湘校

原国立北平图书馆甲库善本丛书 690 册　国家图书馆出版社,2014 年

元史研究资料汇编补编 64 册　广西师范大学出版社,2020 年

清初抄本　**上海**

清抄本　**南京** 3547

贡理官南湖诗集二卷

明嘉靖十六年丁酉(1537)序刻本(附《玩斋集》后)　**尊经阁**

明万历十一年贡靖国刻本　**北京文物局**残本一卷,存卷上

清乾隆四十一年(1776)刻本　**国图**

清抄本　上海

贡性之集　邱居里、赵文友校点
　　元代别集丛刊贡氏三家集　吉林文史出版社，2010年

南湖集
　　元诗选二集辛集
　　　　清康熙四十一年壬午(1702)顾嗣立秀野草堂刻本
　　　　清嘉庆、光绪增修本
　　　　中华书局标点本(下)1186—1211页，1987年

释宗泐(1318～1391)

全室外集九卷续集一卷
　　明永乐刻本　　**国图**无续集　　上海　　山东　　广东
　　明永乐刻本　　**南京**四库底本。丁丙跋
四库全书
　　文渊阁四库全书 1234 册　　台湾商务印书馆影印，1983—1987年
　　文渊阁四库全书 1234 册　　上海古籍出版社，2011年
　　文渊阁四库全书　　北京出版社，2008年
　　文津阁四库全书 412 册　　商务印书馆影印，2005年
　　文津阁四库全书　　广陵书社，线装，2012年
　　文澜阁四库全书 1270 册　　杭州出版社，2015年
赤城遗书汇刊　　民国四年(1915)太平金氏木活字排印本

禅门逸书初编 7 册　台北明文书局影印本，1981 年
明别集丛刊第 1 辑 13 册　黄山书社，2013 年

补刊全室外集九卷续一卷
　　清抄本　国图

全室集八卷补一卷
　　抄本　静嘉堂

全室集十卷
　　抄本　上海

全室外集六卷
　　清初抄本　上海

全室外集二卷
　　日本宽文九年（1669）刻本　国会 821—65　**内阁文库**昌　四　三　一六　八九
　　和刻本四部丛刊 95—96 册　人民出版社、西南师范大学出版社，2014 年

释宗泐集（合刘仁本集、许伯旅集、王叔英集为一册）　徐三见点校
　　温岭丛书甲集第三册　浙江大学出版社，2016 年

释全室集一卷
  盛明百家诗　明隆庆五年（1571）无锡俞宪序刻本　台"中图"1309

赵汸（1319～1369）

东山赵先生文集十二卷
  明嘉靖三十七年戊午（1558）汪荫刻本
  曹倦圃旧藏抄本　䚮109　静嘉堂706
  清德化李氏木犀轩抄本十一卷　北大李□3297
  清抄本（有朱校）补遗一卷　北大李□9062

东山先生文集十二卷**诗补**一卷**文补**一卷**附录**一卷
  明抄本（存卷一——八、十一，余全）　国图1142

赵征君东山先生存稿七卷**附录**一卷
  清康熙二十年（1681）新安赵吉士刻本　国图472。傅增湘校
北大　上海　南京　浙江
  四库提要著录丛书集部113册　北京出版社，2010年

东山存稿八卷
  清康熙间刻本　国图

东山存稿七卷附录一卷
四库全书
文渊阁四库全书 1221 册　台湾商务印书馆影印，1983—1987 年
文渊阁四库全书 1221 册　上海古籍出版社，2011 年
文渊阁四库全书　北京出版社，2008 年
文津阁四库全书 408 册　商务印书馆影印，2005 年
文津阁四库全书　广陵书社，线装，2012 年
文澜阁四库全书 1256 册　杭州出版社，2015 年

赵东山先生存稿六卷附录一卷
清抄本　福建

东山赵先生文集九卷诗集二卷
清辨志书塾抄本　浙大

东山赵先生文集十一卷
德化李氏木犀轩抄本　北大

东山赵先生文集补遗一卷
清抄本　北大

抄本　国图文 269・45/371

东山存稿一卷
宋元人诗集　清法式善存素堂抄本　国图

东山存稿

元诗选二集辛集

清康熙四十一年壬午(1702)顾嗣立秀野草堂刻本

清嘉庆、光绪增修本

中华书局标点本(下)1279—1291页,1987年

王逢(1319～1388)

梧溪集七卷

元至正明洪武戊辰(1388)间刻本　皕107。汲古阁旧藏。至正丙戌汪泽民书。至正己亥周伯琦书。至正十九年杨维桢书。鲍丈渌饮向欲刊行《梧溪集》,知毛子晋所藏,在先从兄抱冲小读书堆,属予刊定而未果也。今丈已下世,令嗣规续成先志,以作《知不足斋丛书》之廿九集,深嘉厥意,从望山侄借出,竭三旬力补改传抄阙误。惟是六、七两卷,板心有粉墨涂改痕迹,于次第颇舛错,盖景泰板模糊断烂,致有此失,又悉为之推求订正,庶几称善矣。然终少七卷第四叶。……此集在毛氏时已难得,钱曾《敏求记》具言之。予并见汲古别本抄刻各半者,此两卷尤舛错脱落,相校殊逊,不知世间尚存洪武印本可足是一叶以成完璧否也?校既毕,遂志于尾而归之。时嘉庆丁丑岁顾千里书。

案:此元刊明印本,每叶二十六行,每行二十二字。卷中有"元本"朱文腰形印,"甲子"朱文方印,"毛晋之印"朱文方印,"毛氏子晋"朱文方印,"文瑞楼"白文方印,"秋夏读书冬春射猎"白文方印,"汲古主人"朱文方印,"毛晋私印""子晋"朱文二方印,"毛扆之印"朱文方

印,"斧季"朱文方印,"莲泾"朱文方印,"太原叔子藏书记"白文长印。

　　静嘉堂 704　六　五　六〇　丽

　　元至正明洪武间刻景泰七年(1456)陈敏政重修本　**国图** 7162。清陆贻典校并跋。卷一至四及他卷缺叶配清初毛氏汲古阁影元抄本　**南京** 1604。清沈廷芳、丁丙跋。有歙西鲍氏知不足斋丛书、老屋三间、赐书万卷、马印思赞、仲韩元照、九能诸印

　　北京图书馆古籍珍本丛刊 95 册　北京图书馆出版社,2000 年

　　中华再造善本金元编集部六册　北京图书馆出版社,2005 年

　　莫邵亭旧抄本　标注:凡鲍本所缺皆全。

　　清抄本

　　原国立北平图书馆甲库善本丛书 690 册　国家图书馆出版社,2014 年

　　元史研究资料汇编 68 册　中华书局,2014 年

　　清石门吕氏(葆中)明农草堂抄本　**国图** 7743

　　四库提要著录丛书集部 032 册　北京出版社,2010 年

　　周研农手抄本　丽 107。池北书库旧藏。汪泽民、周伯琦、杨维桢序。《梧溪集》七卷,乃景泰七年丙子(1456)南康府知府陈敏政重刻。……渔洋山人跋:"元席帽山人王逢《梧溪集》七卷,壬申岁(1692)门人杨庶常名时所贻,江阴老儒周荣起研农氏手录本也。"

　　清抄本　**国图** 5414　**北大**李□4351　**上海**

　　四库全书

　　　　文渊阁四库全书 1218 册　台湾商务印书馆影印,1983—1987 年

　　　　文渊阁四库全书 1218 册　上海古籍出版社,2011 年

　　　　文渊阁四库全书　北京出版社,2008 年

　　　　文津阁四库全书 407 册　商务印书馆影印,2005 年

王逢

文津阁四库全书 广陵书社,线装,2012 年
文澜阁四库全书 1254 册 杭州出版社,2015 年

梧溪集七卷补遗一卷
知不足斋丛书第二十九集
清道光三年(1823)长塘鲍氏刻本
民国十年(1921)上海古书流通处景印本
丛书集成初编文学类[知不足]2277—2279 册

梧溪集七卷补遗附困学斋杂录一卷
清同治十三年(1874)思补楼活字本　**国图**傅增湘校并跋

释梧溪集订讹一卷　清叶廷申订讹,顾广圻释
稿本　上海

梧溪集　李军点校
元代古籍集成第 2 辑　北京师范大学出版社,2016 年

梧溪集
元诗选初集辛集
清康熙三十三年(1694)顾嗣立秀野草堂刻本
清嘉庆、光绪增修本
中华书局标点本(下)2194—2251 页,1987 年

释来复(1319~1391)

蒲庵集(存一至六卷) **幻庵诗**一卷　明释昙㦬、释法住辑
　　明洪武间刻本附清藕香簃抄本
　　禅门逸书初编 7 册　台北明文书局影印本,1981 年
　　明正统五年(1440)孙以宁刻本　南京清丁丙跋

周静(明初为宝钞提举)

滇南集
提举集一卷
　　安成周氏家集　明万历十九年(1589)周宷序刻本　国图

徐一夔(1319~1399)

始丰稿十四卷
　　明初刻本(卷七至十四配清抄本)　南京清黄丕烈、丁丙跋,清唐翰、王棻题款
　　明刻本　**静嘉堂**
　　四库全书
　　　　文渊阁四库全书 1229 册　台湾商务印书馆影印,1983—

1987 年
  文渊阁四库全书 1229 册　上海古籍出版社,2011 年
  文渊阁四库全书　北京出版社,2008 年
  文津阁四库全书 410 册　商务印书馆影印,2005 年
  文津阁四库全书　广陵书社,线装,2012 年
  文澜阁四库全书 1264 册　杭州出版社,2015 年
 清初抄本　国图
 四库提要著录丛书集部 114 册　北京出版社,2010 年
 清抄本　北大
 明别集丛刊第 1 辑 11 册　黄山书社,2013 年

始丰稿十四卷**补遗**一卷**附录**一卷
 武林往哲遗著　光绪二十年(1894)钱塘丁氏嘉惠堂刻本
 丛书集成续编 185 册　台北新文丰出版公司,1988 年

始丰稿六卷
 清初抄本　上海

始丰前后稿六卷
 清雍正五年(1727)兰溪老人抄本　上海

元丰文集四卷
 清抄本　浙江

始丰稿校注 徐永恩校注
  浙江古籍出版社,2008年

马玉麟(1321～1367)

东皋先生诗集五卷**附录**一卷
  清初抄本　国图 11208
  海陵丛刻　韩国钧辑,民国十三年(1924)排印本

东皋先生诗集五卷
  宛委别藏　故宫藏阮元辑抄本
    选印宛委别藏
      商务印书馆,1935年
      台湾商务印书馆影印,1981年
      江苏古籍出版社影印,1988年
  续修四库全书集部第1324册　上海古籍出版社,2002年

马玉麟集(与郑元祐集合为一册)　邓瑞全、陈鹤、童晓峰校点
  元代别集丛刊　吉林文史出版社,2010年

马参政玉麟三首
  元诗选癸集庚集上
    清嘉庆三年(1798)南沙席世臣扫叶山房刻本
    清光绪十四年(1888)南沙席威扫叶山房补版重印本

中华书局标点本(下)988—989 页,2001 年

释克新(1321~?)

雪庐稿
日本南北朝刻本　　**内阁文库**344a 毛　一　别六〇　四
和刻本四部丛刊 95 册　　人民出版社、西南师范大学出版社,2014 年
日本宽文六年(1666)覆南北朝刻本　　**内阁文库** 344a 昌　一　三一三　一八
和刻本中国古逸书丛刊 57　凤凰出版社,2012 年

元释集 一卷
清抄本(与剩祖心集合抄)　　**国图**
四库全书存目丛书 集部 24 别集类　齐鲁书社,1997 年
明别集丛刊 第 1 辑 6 册　黄山书社,2013 年

金玉编 三卷　释克新辑
日本二条通二王门町长尾平兵卫刻本　　**书陵部**　一　二一四九九
日本旧抄本
禅门逸书续编 第一册　台北汉声出版社影印本,1987 年
和刻本中国古逸书丛刊 63　凤凰出版社,2012 年

蓝智（1321？～1373）

蓝涧集六卷

　　明洪武中蓝山书院刻本

　　清乾隆翰林院抄本　**南京**四库底本。清丁丙跋

　四库全书

　　文渊阁四库全书 1229 册　台湾商务印书馆影印，1983—1987 年

　　文渊阁四库全书 1229 册　上海古籍出版社，2011 年

　　文渊阁四库全书　北京出版社，2008 年

　　文津阁四库全书 411 册　商务印书馆影印，2005 年

　　文津阁四库全书　广陵书社，线装，2012 年

　　文澜阁四库全书 1265 册　杭州出版社，2015 年

蓝涧诗集六卷

　　明嘉靖五年（1526）蓝钼刻本

　原国立北平图书馆甲库善本丛书 700 册　国家图书馆出版社，2014 年

　　二蓝集　清蓝蔚雯辑

　　清咸丰七年（1857）定海蓝氏刊光绪十六年（1890）金匮宣敬熙补刻本　**国图**　**天津**

　　清光绪四至六年（1878—1880）侯官郭伯苍枕石草堂刻本　**国图**　**北大**　**复旦**　**辽宁**

　　清刻本　**国图**

清抄本　北大
明别集丛刊第 1 辑 9 册　黄山书社，2013 年

唐肃（1321～1374）

丹崖集八卷**附录**一卷
明天顺八年（1464）平湖沈琮刻本　台"中图"　静嘉堂
　　明祁氏澹生堂抄本　上海
　　续修四库全书集部 1326 册　上海古籍出版社，2002 年
　　清抄本　清黄丕烈校并跋　国图
　　清抄本　清丁丙跋　南京
　　清研古楼抄本　北大
　　明别集丛刊第 1 辑 14 册　黄山书社，2013 年

丹崖集十卷
　　明蓝格抄本　台"中图"

唐丹崖集一卷
　　盛明百家诗后编　明隆庆五年（1571）无锡俞宪序刻本

林弼（至正八年进士，王廉撰墓志）

林登州遗集二十三卷**附录**一卷
　　明崇祯十四年（1641）漳州刻本　上海

清康熙四十五年(1706)林兴刻本　　国图　　北大　　上海　　南京
北京图书馆古籍珍本丛刊 99 册　　北京图书馆出版社，2000 年
四库提要著录丛书集部 113 册　　北京出版社，2010 年
明别集丛刊第 1 辑 11 册　　黄山书社，2013 年

登州集二十三卷
　四库全书
　　文渊阁四库全书 1227 册　　台湾商务印书馆影印，1983—1987 年
　　文渊阁四库全书 1227 册　　上海古籍出版社，2011 年
　　文渊阁四库全书　　北京出版社，2008 年
　　文津阁四库全书 410 册　　商务印书馆影印，2005 年
　　文津阁四库全书　　广陵书社，线装，2012 年
　　文澜阁四库全书 1262 册　　杭州出版社，2015 年
　清乾隆中刻本

登州林先生续集五卷
　明初刻本　　台"中图"　　国图
　原国立北平图书馆甲库善本丛书 699 册　　国家图书馆出版社，2014 年

林登州集一卷
　盛明百家诗后编　　明隆庆五年(1571)无锡俞宪序刻本

刘崧(1321～1381)

槎翁文集十八卷
　　明嘉靖元年(1522)徐冠刻本　　北大　　上海　　南京　　国图存四卷
　　四库全书存目丛书集部 24 别集类　　齐鲁书社,1997 年
　　明别集丛刊第 1 辑 12 册　　黄山书社,2013 年
　　原国立北平图书馆甲库善本丛书 697 册　　国家图书馆出版社,2014 年
　　元史研究资料汇编 86—87 册　　中华书局,2014 年

槎翁先生文集十二卷首一卷补遗一卷附录一卷**槎翁先生诗集**十八卷首一卷补遗四卷
　　清光绪二十五年(1899)上廷萧氏刻本　　国图

刘槎翁先生诗选十二卷　　国图　　首都　　北大　　南京
　　明万历二十五年(1597)泾上张应泰刻本
　　北京图书馆古籍珍本丛刊 99 册　　北京图书馆出版社,2000 年
　　明别集丛刊第 1 辑 12 册　　黄山书社,2013 年

刘槎翁先生诗选十二卷补遗四卷
　　清乾隆四十五年(1780)刻本　　东洋文库

刘桤翁先生诗选十二卷 **目录**一卷
 清咸丰十年(1860)坦端书屋刻本 史语所

刘职方诗八卷
 明刻本 天一阁

桤翁诗八卷
 明万历三十八年(1610)真如斋刻本 首都 山东
 四库提要著录丛书集部 063 册 北京出版社,2010 年

桤翁诗集八卷
 四库全书
  文渊阁四库全书 1227 册 台湾商务印书馆影印,1983—1987 年
  文渊阁四库全书 1227 册 上海古籍出版社,2011 年
  文渊阁四库全书 北京出版社,2008 年
  文津阁四库全书 410 册 商务印书馆影印,2005 年
  文津阁四库全书 广陵书社,线装,2012 年
  文澜阁四库全书 1262 册 杭州出版社,2015 年

罗子理

罗德安先生文集三卷
 明隆庆四年(1570)罗纨刻本 天津
 天津图书馆孤本秘籍丛书集部 10 册 天津古籍出版社 1999 年

许恕（1322～1374）

北郭诗集 六卷 补遗 一卷

曹彬侯旧藏本　䀝 106。大元澄江书院山长许恕如心撰。洪武十四年张端序。洪武癸亥金文征序。洪武十八年苏伯衡序。洪武十八年林右序。

清曹琰抄本　国图 4286

四库提要著录丛书集部 257 册　北京出版社，2010 年

三间草堂集录　清陆香圃抄本　重庆

清抄本　浙江　科图　上海　苏州

北郭集 六卷 补遗 一卷

四库全书（据抄本）

文渊阁四库全书 1217 册　台湾商务印书馆影印，1983—1987 年

文渊阁四库全书 1217 册　上海古籍出版社，2011 年

文渊阁四库全书　北京出版社，2008 年

文津阁四库全书 406 册　商务印书馆影印，2005 年

文津阁四库全书　广陵书社，线装，2012 年

文澜阁四库全书 1252 册　杭州出版社，2015 年

北郭集 六卷 补遗 一卷 遗集 一卷

清鲍氏知不足斋抄本　上海 鲍廷博跋，姚鼐校并跋

丛书集成续编 168 册　台北新文丰出版公司，1988 年

北郭诗集六卷 **补遗**一卷 **续补遗**一卷
 江阴丛书 清光绪宣统间江阴金氏粟香室岭南刻本
 粟香室丛书 清光绪至民国间江阴金氏刊

北郭集
 元诗选三集辛集
  清康熙五十九年(1720)顾嗣立秀野草堂刻本
  清嘉庆、光绪增修本
  中华书局标点本 604—623 页,1987 年

王祎(1322～1373)

王忠文公文集(王忠文集)二十四卷 **附录**一卷 明朱肇辑
 明正统七年(1442)刘杰刻本 上海

王忠文公文集二十四卷
 明嘉靖元年(1522)张齐金华府刻本 **国图**四库底本
 北京图书馆古籍珍本丛刊 98 册 北京图书馆出版社,2000 年
 四库提要著录丛书集部 259 册 北京出版社,2010 年
 明嘉靖张齐刻万历七年金华府递修本 台"中图"
 原国立北平图书馆甲库善本丛书 696 册 国家图书馆出版社,2014 年

王忠文集二十四卷
　　四库全书
　　　　文渊阁四库全书 1226 册　台湾商务印书馆影印，1983—1987 年
　　　　文渊阁四库全书 1226 册　上海古籍出版社，2011 年
　　　　文渊阁四库全书　北京出版社，2008 年
　　　　文津阁四库全书 409 册　商务印书馆影印，2005 年
　　　　文津阁四库全书　广陵书社，线装，2012 年
　　　　文澜阁四库全书 1261 册　杭州出版社，2015 年

王忠文公文集二十四卷**继志斋文稿**二卷明王绅撰**王贲斋诗稿**一卷明王稌撰**王齐山稿**一卷明王汶撰
　　明万历三十二年（1604）张维枢刻本　　北大　　天津　　南京　　湖南
　　明别集丛刊第 1 辑 12 册　黄山书社，2013 年

王忠文公集四十六卷**附录**一卷
　　明崇祯十二年（1639）魏呈润刻本　　台"中图"　史语所　内阁文库
　　域外汉籍珍本文库第 5 辑 19 册　人民出版社，2015 年

王忠文公文集二十五卷
　　清康熙三十年（1691）王廷曾刻本　　浙江　天一阁　国图
　　元史研究资料汇编 82—84 册　中华书局，2014 年
　　清嘉庆十四年（1809）刻本　　国图

王忠文公集二十卷
　乾坤正气集　清道光二十八年(1848)袁江刻同治、光绪间印本
　金华丛书集部　清同治九年(1870)永康胡氏退补斋刻本
　丛书集成初编文学类[金华]2421—2428册

王祎集　颜庆余点校
　浙江文丛　浙江古籍出版社,2016年

乌伤王祎集　明沈延嘉辑
　列朝五十名家集

忠文集
　皇明文选　明曹学佺编刻本

卮辞
　百家类纂儒家类　明沈津辑,明隆庆元年(1567)刻本　**武大**

王子充文抄一卷
　八代文抄　明李宾辑,明末刻本　**民族大学**

王忠文公集一卷
　盛明百家诗后编　明隆庆五年(1571)无锡俞宪序刻本

演连珠编
　今献汇言,明刻本
　景印元明善本丛书十种今献汇言

丛书集成初编文学类［今献］2420 册

郑真（约 1322—？）

荥阳外史集一百卷（原缺卷一至六、卷十四至二十、卷三十一至三十二、卷四十四、卷五十至五十九、卷六十八至八十六）
四库全书
  文渊阁四库全书 1234 册 台湾商务印书馆影印，1983—1987 年
  文渊阁四库全书 1234 册 上海古籍出版社，2011 年
  文渊阁四库全书 北京出版社，2008 年
  文津阁四库全书 412 册 商务印书馆影印，2005 年
  文津阁四库全书 广陵书社，线装，2012 年
  文澜阁四库全书 1270 册 杭州出版社，2015 年
  四库全书珍本初集 商务印书馆，1933—1935 年
明别集丛刊第 1 辑 19 册 黄山书社，2013 年
静嘉堂文库藏抄本

张羽（1323～1385）

静居集六卷附录一卷
  明初四大家诗集 明弘治四年（1491）张习编刻本 国图 北大 科图 南京
  四部丛刊三编（据明成化本影印） 民国二十四年—二十五年

（1935—1936）商务印书馆影印本；1975 年台湾商务印书馆缩印；1986 年上海书店等缩印；2015 年中央编译出版社缩印

  北京图书馆古籍珍本丛刊 97 册　北京图书馆出版社，2000 年

  四库提要著录丛书集部 260 册　北京出版社，2010 年

重刻张来仪静居集四卷

  明初四家诗　明陈邦瞻编　万历三十七年（1609）新都汪汝淳刻本　国图　南京清丁丙跋

  明别集丛刊第 1 辑 15 册　黄山书社，2013 年

静居集四卷

  四库全书

    文渊阁四库全书 1230 册　台湾商务印书馆影印，1983—1987 年

    文渊阁四库全书 1230 册　上海古籍出版社，2011 年

    文渊阁四库全书　北京出版社，2008 年

    文津阁四库全书 411 册　商务印书馆影印，2005 年

    文津阁四库全书　广陵书社，线装，2012 年

    文渊阁四库全书 1266 册　杭州出版社，2015 年

静居集四卷附录一卷补遗一卷附校勘记一卷校勘续记一卷

  豫章丛书　胡思敬辑校，民国五年（1916）刻本

  丛书集成续编 169 册　台北新文丰出版公司，1988 年

掬清稿四卷附录一卷

  赤城遗书汇刊　民国四年（1915）太平金氏木活字排印本

张来仪先生文集一卷 补遗一卷
 豫章丛书　胡思敬辑，民国五年（1916）刻本
 丛书集成续编 185 册　台北新文丰出版公司，1988 年

静庵张先生诗集一卷
 清初抄本（四库底本）　上海
 四库全书存目丛书集部 26 别集类　齐鲁书社，1997 年

张司丞诗一卷
 黎照楼明二十四家诗定　清黄昌衢编，清康熙二十八年（1689）刻本

张来仪集一卷
 盛明百家诗前编高杨张徐集　明隆庆五年（1571）俞宪刻本

张来仪七律钞一卷　清顾有孝等辑
 五朝名家七律英华　清康熙刻本
 石研斋七律钞选（清灰格抄）　国图

凌云翰（1323～1388）

柘轩集四卷 词一卷
 清抄本（四库底本）　国图
 四库提要著录丛书集部 036 册　北京出版社，2010 年

柘轩集四卷
  四库全书
    文渊阁四库全书 1227 册　台湾商务印书馆影印，1983—1987 年
    文渊阁四库全书 1227 册　上海古籍出版社，2011 年
    文渊阁四库全书　北京出版社，2008 年
    文津阁四库全书 410 册　商务印书馆影印，2005 年
    文津阁四库全书　广陵书社，线装，2012 年
    文澜阁四库全书 1263 册　杭州出版社，2015 年

柘轩集四卷**附录**二卷
  武林往哲遗著　光绪二十二年(1896)钱塘丁氏嘉惠堂刻本
  明别集丛刊第 1 辑 13　黄山书社，2013 年
  丛书集成续编 111 册　台北新文丰出版公司，1988 年

童冀(1324～1390→)

尚絅斋诗集四卷**文集**三卷
  盛昱郁华阁藏清初抄本（四库底本）　国图
    四库提要著录丛书集部 037 册　北京出版社，2010 年

尚絅斋集五卷
  四库全书
    文渊阁四库全书 1229 册　台湾商务印书馆影印，1983—1987 年
    文渊阁四库全书 1229 册　上海古籍出版社，2011 年

文渊阁四库全书　北京出版社,2008年
文津阁四库全书 410册　商务印书馆影印,2005年
文津阁四库全书　广陵书社,线装,2012年
文津阁四库全书(典藏版)180册　商务印书馆,2016年
文澜阁四库全书 1265册　杭州出版社,2015年
四库全书珍本初集　商务印书馆,1933—1935年
明别集丛刊第1辑21册　黄山书社,2013年
续金华丛书集部　民国十三年(1924)永康胡宗楙梦选廎刻本

程弥寿(1324～1403)

仁山遗稿 二卷 附录 一卷
　明嘉靖四年(1525)新安程昌程钟刻本　国图　安徽
　北京图书馆古籍珍本丛刊 101册　北京图书馆出版社,2000年
　明别集丛刊第1辑13册　黄山书社,2013年

杨基(1326～1378→)

眉庵集 十二卷 补遗 一卷
　明初四大家诗集 明成化二十一年(1485)张习编刊本　国图
　四部丛刊三编　据明成化本影印　民国二十四—二十五年(1935—1936)商务印书馆影印本;1975年台湾商务印书馆缩印;1986年上海书店等缩印;2015年中央编译出版社缩印

四库提要著录丛书集部 260 册　北京出版社，2010 年

眉庵集十二卷
明成化二年(1466)吴中张氏刻本　北大

四库全书
  文渊阁四库全书 1230 册　台湾商务印书馆影印，1983—1987 年
  文渊阁四库全书 1230 册　上海古籍出版社，2011 年
  文渊阁四库全书　北京出版社，2008 年
  文津阁四库全书 411 册　商务印书馆影印，2005 年
  文津阁四库全书　广陵书社，线装，2012 年
  文澜阁四库全书 1266 册　杭州出版社，2015 年

清光绪三十四年(1908)有正书局影印抄本　复旦　辽宁

重刻杨孟载眉庵集十二卷补遗一卷
明刻本　国图

明初四家诗　明陈邦瞻编，明万历三十七年(1609)新都汪汝淳刻本　国图　南京清丁丙跋

明别集丛刊第 1 辑 13 册　黄山书社，2013 年

眉庵集　杨世明、杨隽校点
巴蜀文化丛书　巴蜀书社，2005 年

杨孟载手录眉庵诗集二卷
清光绪三十四年(1908)罗振玉影印本

明别集丛刊第 1 辑 13 册　黄山书社，2013 年

杨眉庵诗一卷
　　藜照楼明二十四家诗定　清黄昌衢编，清康熙二十八年(1689)刻本

杨孟载集　明俞宪辑
　　盛明百家诗前编高杨张徐集　明隆庆五年无锡俞宪序刻本

杨孟载七律钞一卷　清顾有孝等辑
　　五朝名家七律英华　清康熙刻本
　　石研斋七律钞选本(清灰格钞)　国图

郑允端(1327～1356)

肃雝集一卷
　　郑氏六名家集(一名赐书堂重订唐宋元六名家集)　清郑起泓、郑定远编　清康熙三十一年至三十九年(1692～1700)刻本
　　清抄本　国图 14208。清吴骞跋　**上海**
　　四库全书存目丛书集部 23 别集类　齐鲁书社,1997 年
　　涵芬楼秘笈第十集(据清金侃手抄本)　1926 年
　　民国九年(1920)石印本　**上海** 453751
　　丛书集成续编 110 册　台北新文丰出版公司,1988 年

春慵轩诗集一卷
　　宋元诗六十一家集二百七三卷〔或名《宋元诗集》(台"中图")；《宋

元名家诗集》《《澹生堂》);《宋元名家诗选》《《千顷堂》、《明史》);《宋元名公诗集》《《东洋文库目·京都人文、汇定宋元名公诗集》)〕 明万历四十三年(1615)潘是仁编刻天启二年(1622)重修本 **国图 甘肃 青海**

肃雝集

元诗选初集壬集

清康熙三十三年(1694)顾嗣立秀野草堂刻本

清嘉庆、光绪增修本

中华书局标点本(下)2522—2530 页,1987 年

邓雅(1328～)

邓伯言玉笥集 九卷

明洪武二十二年(1389)黎季敏刻本(据戴正心序)

吴枚庵旧藏抄本　**皕** 110。洪武乙卯(1375)临川何淑序。洪武乙丑(1385)梁寅序。洪武丙辰(1376)丁节序。洪武二十二年(1389)会稽戴正心序

静嘉堂 707

清抄本　**国图** 7131　**上海**

北京图书馆古籍珍本丛刊 93 册　北京图书馆出版社,2000 年

四库提要著录丛书 集部 033 册　北京出版社,2010 年

明别集丛刊 第 1 辑 14 册　黄山书社,2013 年

元史研究资料汇编 70 册　中华书局,2014 年

清钱塘丁氏八千卷楼黑格抄本　**南京** 3579

玉筍集九卷
　　四库全书
　　　　文渊阁四库全书 1217 册　　台湾商务印书馆影印,1983—1987 年
　　　　文渊阁四库全书 1217 册　　上海古籍出版社,2011 年
　　　　文渊阁四库全书　　北京出版社,2008 年
　　　　文津阁四库全书 408 册　　商务印书馆影印,2005 年
　　　　文津阁四库全书　　广陵书社,线装,2012 年
　　　　文津阁四库全书(典藏版)177 册　　商务印书馆,2016 年
　　　　文澜阁四库全书 1257 册　　杭州出版社,2015 年
　　四库全书珍本初集　　商务印书馆,1933—1935 年

玉筍集
　　元诗选补遗壬集
　　　　清金山钱熙彦编道光间刻本　　首都
　　　　中华书局标点本 890—935 页,2002 年

李惟馨(约 1328~1389)

知非斋存稿一卷**附录**一卷
　　清乾隆二十四年(1759)刻本　　北大

吴会（　～1388）

吴书山先生遗集二十卷首一卷末一卷　清吴廷相、吴尚纲辑

　　清乾隆三年（1738）刻本　**静嘉堂**

　　清乾隆三十四年（1769）吴廷相等刻本　**国图**文 269·86/43　**浙江** 811·15/2680

　　四库全书存目丛书集部 23 别集类　齐鲁书社,1997 年

　　续修四库全书集部 1325 册　上海古籍出版社,2002 年

书山遗集

　　元诗选补遗戊集

　　　清金山钱熙彦编道光间刻本　**首都**

　　　中华书局标点本 510—527 页,2002 年

陶宗仪（1329～约 1412）

南村诗集四卷　明毛晋辑

　　元人十种诗（或名元十家诗集）

　　　明崇祯十一年汲古阁刻

　　　民国十五年商务印书馆影印汲古阁本

　　四库提要著录丛书集部 261 册　北京出版社,2010 年

四库全书

　　文渊阁四库全书 1231 册　　台湾商务印书馆影印，1983—1987 年

　　文渊阁四库全书 1231 册　　上海古籍出版社，2011 年

　　文渊阁四库全书　　北京出版社，2008 年

　　文津阁四库全书 411 册　　商务印书馆影印，2005 年

　　文津阁四库全书　　广陵书社，线装，2012 年

　　文澜阁四库全书 1267 册　　杭州出版社，2015 年

台州丛书后集　　民国四年黄岩杨晨刻本

明别集丛刊第 1 辑 14 册　　黄山书社，2013 年

丛书集成续编 168 册　　台北新文丰出版公司，1988 年

沧浪櫂歌 一卷

　　明正德十二年（1517）云间唐锦刻本　　**上海** 805384

沧浪棹歌 一卷

　　读画斋丛书辛集　　清嘉庆四年（1799）刻本

　　丛书集成初编文学类［读画］2281 册

　　四库全书存目丛书集部 24 别集类　　齐鲁书社，1997 年

　　明别集丛刊第 1 辑 14 册　　黄山书社，2013 年

陶宗仪集　　徐永明　杨光辉点校

　　浙江人民出版社，2005 年

　　浙江文丛　　浙江古籍出版社，2014 年

苏伯衡(1329～1392)

苏平仲文集十六卷
　　明正统七年壬戌(1442)处州黎谅刻本　　国图　　北大　　上海
　　四部丛刊初编　　1922年商务印书馆影印、1929年二次印、1936年缩印、1975年台湾商务印书馆缩印、1986年上海书店等缩印、2015年中央编译出版社缩印
　　四库提要著录丛书集部36册　　北京出版社,2010年
　　明别集丛刊第1辑14册　　黄山书社,2013年
　　原国立北平图书馆甲库善本丛书 697册　　国家图书馆出版社,2014年
　　惜阴堂丛书　　民国赵氏惜阴堂刻本

苏平仲集十六卷首一卷
　　四库全书
　　　　文渊阁四库全书 1228册　　台湾商务印书馆影印,1983—1987年
　　　　文渊阁四库全书 1228册　　上海古籍出版社,2011年
　　　　文渊阁四库全书　　北京出版社,2008年
　　　　文津阁四库全书 410册　　商务印书馆影印,2005年
　　　　文津阁四库全书　　广陵书社,线装,2012年
　　　　文澜阁四库全书 1264册　　杭州出版社,2015年
　　金华丛书集部　　清光绪元年(1875)金华胡氏武昌退补斋刻本
　　丛书集成初编文学类[金华]2135—2140册

古今文集

  皇明文选 明曹学佺编刻本

李镐（1329～?）

温泉李太史冰壑公学余诗稿全集十四卷
  明万历四十三年（1615）李如龙刻本 **上海**

李镐一首
  元诗选癸集辛集下
    清嘉庆三年（1798）南沙席世臣扫叶山房刻本
    清光绪十四年（1888）南沙席威扫叶山房补版重印本
    中华书局标点本（下）1275—1276 页，2001 年

郑潜（元海北廉访副使）

樗庵类藁二卷
  四库全书
    文渊阁四库全书 1232 册 台湾商务印书馆影印，1983—1987 年
    文渊阁四库全书 1232 册 上海古籍出版社，2011 年
    文渊阁四库全书 北京出版社，2008 年
    文津阁四库全书 商务印书馆影印，2005 年

文津阁四库全书　广陵书社,线装,2012年
文澜阁四库全书　杭州出版社,2015年
四库全书珍本初集　商务印书馆,1933—1935年
明别集丛刊第1辑14册　黄山书社,2013年

史谨(洪武初谪居云南)

独醉亭集三卷
四库全书
　　文渊阁四库全书 1233 册　台湾商务印书馆影印,1983—1987年
　　文渊阁四库全书 1233 册　上海古籍出版社,2011年
　　文渊阁四库全书　北京出版社,2008年
　　文津阁四库全书 412 册　商务印书馆影印,2005年
　　文津阁四库全书　广陵书社,线装,2012年
　　文澜阁四库全书 1269 册　杭州出版社,2015年
四库全书珍本初集　商务印书馆,1933—1935年
明别集丛刊第1辑18册　黄山书社,2013年

张适(1330～1394)

甘白先生张子宜诗集六卷
　　明永乐元年(1442)刻本　**上海**

甘白先生张子宜诗集六卷**补遗**三卷**文集**六卷
 清王氏十万卷楼抄本 清丁丙跋 南京
 四库全书存目丛书集部 25 别集类 齐鲁书社,1997 年
 明别集丛刊第 1 辑 14 册 黄山书社,2013 年

甘白先生文集六卷
 旧抄本
 原国立北平图书馆甲库善本丛书 700 册 国家图书馆出版社,2014 年
 清释就堂黑格抄本 国图
 北京图书馆古籍珍本丛刊 93 册 北京图书馆出版社,2000 年

卢熊(1331～1380)

蓬蜗录十卷
 清乾隆十九年(1754)叶启祥抄本 南京叶启祥跋

夏天祐

正思斋集十二卷
 旧抄本 国图文 269.773/1
 杨濂《元诗文献辨伪》(《文学遗产》2009 年第 3 期):此书除了伪

造的序外，正文的十二卷皆抄自郑元祐《侨吴集》。

王行（1331～1395）

半轩集十二卷**补遗**一卷
　　明洪武刻本
　　明刻本　**国图**存卷一、四至十二、补遗，清李文田跋

半轩集十二卷**补遗**二卷**楮园草**一卷
　　明弘治四年（1491）刻本　**南京**序、传、目录、补遗、楮园草配清黄氏士礼居抄本　清黄丕烈校补并跋　清丁丙跋

半轩集十四卷**补遗**一卷**附录**一卷
　　清抄本　**上海**莫棠跋

半轩集十四卷
　　四库全书
　　　　文渊阁四库全书 1231 册　台湾商务印书馆影印，1983—1987 年
　　　　文渊阁四库全书 1231 册　上海古籍出版社，2011 年
　　　　文渊阁四库全书　北京出版社，2008 年
　　　　文津阁四库全书 411 册　商务印书馆影印，2005 年
　　　　文津阁四库全书　广陵书社，线装，2012 年
　　　　文澜阁四库全书 1267 册　杭州出版社，2015 年
　　明别集丛刊第 1 辑 14 册　黄山书社，2013 年

半轩集

皇明文选 明曹学佺编刻本

殷奎(1331~1376)

殷强斋先生文集十卷

明洪武十五年(1382)余熿刻本

明正统十三年(1448)王叔政刻本　**南京**清何焯、丁丙跋

强斋集十卷
四库全书

文渊阁四库全书 1232 册　台湾商务印书馆影印,1983—1987 年

文渊阁四库全书 1232 册　上海古籍出版社,2011 年

文渊阁四库全书　北京出版社,2008 年

文津阁四库全书 411 册　商务印书馆影印,2005 年

文津阁四库全书　广陵书社,线装,2012 年

文渊阁四库全书 1268 册　杭州出版社,2015 年

明别集丛刊第 1 辑 19　黄山书社,2013 年

刘炳(1331~1399)

春雨轩诗正集九卷**附集**一卷

明嘉靖十二年(1533)六世孙刘塾刻本

四库提要著录丛书集部 260 册　北京出版社，2010 年

鄱阳刘彦昺诗集九卷　元杨维桢评
　　明初刻本
　　清古炤堂抄本　**南京**清丁丙跋
　　清抄本　**南京**清丁丙跋

刘彦昺集九卷
　　四库全书
　　　　文渊阁四库全书 1229 册　台湾商务印书馆影印，1983—1987 年
　　　　文渊阁四库全书 1229 册　上海古籍出版社，2011 年
　　　　文渊阁四库全书　北京出版社，2008 年
　　　　文津阁四库全书 411 册　商务印书馆影印，2005 年
　　　　文津阁四库全书　广陵书社，线装，2012 年
　　　　文澜阁四库全书 1265 册　杭州出版社，2015 年

春雨轩集四卷
　　鄱阳五先生合集　清史简辑，清康熙间锺陵罗文达刻本　台"中图"
　　鄱阳五家集
　　四库全书
　　　　文渊阁四库全书 1476 册　台湾商务印书馆影印，1983—1987 年
　　　　文渊阁四库全书 1476 册　上海古籍出版社，2011 年
　　　　文渊阁四库全书　北京出版社，2008 年
　　　　文津阁四库全书 493 册　商务印书馆影印，2005 年

文津阁四库全书 广陵书社,线装,2012年
文澜阁四库全书 1525册 杭州出版社,2015年

春雨轩集四卷**附校勘记校勘续记** 胡思敬辑校
豫章丛书鄱阳五家集 民国八年(1919)胡思敬南昌刻本
丛书集成续编 113册 台北新文丰出版公司,1988年

谢肃(1332～1385)

密庵诗稿五卷**文稿**五卷
明洪武三十一年(1398)刘翼南刻本 **国图**清汪镛跋,傅增湘校并跋
四部丛刊三编(据明洪武本) 民国二十四—二十五年(1935—1936)商务印书馆影印本;1975年台湾商务印书馆缩印;1986年上海书店等缩印;2015年中央编译出版社缩印
四库提要著录丛书集部36册 北京出版社,2010年

密庵先生诗稿五卷**文稿**五卷
明天启五年(1625)粤中谢伟刻本
原国立北平图书馆甲库善本丛书 697—698册 国家图书馆出版社,2014年

密庵先生稿五卷
旧抄本

明别集丛刊第 1 辑 23 册　黄山书社,2013 年

密庵集八卷
　四库全书(辑自《永乐大典》)
　　文渊阁四库全书 1228 册　台湾商务印书馆影印,1983—1987 年
　　文渊阁四库全书 1228 册　上海古籍出版社,2011 年
　　文渊阁四库全书　北京出版社,2008 年
　　文津阁四库全书 410 册　商务印书馆影印,2005 年
　　文津阁四库全书　广陵书社,线装,2012 年
　　文澜阁四库全书 1263 册　杭州出版社,2015 年

钱子正(洪武三年举人)

绿苔轩集六卷
　锡山钱氏三华集　明正统中族孙公善刻本　国图
　四库全书三华集
　　文渊阁四库全书 1372 册　台湾商务印书馆影印,1983—1987 年
　　文渊阁四库全书 1372 册　上海古籍出版社,2011 年
　　文渊阁四库全书　北京出版社,2008 年
　　文津阁四库全书 458 册　商务印书馆影印,2005 年
　　文津阁四库全书　广陵书社,线装,2012 年
　　文澜阁四库全书 1415 册　杭州出版社,2015 年
　四库全书珍本初集三华集　商务印书馆,1933—1935 年

明别集丛刊第 1 辑 18　黄山书社，2013 年

绿苔轩诗集五卷
　傅增湘藏旧抄本（有洪武二十四年王达善序）

绿苔轩诗
　元诗选癸集辛集下
　　清嘉庆三年(1798)南沙席世臣扫叶山房刻本
　　清光绪十四年(1888)南沙席威扫叶山房补版重印本
　　中华书局标点本(下)1205 页，2001 年

钱仲益(1332～1412)

锦树集八卷
　锡山钱氏三华诗集　明正统间刻本　国图清唐翰题跋

钱翰撰集一卷
　盛明百家诗前编　明隆庆五年(1571)无锡俞宪序刻本

王钝(1334～1404)

野庄集
　皇明文选　明曹学佺编刻本

韩奕（1334～1406）

韩山人诗集不分卷 **续集**不分卷

明抄本　皕111。附寿藏记。行状。赵友同序永乐九年。黄氏手跋曰：丁卯秋，莫[曾]以明初刻本手校一过，前脱目录，后脱《蒙斋记》当补入。此册通体似影抄者，旧刻间有一二误字，此亦仍之，偶有烂板字迹模糊，此却清爽，当是从初印本写也，勿以抄本忽之。复翁。

静嘉堂 704 四　一五　六三　十

元人文集珍本丛刊 8 册　台湾新文丰出版公司　1985 年

元史研究资料汇编补编 76 册　广西师范大学出版社，2020 年

韩山人诗集九卷 **续集**八卷

清抄本　王闻远校并跋　国图 2234

北京图书馆古籍珍本丛刊 97 册　北京图书馆出版社，2000 年

四库全书存目丛书集部 23 别集类　齐鲁书社，1997 年

续修四库全书集部 1325 册　上海古籍出版社，2002 年

四部丛刊五编集部　中国书店，2020 年

韩山人诗集七卷

旧抄本

原国立北平图书馆甲库善本丛书 691 册　国家图书馆出版社，2014 年

韩山人诗集一卷**附集**一卷
  清初汲古阁影明黑格抄本　**国图** 12281
  清初抄本　杨继振跋　**国图** 11210
  清抄本　社科院文学所国图
  明别集丛刊第 1 辑 16 册　黄山书社,2013 年

韩山人诗续集七卷**词**一卷
  清抄本　**国图** 4723

韩山人诗集正集不分卷**续集**不分卷
  明抄本　**静嘉堂**
  社科院近代史研究所藏抄本

胡奎(1335～1409)

斗南先生诗集六卷
  明永乐宁藩文英馆刻本　**上海**

斗南老人集六卷
  徐氏传是楼影抄本
  四库全书
    文渊阁四库全书 1233 册　台湾商务印书馆影印,1983—1987 年
    文渊阁四库全书 1233 册　上海古籍出版社,2011 年
    文渊阁四库全书　北京出版社,2008 年

文津阁四库全书 412 册　商务印书馆影印，2005 年
文津阁四库全书　广陵书社，线装，2012 年
文澜阁四库全书 1269 册　杭州出版社，2015 年
明别集丛刊第 1 辑 15 册　黄山书社，2013 年

胡奎诗集　徐永明点校
　　浙江文丛　浙江古籍出版社，2012 年

虞堪（洪武十年为云南府学教授）

虞山人诗 四卷
　　清抄本　浙江佚名校

虞山人诗 三卷
　　清抄本　社科院历史所　上海
　　清抄本　国图 鲍廷博跋，劳格校并跋

虞山人诗 三卷 补遗 一卷
　　殷礼在斯堂丛书
　　丛书集成续编 169 册　台北新文丰出版公司，1988 年

虞山人诗 八卷
　　清抄本　台"中图"

虞 堪

希澹园诗集 三卷
　四库全书
　　文渊阁四库全书 1233 册　台湾商务印书馆影印，1983—1987 年
　　文渊阁四库全书 1233 册　上海古籍出版社，2011 年
　　文渊阁四库全书　北京出版社，2008 年
　　文津阁四库全书 412 册　商务印书馆影印，2005 年
　　文津阁四库全书　广陵书社，线装，2012 年
　　文澜阁四库全书 1269 册　杭州出版社，2015 年
　四库全书珍本初集　商务印书馆，1933—1935 年

希澹园诗 十卷
　清朱氏留耕堂抄本　**南京**

鼓枻稿 十卷
　清初曹氏倦圃抄本　**上海**

鼓枻稿 一卷
　明抄本　**静嘉堂**
　清初汲古阁抄本　**史语所** 雍正五年宋宾王朱笔题记
　清初黑格抄本　**国图**　**上海** 叶德辉跋
　清抄本
　大仓文库粹编 名家钞校本 56 册　北京大学出版社，2020 年

鼓枻稿 一卷
　涵芬楼秘笈 第八集　民国十四年（1925）印

鼓枻稿四卷
    清抄本　北大李593
    明别集丛刊第1辑18册　黄山书社，2013年

鼓枻稿六卷
    清初吕无党抄本　台"中图"袁克文跋
    清抄本　上海清鲍廷博校

鼓枻稿六卷**补遗**一卷
    清吴氏四古堂抄本　国图清吴允嘉校补，邓邦述跋
    清光绪三十年德化李氏木犀轩抄本　北大李8845
    明别集丛刊第1辑18册　黄山书社，2013年

吴海（　～1390）

闻过斋集八卷
    明洪武三十一年戊寅（1398）苗麟刻本
    明成化五年（1469）邵铜刻本　南京1578。丁丙跋。有季振宜藏书、汪鱼亭藏阅书诸印　福建
    明嘉靖郑浚刻本　福大
    明黑格抄本（卷一——三配清抄本）　国图
    清初抄本　清陈凤藻跋　北大
    清乾隆鲍氏知不足斋抄本　鲍廷博校并补录遗诗　上海
    清李氏小李山房抄本　南京

吴　海

四库全书
 文渊阁四库全书 1217 册　台湾商务印书馆影印，1983—1987 年
 文渊阁四库全书 1217 册　上海古籍出版社，2011 年
 文渊阁四库全书　北京出版社，2008 年
 文津阁四库全书 406 册　商务印书馆影印，2005 年
 文津阁四库全书　广陵书社，线装，2012 年
 文澜阁四库全书 1252 册　杭州出版社，2015 年

闻过斋集 八卷 **遗诗** 一卷
 嘉业堂丛书　民国二年（1913）吴兴刘承幹刻本　**国图** 459。傅增湘校并跋
 元人文集珍本丛刊 8 册　台湾新文丰出版公司，1985 年
 元史研究资料汇编 66 册　中华书局，2014 年

闻过斋集 四卷　王俌编
 明建文三年辛巳（1401）西园精舍刻本（日本小汀文库、石井积翠轩文库旧藏）
  影抄明本　**北大** □817.59/2638
 明范氏天一阁抄本（存三卷：卷一——三）　**上海**
 明祁氏澹生堂蓝格抄本　**国图** 4285。清冯瑗跋
 四库提要著录丛书 集部 111 册　北京出版社，2010 年

吴朝宗先生闻过斋集 四卷　清张伯行编
 清康熙四十七年（1708）仪封张氏正谊堂刻本　**北大**　**清华**
 正谊堂全书　清同治五年（1866）福州正谊书院校刻本

丛书集成初编文学类[正谊]2417—2418册

闻过斋集
皇明文选 明曹学佺编刻本

闻过斋集
元诗选二集辛集
清康熙四十一年壬午(1702)顾嗣立秀野草堂刻本
清嘉庆、光绪增修本
中华书局1987年标点本(下)1323—1324页,1987年

王翰(1333～1378)

友石山人遗稿 一卷
明初刻本　**南京** 1592。丁丙跋。有"椒园""沈廷芳""汪鱼亭藏阅书""御儿吕氏讲习堂经籍阁书"诸印。有抄配

四库全书
文渊阁四库全书 1217册　台湾商务印书馆影印,1983—1987年
文渊阁四库全书 1217册　上海古籍出版社,2011年
文渊阁四库全书　北京出版社,2008年
文津阁四库全书 406册　商务印书馆影印,2005年
文津阁四库全书　广陵书社,线装,2012年
文澜阁四库全书 1252册　杭州出版社,2015年

友石山人遗稿一卷**附录**一卷

　　明弘治八年(1495)袁文纪刻本　**南京** 1587。丁丙跋。有"大石山房""语古""不事元后人"诸印

　　明王焞抄本　**复旦**

　　清鲍氏知不足斋抄本　**广东**

　　清李盛铎味书轩抄本　**国图** 8536

　　清抄本　北大李□4233。李木斋据清味轩抄本校并录跋

　　戴机父所辑书　清戴范云辑稿本　**上海**

　　清抄本　**国图** 7122　**上海**　**南京**

　　四库提要著录丛书集部 257 册　北京出版社,2010 年

　　嘉业堂丛书集部　民国八年(1919)吴兴刘氏刻本

　　元史研究资料汇编 62 册　中华书局,2014 年

友石山人遗稿

　　元诗选初集庚集

　　　　清康熙三十三年(1694)顾嗣立秀野草堂刻本

　　　　清嘉庆、光绪增修本

　　　　中华书局标点本(下)1749—1756 页,1987 年

金守正(1333～1389)

雪厓先生诗集五卷

　　明永乐十九年(1421)刻本　**北大**

　　续修四库全书集部 1325 册　上海古籍出版社,2002 年

明别集丛刊第 1 辑 18 册　黄山书社，2013 年

王翰（明初为周王长史）

梁园寓藁诗集九卷　其孙王继善编
明正德十三年(1518)高天锡禹州刻本　**科图**　**上海**　**南京**清丁丙跋　**国图**存卷一至五
原国立北平图书馆甲库善本丛书 700 册　国家图书馆出版社，2014 年
清同治间刻本　山东

梁园寓稿九卷
内阁抄本
四库全书
文渊阁四库全书 1233 册　台湾商务印书馆影印，1983—1987 年
文渊阁四库全书 1233 册　上海古籍出版社，2011 年
文渊阁四库全书　北京出版社，2008 年
文津阁四库全书 412 册　商务印书馆影印，2005 年
文津阁四库全书　广陵书社，线装，2012 年
文澜阁四库全书 1269 册　杭州出版社，2015 年

敝帚集五卷
明天顺六年(1462)刘弘刻本　**国图**
清同治间刻本　山东

山林樵唱一卷

徐达左(1333—1395)

金兰集
　　清乾隆二十五年(1760)浒溪草堂重刻本
　　翠古斋抄本
　　金兰集　杨镰、张颐青整理
　　中华书局，2013年

黄哲(1334？～1376→)

黄庸之集一卷　明俞宪辑
　　盛明百家诗后编广中四杰集　明隆庆五年无锡俞宪序刻本

雪蓬先生诗选一卷
　　南园五先生诗选康熙刻本　国图

黄雪蓬集一卷　明陈暹辑
　　南园前后五先生诗同治刻本

黄待制雪蓬集一卷　清罗学鹏编辑
　　广东文献嘉庆刻同治印本

林大同（1334～1410）

范轩集 十二卷
　清抄本　上海

吴伯宗（1334～1384）

吴状元荣进集 三卷
　明万历金陵周文华刻本　国图　国会
　原国立北平图书馆甲库善本丛书 701 册　国家图书馆出版社，2014 年

荣进集 四卷
　刻本
　四库全书
　　文渊阁四库全书 1233 册　台湾商务印书馆影印，1983—1987 年
　　文渊阁四库全书 1233 册　上海古籍出版社，2011 年
　　文渊阁四库全书　北京出版社，2008 年
　　文津阁四库全书 412 册　商务印书馆影印，2005 年
　　文津阁四库全书　广陵书社，线装，2012 年
　　文澜阁四库全书 1269 册　杭州出版社，2015 年
　明别集丛刊 第 1 辑 16 册　黄山书社，2013 年

孙蕡（1334～1389）

西庵集 十卷
　明弘治十六年（1503）金兰馆铜活字本　　**国图** 傅增湘跋
　北京图书馆古籍珍本丛刊 100 册　北京图书馆出版社，2000 年
　四库提要著录丛书 集部 37 册　北京出版社，2010 年
　原国立北平图书馆甲库善本丛书 699 册　国家图书馆出版社，2014 年

西庵集 九卷
　明万历十五年叶初春刻本　　**国图**　**科图**
　明曹士鉴刻本　　**上海**
　明刻本　　**国图**
　清乾隆四年（1739）拥书堂刻本　　**南京**　**首都**
　清乾隆三十五年（1770）孙氏桂馥堂刻本　　**国图**
　四库全书
　　文渊阁四库全书 1231 册　台湾商务印书馆影印，1983—1987 年
　　文渊阁四库全书 1231 册　上海古籍出版社，2011 年
　　文渊阁四库全书　北京出版社，2008 年
　　文津阁四库全书 411 册　商务印书馆影印，2005 年
　　文津阁四库全书　广陵书社，线装，2012 年
　　文澜阁四库全书 1267 册　杭州出版社，2015 年
　清乾隆四十二年（1777）刻本　　**国图**

西庵集八卷首一卷
　　清道光十年(1830)顺德梁廷柟刻本　　国图　　北大　　南京
　　明别集丛刊第 1 辑 16 册　黄山书社,2013 年

西庵集八卷续稿一卷
　　清光绪二十年(1777)　　四明刻本　　国图

孙西庵集八卷
　　自明诚廑丛书

西庵先生诗选一卷　　辽宁
　　广中五先生诗集　明谈恺编,明嘉靖三十六年(1557)刻本

孙仲衍集一卷
　　盛明百家诗　明隆庆五年(1571)无锡俞宪序刻本
　　西庵先生诗选(与临清先生诗选合一卷)　　国图　　中山
　　南园五先生诗选　清李珩朗辑,清康熙五十九年(1720)刻本

孙典籍西庵集一卷　　清罗学鹏辑
　　广东文献　清嘉庆刻同治印本

孙西庵集一卷
　　南园前五先生诗　南园后五先生诗　清同治刻本
　　岭南丛书　梁守中、郑力民点校本　中山大学出版社,1990 年

丁鹤年(1335～1424)

丁鹤年诗集 三卷

元刻本 皕106。仪续：《元椠丁鹤年集》跋：次行题"门人四明戴稷、戴习，修江向诚、向信道，方外昙锽编次。前有至正甲申(1344)戴良序，下有"叔能"阳文方印，澹居老人至仁序，下有"至仁"阳文方印，"兆中"阴文方印。后有乌斯道《丁孝子传》、缺名《高士传》。后有徐惟起手跋，前有"晋安高氏惟式"朱文方印，"闽中徐惟起藏书印"朱文长印，"徐燉之印"白文方印，"徐氏兴公"朱文方印。高惟一，明初福州人，有孝行，《福建通志》有传，则是本在明初已为藏书家所珍矣。

斯本为元版，亦分三卷，简首有高惟一印章。予响家藏《丁鹤年诗》三卷，乃永乐间刻版，后有杨文贞士奇跋语。纸墨古洁，予珍惜之。二本(元本与明永乐本)俱善，因(与元本)合藏之。万历丁未春正月三日徐兴公题。

案：此元刊本每叶二十行，每行二十字。……卷面有兴公手书"丁鹤年[诗]徐氏汗竹巢珍藏本元版"十四字

清影写元刊本 **南京** 1602。丁丙跋。

明初刻本 **沈子培藏** 杨士琦跋。十行二十字

明正统刻本 **静嘉堂** 703 一 五 四七 皕

丁鹤年集 三卷

回族典藏全书 154 册 甘肃文化出版社、宁夏人民出版社，2008 年

鹤年诗集三卷　戴稷等编

　　明正统二年(1437)章琦刻本　**南京图书馆**草目

　　清抄本　上海

　　湖北先正遗书　民国十二年(1923)沔阳卢氏影印文津阁本

　　回族典藏全书 154 册　甘肃文化出版社、宁夏人民出版社，2008 年

丁鹤年先生诗集一卷**附录**元吉雅谟丁、爱理沙、吴惟善撰一卷

　　明正统九年(1444)楚藩刻本(第 32—63 叶配清抄本)　南京 1595。丁丙跋

　　清金氏文瑞楼抄本　国图 7741。清宋宾王校，胡惠埔跋

　　清抄本　国图 3951

松谷诗集二卷

　　宋元诗六十一家集二百七三卷〔或名《宋元诗集》(台"中图")；《宋元名家诗集》(《澹生堂》)；《宋元名家诗选》(《千顷堂》、《明史》)；《宋元名公诗集》(《东洋文库目·京都人文、汇定宋元名公诗集》)〕　明万历四十三年(1615)潘是仁编刻天启二年(1622)重修本　国图　甘肃　青海

海巢集三卷**附录**一卷

　　清康熙十七年(1678)金侃抄本　国图清金侃跋

　　四库提要著录丛书集部 257 册　北京出版社，2010 年

　　清乾隆四十一年(1776)抄本　浙江

丁鹤年先生诗集一卷

清康熙金侃抄本　国图 8539。周叔弢跋

清抄本　国图 10675。鲍廷博校,丁丙校并跋,陶运百跋

清抄本　上海清韩泰华跋

丁鹤年集一卷

四库全书

文渊阁四库全书 1217 册　台湾商务印书馆影印,1983—1987 年

文渊阁四库全书 1217 册　上海古籍出版社,2011 年

文渊阁四库全书　北京出版社,2008 年

文津阁四库全书 406 册　商务印书馆影印,2005 年

文津阁四库全书　广陵书社,线装,2012 年

文澜阁四库全书 1252 册　杭州出版社,2015 年

鹤年海巢集一卷续集一卷哀思集一卷方外集一卷

清抄本　国图 7125

清抄本　南京 1593。丁丙跋

丁孝子诗集三卷

艺海珠尘乙集　清嘉庆吴省兰听彝堂刻本　国图 461。傅增湘校

丁鹤年集三卷续集一卷

清抄本　重庆清佚名跋

丁鹤年诗集三卷 续集一卷 附录一卷

　　四明丛书第四集　　民国二十五年(1936)四明张氏约园刻本

丁鹤年集三卷 续集一卷 附录一卷 附胡珽撰校讹一卷

　　琳琅秘室丛书第四集　　清咸丰木活字印本

丁鹤年先生诗集四卷

　　三间草堂集录　　清陆香圃抄本　　重庆

丁鹤年集四卷 附录一卷

　　道光元年(1821)影元抄本　　东洋文库 36

丁鹤年诗集四卷 附录一卷 诗续一卷 诗补一卷 集外诗一卷

　　清鲍氏知不足斋抄本

　　原国立北平图书馆甲库善本丛书 690 册　　国家图书馆出版社，2014 年

　　元史研究资料汇编 64 册　　中华书局，2014 年

丁鹤年集四卷 附录元吉雅谟丁、爱理沙、吴惟善撰一卷 附胡珽撰校讹一卷 董金鉴撰续校一卷

　　琳琅秘室丛书　　清光绪十四年(1888)董金鉴活字印本　　国图 462。傅增湘校补并跋

　　丛书集成初编文学类［琳琅］2280 册

　　国学基本丛书　　商务印书馆，1941 年

　　明别集丛刊第 1 辑 16 册　　黄山书社，2013 年

鹤年海巢集四卷**附录**一卷
    清抄本　天津

丁鹤年先生诗集不分卷
    清劳巽卿抄校本　香港大学

丁鹤年诗辑注　丁生俊编注
    中国回族古籍丛书　天津古籍出版社，1987年

海巢集
    元诗选初集辛集
        清康熙三十三年(1694)顾嗣立秀野草堂刻本
        清嘉庆、光绪增修本
        中华书局标点本(下)2293—2317页，1987年

徐贲(1335～1380)

北郭集十卷**补遗**一卷
    合刻国初四先生全集　明成化二十三年张习刻本　国图
    明成化二十三年(1485)张习刻本(四先生集单行本)　国图
    四部丛刊三编(据明成化本)　民国二十四年—二十五年(1935—1936)商务印书馆影印本；1975年台湾商务印书馆缩印；1986年上海书店等缩印；2015年中央编译出版社缩印
    历代画家诗文集　台湾学生书局影印

四库提要著录丛书集部 260 册　北京出版社，2010 年
明别集丛刊第 1 辑 16 册　黄山书社，2013 年

重刻徐幼文北郭集 六卷
明初四家诗　明陈邦瞻编，明万历三十七年（1609）新都汪汝淳刻本　南京　南大
故宫珍本丛刊 526 册　海南出版社，2000 年

北郭集 六卷
四库全书
文渊阁四库全书 1230 册　台湾商务印书馆影印，1983—1987 年
文渊阁四库全书 1230 册　上海古籍出版社，2011 年
文渊阁四库全书　北京出版社，2008 年
文津阁四库全书 411 册　商务印书馆影印，2005 年
文津阁四库全书　广陵书社，线装，2012 年
文澜阁四库全书 1266 册　杭州出版社，2015 年

徐方伯诗 一卷
藜照楼明二十四家诗定　清黄昌衢编，清康熙二十八年（1689）刻本

徐幼文集
盛明百家诗前编高杨张徐集　明隆庆五年无锡俞宪序刻本

徐幼文七律钞 一卷　清顾有孝等辑
五朝名家七律英华　清康熙刻本

石研斋七律钞选本(清灰格钞)　国图

高启(1336～1373)

高太史大全集十八卷

　　明永乐八年(1410)其侄立刻本

　　明景泰元年(1450)刘宗文等刻本　　国图明叶盛、叶棐跋

　　明景泰刻成化五年(1469)刘以则重修本　　国图

　　明景泰南州徐氏刻本　　北大

　　明嘉靖刻本(四部丛刊底本)

四部丛刊初编　　1922年商务印书馆影印、1929年二次印、1936年缩印、1975年台湾商务印书馆缩印、1986年上海书店等缩印、2015年中央编译出版社缩印

四库提要著录丛书集部114册　　北京出版社,2010年

　　明刻蓝印本　　社科院文学所　　湖北

　　明万历八代孙士宏刻本　　上海

　　明刻本　　国图　　南京清丁丙跋　　湖北蓝印本。明刘景韶校

原国立北平图书馆甲库善本丛书 699册　　国家图书馆出版社,2014年

重刻高太史大全集十八卷

　　明初四家诗明陈邦瞻编　　明万历三十七年(1809)汪汝淳刻本　　南京　　吉大

高季迪先生大全集 十八卷

清康熙许氏竹素园刻本　　国图　北大　科图　上海　天津　南京

清光绪十四年(1888)木活字本　　国图　天津　南京

大全集 十八卷
四库全书
文渊阁四库全书 1230 册　　台湾商务印书馆影印,1983—1987 年

文渊阁四库全书 1230 册　　上海古籍出版社,2011 年

文渊阁四库全书　　北京出版社,2008 年

文津阁四库全书 411 册　　商务印书馆影印,2005 年

文津阁四库全书　　广陵书社,线装,2012 年

文澜阁四库全书 1265 册　　杭州出版社,2015 年

摘藻堂四库全书荟要
台湾世界书局影印本,1985 年

吉林出版集团影印本,2005 年 [410　集六三]

青邱高季迪先生诗集 十八卷 遗诗 一卷 清金檀辑注 扣舷集 一卷 凫藻集 五卷 附录 一卷 清金檀辑 年谱 一卷 清金檀撰

清雍正六年(1728)金檀文瑞楼刻本　　国图　北大　南京　浙江

清雍正金檀刻乾隆墨华池馆印本　　南京

青邱高季迪先生诗集 十八卷 首 一卷 补遗 一卷 诗余 一卷 附录 一卷 清金檀辑注

民国三年(1914)东吴浦氏石印本　南京　天津

明别集丛刊第 1 辑 17 册　黄山书社,2013 年

高青邱季迪先生诗集十八卷补遗一卷

四部备要(排印本、缩印本)

槎轩集十卷附姑苏杂录一卷

明初四大家诗集　明张习编,成化二十三年(1487)张习刊本　国图

高太史缶鸣集十二卷

明永乐刻本　静嘉堂

明嘉靖刻本　国图　上海清黄廷鉴跋　南京

清张氏介石堂刻本　国图　上海　南京

缶鸣集十二卷

明刻本　国图　北大　南京清丁丙跋

原国立北平图书馆甲库善本丛书 699 册　国家图书馆出版社,2014 年

青丘高季迪先生凫藻集(高太史凫藻集)五卷附扣舷集一卷

明正统九年(1444)郑颙、邵昕刻本　国图　南京清丁丙跋

四库提要著录丛书集部 260 册　北京出版社,2010 年

清雍正六年(1728)金氏文瑞楼刻本　国图　重庆

高太史凫藻集五卷

　　四部丛刊初编　1922年商务印书馆影印、1929年二次印、1936年缩印、1975年台湾商务印书馆缩印、1986年上海书店等缩印、2015年中央编译出版社缩印

　　四部备要（排印本、缩印本）

凫藻集五卷

　　四库全书

　　　　文渊阁四库全书 1230册　台湾商务印书馆影印，1983—1987年

　　　　文渊阁四库全书 1230册　上海古籍出版社，2011年

　　　　文渊阁四库全书　北京出版社，2008年

　　　　文津阁四库全书 411册　商务印书馆影印，2005年

　　　　文津阁四库全书　广陵书社，线装，2012年

　　　　文澜阁四库全书 1266册　杭州出版社，2015年

凫藻集

　　皇明文选　明曹学佺编刻本

高青邱文一卷

　　明八家文选　清石韫玉选，清道光八年（1828）吴郡石氏自刻本

高侍郎诗一卷

　　黎照楼明二十四家诗定　清黄昌衢编，清康熙二十八年（1689）刻本

高季迪集 一卷
　　盛明百家诗前编高杨张徐集　　明隆庆五年无锡俞宪序刻本

高季迪七律钞 一卷　清顾有孝等辑
　　五朝名家七律英华　　清康熙刻本
　　石研斋七律钞选　　清灰格抄本　　国图

扣舷集 一卷
　　艺苑丛钞　　清王耤编,稿本　　湖北

高季迪赋姑苏杂咏 一卷
　　明洪武三十一年(1398)蔡伯庸刻本　　国图

姑苏杂咏 一卷 附录 一卷 (槎轩集附)
　　明成化二十二年(1398)张习刻本　　国图

姑苏杂咏 一卷　明殷堂补辑
　　明成化二十二年(1398)张习刻殷堂重修本　　国图 清黄廷鉴、缪荃孙、邓邦述跋,吴昌绶题词,陈士廉题诗

高季迪姑苏杂咏 二卷
　　明洪武三十一年刻本　　明卫拱辰辑　　国图
　　明清荫堂刻本　　国图 傅增湘校并跋　　南京
　　明刻本　　国图
　　清康熙濂溪书院刻本　　南京

姑苏杂咏二卷
 姑苏杂咏合刻　明周希夔编,明万历四十六年(1618)周氏刻本　上海

高青邱诗集二十三卷
 国学基本丛书　商务印书馆,民国影印本

高青邱集上下册　清金檀辑注,徐澄宇、沈北宗校点
 中国古典文学丛书　上海古籍出版社,1985年

高启诗选　陈汕斋选注
 中国历代诗人选集
  三联书店香港分店,1984年
  广东人民出版社,1985年

高启诗选　李圣华选注
 中华书局,2005年

王彝(？～1374)

王常宗集四卷补遗一卷
 明弘治十五年(1502)刘廷璋刻本　**南京**清丁丙跋

王常宗集四卷补遗一卷续补遗一卷
 清抄本　**上海**清张蓉镜跋

四库全书
　　文渊阁四库全书 1229 册　台湾商务印书馆影印，1983—1987 年
　　文渊阁四库全书 1229 册　上海古籍出版社，2011 年
　　文渊阁四库全书　北京出版社，2008 年
　　文津阁四库全书 410 册　商务印书馆影印，2005 年
　　文津阁四库全书　广陵书社，线装，2012 年
　　文渊阁四库全书 1264 册　杭州出版社，2015 年

妫蜼子集 六卷
　　明抄本（缺卷二）　台"中图"

王征士集 四卷 清陆廷灿辑 附录 一卷
　　清康熙三十九年（1700）嘉定陆廷灿刻本　国图　北大　南京
　　明别集丛刊第 1 辑 14 册　黄山书社，2013 年

张丁（字孟兼 1338～1377）

白石山房逸稿 二卷 附录 一卷
　　清初抄本　复旦
　　四库提要著录丛书集部 349 册　北京出版社，2010 年

白石山房逸稿 二卷
　　四库全书
　　　　文渊阁四库全书 1229 册　台湾商务印书馆影印，1983—1987 年

文渊阁四库全书 1229 册　上海古籍出版社，2011 年
文渊阁四库全书　北京出版社，2008 年
文津阁四库全书 410 册　商务印书馆影印，2005 年
文津阁四库全书　广陵书社，线装，2012 年
文澜阁四库全书 1264 册　杭州出版社，2015 年

白石山房逸稿二卷**补录**一卷
　续金华丛书集部　民国十三年（1924）永康胡宗楙梦选廛刻本
　明别集丛刊第 1 辑 6 册　黄山书社，2013 年

白石山房逸稿五卷
　清乾隆十四年（1749）承启堂刻本　南京
　清道光十四年（1834）刻本　山西大学

白石山房逸稿五卷**附录**一卷
　清光绪四年（1878）刻本　东洋文库

新本白石山房稿五卷
　四库全书存目丛书集部 26 别集类　齐鲁书社，1997 年

林鸿（约 1338～?）

鸣盛集四卷
　清初抄本　北大

明别集丛刊第 1 辑 13 册　黄山书社,2013 年

四库全书

　　文渊阁四库全书 1231 册　台湾商务印书馆影印,1983—1987 年

　　文渊阁四库全书 1231 册　上海古籍出版社,2011 年

　　文渊阁四库全书　北京出版社,2008 年

　　文津阁四库全书 411 册　商务印书馆影印,2005 年

　　文津阁四库全书　广陵书社,线装,2012 年

　　文澜阁四库全书 1266 册　杭州出版社,2015 年

鸣盛集二卷

　　抄本

　　原国立北平图书馆甲库善本丛书 699 册　国家图书馆出版社,2014 年

朱同(1339～1385)

覆瓿集八卷

　　新安朱氏父子集　明朱时新编　国图　科图　天津　上海　南京

　　　明万历四年(1616)歙邑朱府刻本

　　四库提要著录丛书集部 349 册　北京出版社,2010 年

　　明万历紫阳朱氏刻本　国图

　　明万历刻本　静嘉堂

　　明刻本　国图　南京

覆瓿集七卷 附录一卷
　　清抄本（四库底本）　吉大
四库全书
　　文渊阁四库全书 1227 册　台湾商务印书馆影印，1983—1987 年
　　文渊阁四库全书 1227 册　上海古籍出版社，2011 年
　　文渊阁四库全书　北京出版社，2008 年
　　文津阁四库全书 410 册　商务印书馆影印，2005 年
　　文津阁四库全书　广陵书社，线装，2012 年
　　文澜阁四库全书 1263 册　杭州出版社，2015 年
四库全书珍本初集　商务印书馆，1933—1935 年
明别集丛刊第 1 辑 17　黄山书社，2013 年

管时敏（1339～1421）

蚓窍集十卷 附全庵记一卷 [明周子怡撰]
　　明永乐元年（1403）胡粹中序楚藩刻本（四库底本）　元丁鹤年评　上海

蚓窍集十卷
　　四部丛刊三编　据明永乐本　民国二十四年—二十五年（1935—1936）商务印书馆影印本；1975 年台湾商务印书馆缩印；1986 年上海书店等缩印；2015 年中央编译出版社缩印
　　明别集丛刊第 1 辑 17 册　黄山书社，2013 年

四库全书

文渊阁四库全书 1231 册　台湾商务印书馆影印,1983—1987 年

文渊阁四库全书 1231 册　上海古籍出版社,2011 年

文渊阁四库全书　北京出版社,2008 年

文津阁四库全书 411 册　商务印书馆影印,2005 年

文津阁四库全书　广陵书社,线装,2012 年

文澜阁四库全书 1267 册　杭州出版社,2015 年

孙作(1340 前后～1424)

沧螺集 六卷

明弘治九年丙辰(1496)刻本　**国图**

明末毛氏汲古阁刻本　**北大** 四库底本　**首都　上海　南京
辽宁**

元四大家集(封面题东家子沧螺集)　民国十一年上海古书流通处影印

四库提要著录丛书 集部 260 册　北京出版社,2010 年

明别集丛刊 第 1 辑 14 册　黄山书社,2013 年

四库全书

文渊阁四库全书 1229 册　台湾商务印书馆影印,1983—1987 年

文渊阁四库全书 1229 册　上海古籍出版社,2011 年

文渊阁四库全书　北京出版社,2008 年

文津阁四库全书 410 册　商务印书馆影印,2005 年

文津阁四库全书　广陵书社,线装,2012 年

文澜阁四库全书 1265 册　杭州出版社，2015 年

沧螺集六卷**补遗**一卷**附录**一卷
　　明蓝格抄本　　明薛章宪跋　　台"中图"
　　常州先哲遗书第一集　光绪武进盛氏刻

沧螺集六卷**补遗**一卷
　　江阴丛书　光绪刻本
　　粟香室丛书　光绪十五年（1889）金武祥刻
　　丛书集成续编 137 册　台北新文丰出版公司，1988 年

张宣（1341～1373）

青旸集不分卷
　　清抄本　　国图

青旸集四卷
　　清缪氏艺风堂抄本　　南京佚名校

青旸集四卷**补遗**一卷
　　江阴丛书
　　粟香室丛书　清光绪十五年江阴金氏刻
　　明别集丛刊第 1 辑 18 册　黄山书社，2013 年
　　丛书集成续编 169 册　台北新文丰出版公司，1988 年

吕不用（1341～?）

得月稿不分卷　吕凤编
　　璜川吴氏旧藏抄本　**皕**109：石鼓聋者吕不用则畊学。洪武九年庐陵曾衍书。王霖跋洪武。孙男好通跋洪武。吕鼐跋弘治甲子　**静嘉堂**705　一一五　四五　十

得月稿八卷
　　抄本　北大
　　明别集丛刊第1辑18册　黄山书社,2013年

得月稿七卷
　　清抄本　国图
　　续修四库全书集部1325册　上海古籍出版社,2002年

得月稿七卷（存五卷）
　　清抄本　国图4288
　　北京图书馆古籍珍本丛刊97册　北京图书馆出版社,2000年
　　四库全书存目丛书集部23别集类　齐鲁书社,1997年

得月稿四卷
　　存目：两淮盐政采进本。

郑本忠

安分先生集十卷
    清初揆叙谦牧堂旧藏抄本　　北大
    民国抄本
    四库全书存目丛书集部 26 别集类　　齐鲁书社，1997 年
    明别集丛刊第 1 辑 21 册　　黄山书社，2013 年

叶兰（元太常寺礼仪院奉礼郎）

寓庵诗集二卷
    鄱阳五先生合集　　清史简辑，清康熙间锺陵罗文达刻本　　台"中图"
    鄱阳五家集
    四库全书
        文渊阁四库全书 1476 册　　台湾商务印书馆影印，1983—1987 年
        文渊阁四库全书 1476 册　　上海古籍出版社，2011 年
        文渊阁四库全书　　北京出版社，2008 年
        文津阁四库全书 493 册　　商务印书馆影印，2005 年
        文津阁四库全书　　广陵书社，线装，2012 年
        文澜阁四库全书 1525 册　　杭州出版社，2015 年

寓庵集二卷
 清风堂刻本

寓庵诗集二卷附**校勘记**民国魏元旷撰**校勘续记**民国胡思敬撰
 豫章丛书鄱阳五家集 民国八年(1919)胡思敬南昌辑刻本
 丛书集成续编 113 册 台北新文丰出版公司，1988 年

吕文荧

双泉稿九卷
 太平吕氏文集 清道光二十三年(1843)吕观光木活字本 **暨大 D24**

释果满

庐山复教集二卷
 影元抄本 **清华**
 高丽刻本 **国图** 8321。沈曾植、杨守敬、傅增湘跋
 元史研究资料汇编 96 册 中华书局，2014 年

景元本庐山复教集二卷
 甲午(1924)建德周氏影刻本

释月硐

月硐别稿十四卷**后集**一卷　释妙达编
　　日本旧抄本
　　禅门逸书续编第一册　台北汉声出版社影印本，1987年

释　真

竹居集二卷
　　旧抄本
　　禅门逸书续编第一册　台北汉声出版社影印本，1987年

吕彦贞（？～1388）

沧浪轩诗集六卷
　　清抄本　**南京**1558。丁丙跋
　　清抄本（与前本编次不同）　**南京**7669
　　续修四库全书集部1324册　上海古籍出版社，2002年
　　杨濂《元诗文献辨伪》(《文学遗产》2009年第3期)：今存元末人吕彦贞《沧浪轩诗集》二种，一为清抄本，其中所记人际关系、地理沿革、官职称谓、心理举措，皆与元人作品难以契合，实际上是利用清人

朱梓《聘堂山馆诗钞》二卷，伪造了跋语、书名，随意分卷而成；二为丁丙旧藏本，是据元人傅若金《傅与砺诗集》十卷拼接而成，除了集序作了手脚，卷帙分合有异，二书内容则完全相同。

黄　坚

遯世遗音 一卷
　　明刻本

鲁渊（至正十一年进士）

青溪鲁道源先生诗集 一卷

青溪先正诗集　　清鲍楹辑
　　清康熙二十九年庚午（1690）刻本　　**华东师大** 257

岐山集
　　元诗选补遗 戊集
　　　　清金山钱熙彦编道光间刻本　　**首都**
　　　　中华书局标点本 510—527 页，2002 年

袁君贤

昌雲文集 六卷
　　清康熙刻本　标注

昌雲文集 二卷
　　清光绪二年（1876）木活字印本　国图文 269.743/35

吴　倧

渔矶脞语 一卷
　　民国十九年（1930）吴保琳铅印本

平显（洪武初官广西藤县令）

松雨轩诗集 八卷 **补遗** 一卷（四库未收书目）
　　明嘉靖十九年（1540）刻本　天一阁
　　原国立北平图书馆甲库善本丛书 709 册　国家图书馆出版社，2014 年
　　劳季言手抄本（傅增湘藏）
　　旧抄本（何梦华藏）

清抄本　南京丁丙跋

大仓文库粹编名家钞校本 56 册　北京大学出版社，2020 年

宛委别藏　故宫藏阮元辑抄本

选印宛委别藏

　　商务印书馆影印本，1935 年

　　台湾商务印书馆影印，1981 年

　　江苏古籍出版社影印，1988 年

松雨轩集八卷

　　清嘉庆十九年（1814）钱塘钱氏刻本

　　台湾珍藏善本丛刊古抄本明代诗文集 1　新文丰出版社，2013 年

松雨轩集八卷**补遗**一卷**附录**二卷

　　武林往哲遗著　清光绪二十年（1894）钱塘丁氏嘉惠堂刻本

　　明别集丛刊第 1 辑 21 册　黄山书社，2013 年

　　丛书集成续编 113 册　台北新文丰出版公司，1988 年

傅仲渊（即蒙古人达溥化，元末曾任江浙行省郎中）

鳌海诗人集一卷

　　抄本　静嘉堂　一　一五　三二　十

吴斌（洪武中为温州平阳县主簿）

韫玉先生集不分卷
　　清汪氏裘杼楼抄本　　国图
　　清抄本　　中山
　　北京图书馆古籍珍本丛刊 97 册　　北京图书馆出版社，2000 年
　　明别集丛刊第 1 辑 24 册　　黄山书社，2013 年

史迁（元明之际人）

青金集八卷
　　旧抄本
　　原国立北平图书馆甲库善本丛书 701 册　　国家图书馆出版社，2014 年
　　清抄本　　国图
　　北京图书馆古籍珍本丛刊 97 册　　北京图书馆出版社，2000 年
　　明别集丛刊第 1 辑 21　　黄山书社，2013 年

王偕

荻溪集二卷
　　清抄本　　国图　　首都　　天津

北京图书馆古籍珍本丛刊 96 册　北京图书馆出版社，2000 年
四库全书存目丛书集部 24 别集类　齐鲁书社，1997 年

《四库全书总目》卷一七四：旧本题元王偕撰，前有洪武癸亥冯原智序，称偕……元亡不仕，寓居荻溪之西，以荻溪翁自号。今检集中所与唱酬者，皆国朝顺治间常熟诸文士……惟诗中有岁暮还荻溪诸题，当必国初人寓居荻溪者，集名偶同，坊贾遂妄取原智序冠之，指为偕作，以售欺耳。

杨濂《元诗文献辨伪》（《文学遗产》2009 年第 3 期）：卷下《丙申元旦》注："立春在初一日。"查有元一代有两个丙申年，分别是元贞二年（1296）与至正十六年（1356），但"没有一年是立春正逢大年初一的"。可确证此书非元人所写，而元明之际人王偕并不存在，洪武癸亥（1383）序也是伪作。

刘夏（明洪武初官尚宾馆副使）

刘尚宾文集五卷**续集**四卷**奉使交趾赠答诗**一卷
明永乐间刘拙刻成化间刘衢续刻本　南京
明别集丛刊第 1 辑 8 册　黄山书社，2013 年

王寔（顺帝至正间官临江同知）

听雪先生集十五卷
清抄本　上海存卷一——四

浦源（顺帝至正间官广平路总管）

浦舍人集 六卷
明崇祯十三年（1640）陈文炀刻本　上海存一至四卷
清抄本　国图
北京图书馆古籍珍本丛刊 98 册　北京图书馆出版社，2000 年

浦舍人诗集 四卷附录一卷
锡山先哲丛刊 1　侯鸿鉴编，江苏古籍出版社，2005 年
明别集丛刊第 1 辑 15 册　黄山书社，2013 年

涂几（元末避兵于临川，卒于明初）

涂子类稿 十卷
明嘉靖十五年（1536）黄漳刻本
北京图书馆古籍珍本丛刊 99 册　北京图书馆出版社，2000 年
闽刻珍本丛刊 53 册　人民出版社、鹭江出版社，2009 年
明别集丛刊第 1 辑 18　黄山书社，2013 年
原国立北平图书馆甲库善本丛书 743 册　国家图书馆出版社，2014 年

江 左

适闽诗草一卷
　　宣统二年活字印本　　日本东京大学东洋文化研究所别 162

冯 兰

远香榭稿一卷
　　河间诗集　清刻本

冯兰一首
　　元诗选癸集癸集下
　　　　清嘉庆三年(1798)南沙席世臣扫叶山房刻本
　　　　清光绪十四年(1888)南沙席威扫叶山房补版重印本
　　　　中华书局标点本(下)1822 页,2001 年

董养性(顺帝至正中官昭化令)

高闲云集六卷
　　存目：两淮盐政采进本。

程从龙（元末隐居教授，入明亦不仕）

程梅轩集 四卷
　　存目：湖北巡抚采进本。
　元诗选癸集庚集下
　　清嘉庆三年(1798)南沙席世臣扫叶山房刻本
　　清光绪十四年(1888)南沙席威扫叶山房补版重印本
　　中华书局标点本(下)1137—1139页,2001年